일본의 정토 사상

길희성 "종교와 영성 연구" 전집 5

일본의 정토 사상
: 신란의 절대 타력他力신앙

2018년 7월 30일 초판 1쇄 펴냄
2021년 7월 12일 재판 1쇄 펴냄

지은이 ┃ 길희성
펴낸이 ┃ 김영호
편   집 ┃ 김구 박연숙 정인영 김율 디자인 ┃ 황경실
펴낸곳 ┃ 도서출판 동연
등   록 ┃ 제1-1383호(1992. 6. 12)
주   소 ┃ 서울시 마포구 월드컵로 163-3
전   화 ┃ (02)335-2630
전   송 ┃ (02)335-2640
이메일 ┃ yh4321@gmail.com
블로그 ┃ https://blog.naver.com/dong-yeon-press

ISBN 978-89-6447-705-2 94150
ISBN 978-89-6447-700-7 (종교와 영성 연구)

길희성 "종교와 영성 연구" 전집 5

일본의
정토 사상

| 신란의 절대 타력他力 신앙 |

길희성 지음

동연

앞쪽의 그림은 니시혼간지(西本願寺)에 소장되어 있는 신란의 초상화이다.
가마쿠라 시대인 1255년의 작품으로 신란의 83세 때 모습이라고 한다.

머리말

누카리야 가이텐(忽滑谷快天)은 그의 『조선선교사朝鮮禪教史』(1930)
에서 한국 불교를 중국 불교의 연장에 지나지 않는다고 단정하고
있다. 이러한 견해는 일본 학자들이 일반적으로 공유하는 것으로
써, 불교 신자 여부를 떠나서 한국인의 민족적 자긍심을 건드리는
말임이 틀림없다. 그러나 사실을 좀 더 냉정하게 살펴보면, 그의 이
러한 견해가 단순히 제국주의적 발상에서 나온 편견과 왜곡만은
아니고 나름대로 그렇게 말할 만한 이유가 있음을 알 수 있다.

한국 불교가 정말로 그 자체의 특성이 결여된 중국 불교의 연장
인지 아닌지 하는 문제—이러한 문제는 한국 유학 사상이나 회화
등 다른 분야에서도 유사하게 제기될 수 있다—는 그 자체로서 엄
밀히 따져볼 문제이지만, 적어도 자기 나라, 즉 일본이라는 나라의
독특한 불교 전통을 강하게 의식하고 있는 일본인 학자로서는 한
국 불교에 대해 그렇게 말하는 것도 이유가 전혀 없는 것은 아니라
는 생각이 든다.

일본 불교는 초기에 한국 불교의 영향을 많이 받았으며 헤이안
(平安)시대까지만 해도 중국 불교나 한국 불교와 큰 차이를 보이지
않았다. 그러나 헤이안 말기와 가마쿠라(鎌倉) 시대로 접어들면서 일
본 불교는 불교사상 유례없는 역동성을 보이면서 매우 독특한 색
채를 띠게 된다. 이른바 '가마쿠라 신불교新佛教'의 출현이다. 이 새로

운 형태의 불교는 일본 불교의 판도를 완전히 바꾸었고 현재까지 일본 불교의 주류를 형성하고 있다. 그리고 이러한 관점에서 보면 같은 중국 불교의 영향을 받았으면서도 한국 불교는 일본 불교에 비해 실로 독창성이 결여된 것으로 보이기에 충분하다.

이 책의 주제는 바로 이 '가마쿠라 신불교'의 두 중심인물인 호넨法然과 신란親鸞을 중심으로 한 일본의 정토淨土 불교佛敎 사상이다. 이 책은 본래 필자가 영어로 쓴 『신란의 이해: 대화적 접근』(*Understanding Shinran: a Dialogical Approach*, Asian Humanities Press, 1995)을 약간의 수정과 함께 직접 우리말로 옮긴 것이다. 신란은 도겐(道元)과 더불어 일본 불교를 대표하는 최고의 사상가이며 세계적으로도 주목받는 인물이지만 우리나라에서는 워낙 생소하기 때문에 이 책의 제목을 '신란 정토 사상의 이해'라고 하는 것이 더 적합하지만, '일본의 정토 사상'이라 이름하였다.

한국의 불교학자가 일본 불교에 대하여 영문으로 책을 쓴다는 것은 결코 흔한 일이 아니며 당연시될 일도 아니다. 서양에는 아직도 한국 불교를 소개하는 영문 자료에 대한 절실한 요구가 있음에도 불구하고 이미 잘 소개되어 있는 일본 불교에 대해 굳이 한국 학자가 또 하나의 영문 책을 써야 하는지 하는 의문이 들기 때문이다. 이것은 단순히 개인의 학문적 관심 때문이라고 답하기에는 어딘가 만족스럽지 못한 데가 있다. 신란과 같은 커다란 비중을 지닌 사상가에 대해 단행본을 쓸 정도의 노력과 시간을 소비하는 데는 좀 더 설득력 있는 이유가 있어야 했다.

일본 것이라면 우리가 일반적으로 별로 좋지 않은 감정을 지니고 있다는 것은 누구나 아는 사실이다. 우리의 지성계나 학계도 이

점에서는 마찬가지다. 우리 학자들이 일본의 역사·문화·종교 등에 비교적 연구를 소홀히 하는 데는 이 같은 심리적 요인이 아직도 적지 않게 작용하고 있다. 물론 일본이 독특한 역사와 풍부한 문화적 전통을 지닌 나라라는 사실을 잘 알고 있으나, 그 역사와 전통에 관심을 갖고 연구하는 일에는 모종의 거부감 내지 심적 부담감을 느낀다. 우리 지성계의 젊은 세대에는 한국이 일본을 '이기기' 위해서라도 가까운 '이웃'을 보다 정확히 아는 일이 중요하다는 인식이 확산되고 있기는 하나, 여전히 일본 연구는 우리 학계에서 일종의 '금단' 구역으로 남아 있다는 인상을 지우기 어렵다. 서양 학자들에게는 이 모든 것이 우스꽝스러운 일로 보일지 모르지만, 현실은 어디까지나 현실이다. 나 자신을 포함해 일본 연구에 몰두하고자 하는 우리나라 학자나 지성인의 마음에 어떤 어두운 그림자가 늘 따르고 있는 것은 부인하기 어려운 사실이다.

불교 연구로 말할 것 같으면, 우리 불자들은 우리나라의 유구한 불교 전통과 유산에 대해 대단한 자긍심을 갖고 있다. 특히 일본 불교가 초기 형성기에 한국 불교에 큰 빚을 지고 있다는 점에도 당연히 큰 자부심을 느끼고 있다. 그러나 한국의 불교학자들은 일본의 불교학계가 이루어 놓은 학문적 성과를 높이 평가하면서도 일본 불교의 신행信行에는 별로 관심이 없다.

우리 불자들은 승려의 독신생활이 거의 사라져 버린 일본 불교를 대체로 '타락한' 불교로 간주하는 경향이 강하며, 일제강점기에 일본 불교로부터 대처승 제도가 도입되면서 우리 승가가 비구·대처의 분열을 맞게 되었다는 쓴 기억도 가지고 있다. 또 일본 불교가 지닌 '극단적인' 면들, 가령 배타적인 정토 신앙이나 일련종日蓮宗 계통의 법화法華 신앙 등에 대해 매우 부정적 시각을 갖고 있다. 일본 불교는 매우 독창적이고 특이할지는 몰라도 대승 불교의 정도에서 벗어난 괴팍한 신앙 형태라는 인상이 짙다. 그뿐만 아니라 우리 불자들은 창가학회創價學會 등 국수주의적 성격을 지닌 일본 불교의 신흥 종파들이 한국에 침투해 들어오는 것을 경계한다.

한마디로 말해, 한국 불교계는 전반적으로 일본 불교를 그다지 높이 평가하고 있지 않으며, 그것으로부터 배우는 일은 고사하고 깊이 연구해야 할 동기조차 별로 느끼지 못하고 있는 것이 사실이다. 내가 알기로는 한국 불교학자가 쓴 일본 불교 연구서는 단행본으로 단 한 권도 존재하지 않으며, 아마도 이 책이 처음이 될지도 모른다는 사실 또한 이렇게밖에는 설명되지 않는다.

이 책이 한국인에 의한 첫 단행본 일본 불교 연구서가 될지도 모른다는 사실은 저자가 단지 불교를 공부하고 연구하는 불교학도일 뿐만 아니라 불교와 그리스도교의 대화와 상호 이해에도 개인적으로 많은 관심을 가지고 있다는 사실과 무관하지 않다. 나는 불교를 연구하는 사람이지만 동시에 종교학자이며 신학을 공부한 사람이기도 하다. 솔직히 말해 한국에서는 매우 드문 일이다. 그러나 이것은 왜 내가 특히 일본의 정토 신앙, 그것도 신란이라는 인물의 사상에 깊은 관심을 가지게 되었는지를 설명해 주는 하나의 중요한 단서가 된다.

타력他力신앙을 표방하는 정토 불교가 그리스도교와 많은 유사점을 지니고 있다는 사실은 잘 알려져 있다. 우리나라에도 삼국시대 이래 정토 신앙이 널리 퍼져 왔으며 지금까지도 민간 신앙이나 대중 불교의 차원에서는 불교 하면 '나무아미타불'을 연상할 정도로 정토 신앙이 널리 자리 잡고 있다. 그러나 내가 알기로는 한국에서는 정토 불교가 한 번도 독자적인 종파로 성립된 일은 없으며, 사상 면에서도 통일신라를 전후로 하여 원효元曉, 경흥憬興, 법위法位, 현일玄一 등 쟁쟁한 정토 사상가들이 출현했지만 이들 가운데 누구도 오로지 정토 신앙만을 한 사람은 없었고, 더군다나 그 이후로는 이렇다 할만한 사상적 또는 교학적 발전도 찾아보기 어렵다.

일본 불교의 양상은 이와 매우 대조적이다. 정토 신앙을 주로 하는 정토진종淨土眞宗이나 정토종淨土宗은 여타 대승 불교에 대해 배타적이리만큼 명확히 구별되는 독자적 사상과 조직을 가지고 있을 뿐만 아니라 일본 불교의 주류를 이루고 있다. 그 가운데서도 특히 정토진종의 창시자 신란은 타력신앙을 극도로 몰고 감으로써 매우 독창적인 정토 사상을 전개한 일본 불교의 대표적 사상가이며, 그의 사상은 실로 정토 사상의 극치라 해도 과언이 아니다.

이 책은 주로 신란의 사상에 초점을 맞춘 연구서다. 정토종의 창시자인 호넨과 그의 제자로서 스승을 능가하여 일본 불교의 최대 종파를 형성하게 된 정토진종을 창시한 신란의 사상을 이해함으로써 일본의 정토 신앙과 사상은 물론이요 일본 불교 전반의 특성을 이해하는 데도 도움이 되기를 바란다.

불교와 그리스도교는 나에게는 단순히 학문적 관심의 대상 이상이다. 나는 이 두 종교가 인류의 가장 위대한 정신적 유산으로 사회·문화·인종의 장벽을 넘어서서 모든 인간을 화합과 구원으로 이끌 수 있는 힘을 지닌 종교라고 믿고 있다. 불교와 그리스도교가 사용하고 있는 현격한 언어와 개념의 차이에도 불구하고 양자가 궁극적 진리의 차원에서 만날 수 있다는 기대와 가정을 가지고 있으며, 그러한 생각 속에서 연구에 임해왔다.

신란의 정토 사상을 대하는 나의 태도는 단순한 불교학적 또는 종교학적 관심 이상이다. 특히 신란과 같이 철저한 타력신앙을 내세움으로써 여러 면에서 놀라우리만큼 그리스도교 신앙에 근접하고 있는 경우 단순한 학문적인 비교연구의 차원을 넘어서서 '진리'의 문제가 피할 수 없이 제기된다. 이 책을 서술하는 동안 나는 줄곧 왜 아시아인인 내가 신란이 이해하는 대로의 정토 신앙 대신 그리스도교 신앙을 따르고 있는지 스스로에게 묻지 않을 수 없을 정도로 신란의 사상에 심취했다는 사실을 고백하지 않을 수 없다.

상이한 사상과 교리를 가지고 있는 세계의 종교 전통들이 제기하는 진리 주장에 대한 단순한 문화적 상대주의는 궁극적으로 만족스러운 대답이 못 된다. 이것은 나에게도 그러하고 한 종교 전통을 진지하게 따르고 있는 다른 많은 신자들에게도 그러할 것이다. 나는 아직도 이 진리의 문제를 어떻게 해결할 것인지에 대해 어떤 확실한 입장에 도달했다고 말할 수는 없다. 그러나 한 가지 분명한 점은 이 문제를 접근하는 데 우리가 가장 먼저 해야 할 가장 확실하고 유용한 방법은 진지한 '대화'라는 사실이다. 내가 여기서 말하는 '대화'는 단지 신자와 신자 사이에 얼굴을 맞대고 말로 하는 대화만을 뜻하지 않는다. 종교 간의 대화는 타인의 신앙을 이해하려는 참여적이고 끈질긴 해석학적 노력을 필요로 한다.

1980년대에 미국의 신학자 코브John Cobb는 불교와 그리스도교는 이제 대화의 단계를 넘어서서 상호 변화되는 방향으로까지 나아가야 한다는 점을 역설했다. 그러나 나는 나의 책을 본래 '신란 정토 사상의 이해: 대화적 접근'이라 이름했다. 변화하려는 자세는 오직 진지한 대화와 이해를 통해 상대방이 보고 있는 진리를 볼 수 있을 때 비로소 생기는 것이기 때문이다.

인간의 문제에서 진정한 이해란 대화를 통해서만 가능하며, 진정한 대화란 자기 자신의 입장과 신념 없이는 불가능하다. 타인의 신앙을 이해한다는 것은 종교현상 학자들이 흔히 주장하는 것처럼 자신의 신앙을 '괄호치기'(bracketing)해야 한다는 것을 의미하지 않는다. 더군다나 자신의 신앙을 미리 포기해야 하는 것은 더욱 아니다. 종교적 대화에 임하는 사람은 자신의 신앙이 위협받을 정도의 진지한 자세로 타인의 신앙을 깊게 이해하도록 노력해야 하지만, 애당초 위협받을 만한 자신의 신앙과 입장이 없는 사람은 결코 진지한 대화의 주체가 될 수 없다. 그는 단지 타인의 신앙을 객체적으로만 대할 뿐이기 때문이다.

진정한 이해란 어떤 중립적인 공간―그런 것은 있을 수도 없지만―에서 이루어지는 것이 아니라, 가다머Hans-Georg Gadamer가 말하는 대로 '지평융합'(Horizontverschmelzung) 속에서 발생하는 것이다. 나는 이 책에서 신란과 대화하면서 타인의 소리에 진지하게 귀 기울이는 의무와 그리스도교 신앙 전통에 속한 나 자신의 소리에 귀를 기울이는 의무 사이에서, 타인에 대한 신실성과 나 자신에 대한 충실성 사이에서 건강한 균형을 유지하려고 노력했다.

그러나 여기서 오해는 없어야 한다. 이 책은 어디까지나 신란에 관한 연구이지 신란에 대한 그리스도교 신학적 논의가 결코 아니다. 이 책에서 진행되고 있는 신란과의 대화는 전면이나 표면에서 이루어지는 것이 아니라 신란의 사상을 정확히 이해하는 데 필요한 복잡한 지적 작업의 배후 또는 물밑에서 간접적으로 진행된다.

다시 말해, 이 책은 일차적으로 신란 사상의 연구와 이해에 주안점을 두고 있으며 그러한 노력을 하는 과정에서 필자를 매개로 불교와 그리스도교가 자연스럽게 만나 대화가 이루어지는 것이다. 좀 더 구체적으로 밝히면, 나의 신란 이해에는 의식적이든 무의식적이든 나의 그리스도교 신학적 배경이 자연스럽게 동원되었으며 그것이 신란 이해에 장애가 되기보다는 도움이 되었기를 바란다. 동시에 신란 정토 사상의 이해를 통해 나의 그리스도교 이해 또한 영향을 받고 변화되기를 바란다.

내가 처음 불교에 관심을 갖게 된 것은 무엇보다도 불교가 지닌 깨끗한 초월적 또는 세계 부정적 성격, 즉 세속적 가치를 철저히 부정하고 마음을 비우는 청정성과 속세로부터의 자유에 매혹되었기 때문이다. 불교가 '도피주의적'이라는 비판을 받을지는 몰라도 적어도 철저한 자기부정을 통해 세속적 가치들로부터 자유로워지려는 그 엄청난 노력만은 불교를 조금이라도 공부해 본 사람이라면 누구나 높이 평가하지 않을 수 없다. 뼈아픈 자기부정과 세계부정이 없는 종교는 진정한 종교가 될 수 없다고 확신한다.

그러나 나는 대승(Mahāyāna)불교 사상과 선禪불교를 접하면서, 대승 불교는 이른바 소승(Hīnayāna)이라 폄칭되는 상좌불교上座佛教(Theravāda Buddhism)가 지니고 있는 명확한 초월적 시각을 상실하고 세간과의 긴장관계를 약화시킬 위험이 다분히 있음을 깨닫게 되었다. 생사生死가 곧 열반涅槃이요 열반이 곧 생사라는 대승의 '즉卽' 논리, 사물과 사물 사이의 막힘없음을 말하는 화엄의 이사무애理事無碍·사사무애事事無碍 사상, 사물을 있는 그대로 자유로이 긍정하는 선적禪的 자유와 진여眞如 사상 등은 세간적 질서와 가치를 무비판적으로 받아들일 위험성을 지니고 있다는 생각이다. 물론 대승에서 말하는 세계긍정이 부정을 매개로 하지 않은 단순한 즉자적 긍정은 아니다. 공空의 세계는 모든 현상계의 차별성이 사라지고 어느 하나의 사물도 그 자체로서 설 수 없는 부정의 세계임이 틀림없다. 그러나 동시에 공空은 모든 사물이 그 특수성과 다양성에서 있는 그대로 긍정되는 다채롭고 풍요로운 세계이다. 그야말로 만물이 소생하고 기화요초가 만발한 화려한 봄이다.

불교에서 이러한 긍정의 논리를 마음껏 전개한 것은 유교 사상이나 도가 사상 같은 중국의 토착적 사상의 영향 아래 형성된 화엄華嚴과 선禪이다. 선의 세계긍정이나 세계부정은 전체적 긍정 또는 전체적 부정이며, 세계의 어떤 것은 긍정하고 어떤 것은 부정하는 선택적 긍정이나 부정은 아니다. 모든 대립적 사고를 분별지적分別知的 무지의 소산으로 여기는 선이나 화엄에서는 선과 악의 구별마저도 궁극적 의미를 상실하며, 둘 다 긍정하든지 둘 다 부정하는 자유는 있어도 선택적 긍정과 선택적 부정의 논리는 나오기 어렵다는 생각이다. 나는 아마도 이것이 대승 불교를 자칫 무비판적인 현실 긍정 내지 타협으로 이끄는 것일지도 모른다는 생각에 이르게 되었다. 선가에서 즐겨 사용하는 명경明鏡이나 마니주摩尼珠의 비유가 말해 주듯, 거기서는 선악·시비·미추가 차별성을 지닌 채 그대로 다 긍정되는 것이 아닌지 하는 회의가 든 것이다.

이와 같은 대승에 대한 이해―물론 오해일 수도 있고 또 그러기를 바라지만―를 가지고서 정토 사상, 특히 신란에 의해 전개된 정토 사상에 눈을 돌리게 되었다. 나는 1970년대 초 미국 예일대학 신학부에 다니면서 와인스타인Stanley Weinstein 교수의 불교사 강의를 통해 신란이라는 일본 사상가에 대해 처음 알게 되면서 가졌던 놀라움과 흥분을 아직도 생생하게 기억하고 있다. 그것은 그때까지 내가 가졌던 얄팍한 불교 지식을 완전히 뒤엎어 버리는 충격적인 경험이었으며, 당시 개신교 신학에 심취하여 인간은 '오직 은총' 또는 '오직 믿음'으로만 구원받을 뿐이라는 생각에 듬뿍 젖어 있던 나는 불교에도 그런 사상이 있다는 것을 발견하고 놀라움과 흥분을 금할 수 없었다. 그 당시 나는 신란에 대한 관심을 지속적으로 발전시킬 수는 없었으나, 그 후로 신란은 줄곧 마음 한구석을 점하게 되었다.

신란에 대한 나의 관심은 종교사회학자인 벨라Robert Bellah의 「이에나가 사부로(家永三郞)와 현대 일본에서의 의미의 추구」[1]라는 글을 통해 현대 일본의 사상가를 알게 됨으로써 더욱 깊어졌다. 이에나가 사부로의 『중세 불교 사상사 연구』[2]에 담겨 있는 일본 가마쿠라 시대의 신불교 운동가들의 사상에 대한 논의는 실로 일본 불교에 대해 나의 눈을 열어주었다. 내 생각으로는 동일한 주제에 관한 한 아직도 이를 능가할 만한 책은 없을 것 같다. 특히 신란 정토 사상의 가장 새로운 특징은 무엇보다도 그의 악인정기설惡人正機說─바로 악인이야말로 아미타불이 그의 서원을 통해 구제하고자 한 대상이라는 설─에 있다는 이에나가의 해석에 큰 감명을 받았다. 또한 이에 못지않게 중요한 것은 일본 사상사에서의 '부정否定의 논리'에 대한 그의 관심이었는데,[3] 이것은 벨라가 말하는 일본 사상의

---

1 Robert N. Bellah, "Ienaga Saburō and the Search for Meaning in Modern Japan," Marius Jansen ed., *Changing Japanese Attitudes Toward Modernization*(Princeton: Prin- ceton University Press, 1965), 369-423.
2 家永三郞, 『中世佛教研究』(京都: 法藏館, 1955).

'초월' 문제와 직결되는 것이었다. 이에나가 사부로의 글과 내 연구를 통해서 일본 사상에 초월의 요소 또는 부정의 논리가 있다면 그것은 무엇보다도 신란의 정토 사상에서 가장 순수하게 발견된다는 확신에 이르렀다.

1990년, 교수 생활을 시작한 지 13년 만에 가진 안식년이자 연구년은 나에게 내가 원했던 신란 연구에 전념할 수 있는 절호의 기회를 제공했다. 일본국제교류기금(Japan Foundation)의 후원을 받아 일본 나고야에 있는 난잔(南山)대학 종교문화연구소에서 1년간 신란 연구에 몰두할 수 있게 되었다. 일본국제교류기금과 난잔대학 종교문화연구소에 이 기회를 빌려 감사를 표시하지 않을 수 없다.

난잔대학에서 연구하는 동안 우연히 현대 일본의 저명한 사상가 가운데 하나인 다나베 하지메(田邊元)에 관한 이에나가의 책4을 접하게 되었는데, 그것은 다나베 사상에 관한 것이자 그로부터 깊은 사상적 영향을 받았다고 고백하는 이에나가 자신의 사상에 관한 것이기도 했다. 이 중요한 책에서도 이에나가의 부정의 논리에 관한 관심이 강하게 흐르고 있었다. 상대와 절대, 내재와 초월, 세계긍정과 세계부정, 이 세상과 저 세상, 생사와 열반 그리고 자력과 타력 사이의 명확한 불연속성을 강조하는 사상이다.

나는 곧 다나베 하지메가 전쟁 직후에 쓴 유명한『참회도懺悔道로서의 철학』5에 눈을 돌려 다나베 사상의 무엇이 이에나가에게 그토

3 家永三郞, 『日本思想史に於ける否定の論理の発達』(東京: 弘文館, 1940).

4 家永三郞, 『田邊元の思想史的硏究: 戰爭と哲學者』(東京: 法政大學出版局, 1973).

5 田邊元, 『懺悔道としての哲學』(東京: 岩波書店, 1946); Tanabe Hajime, *Philosophy as Metanoetics*, Yoshinori Takeuchi, trans. by Valdo Viglielmo and James W. Heisig(Berkeley: University of California Press, 1986).

록 영향을 주었는지를 알아보고 또한 다나베의 신란 해석에 대해
서도 알아보고자 했다. 그의 신란 해석에서 가장 인상적인 것은 참
회의 행行과 은총의 신앙(信)사이에 있는 변증법적 관계에 대한 강조
였다. 타력의 순수한 은총이 인간의 참회라는 행에 의해 매개되어
야 한다는 점을 강조함으로써 그는 그의 신란 해석의 타당성 여부
를 떠나서 신란 사상의 매우 중요하고 민감한 부분을 건드리고 있
었다. 왜냐하면 다나베는 양자 사이의 변증법적 긴장이 해소되는
경우 타력신앙은 '값싼 은총'으로 변질되기 쉽다는 점을 깊이 우려
하고 있기 때문이다.

부정과 초월의 주제로 다시 돌아가자. 신란 사상의 해석에서 가
장 결정적인 문제는 그의 정토 사상이 얼마만큼 전통적인 대승 불
교의 존재론적 시각에서 해석되어야 할 것인가 또는 신란의 타력
사상이 얼마만큼 상대와 절대, 예토와 정토, 생사와 열반의 연속성
을 강조하는 대승적 세계관을 보유하고 있는가에 관한 것이다.

현대 일본의 신란 해석가들은 일반적으로 신란의 정토 사상과
공空 사상에 의해 대표되는 대승의 존재론 사이의 연속성을 강조한
다. 그 가장 좋은 예가 우에다 요시후미(上田義文)와 히로타(Dennis
Hirota)가 공동 저술한 『신란: 신란 사상 입문』[6]이다. 신란에 관한 매
우 좋은 책이며 나의 연구에도 많은 도움을 주었지만, 대승 철학에
관해 수십 쪽에 달하는 지면을 할애하고 있다. 이것이 과연 신란 이
해에 있어서 그토록 필수적일까. 이 물음에 긍정적으로 답할수록
신란 사상의 독특한 가치는 감소 된다.

---

6 Ueda Yoshumi and Dennis Hirota, *Shinran: An Introduction to His Thought*(Kyoto: Hongwanji
International Center, 1989).

현대 신란 해석가들은 또한 선 불교적 시각으로 신란의 사상을 해석하려는 경향을 보인다. 특히 현대인이 거부감을 지니고 있는 내세적 정토 구원관을 의식한 듯, '바로 지금 여기 생사의 세계에서 구원이 가능하다'는 신란의 사상을 마치 신란이 말하는 신앙이 선 불교에서 말하는 깨침과 마찬가지인 양 해석하려는 잘못된 경향을 보인다. 이러한 해석의 문제점은 그것이 단순히 신란의 사상을 왜곡할 뿐만 아니라 '부정의 논리'를 약화시키며, 현세에서 도달할 수 있는 구원에 관한 신란의 가르침이 분명히 지니고 있는 변증법적 긴장(존재론적, 윤리적)의 구조를 해체시킨다는 데 있다. 신란에게는 인간의 신앙이 제아무리 깊다 해도 우리가 살고 있는 이 세계는 결코 정토가 될 수 없으며 우리가 이 세상에 살고 있는 한 인간 죄악의 문제는 결코 완전히 해결될 수 없다.

지금까지 나는 신란 해석에서 내가 지니고 있는 문제의식의 일단을 밝혔다. 따라서 이 책에서는 신란과의 대화뿐만 아니라 몇몇 현대 신란 해석가들과의 대화도 간접적으로 진행되고 있다. 일본 사상 전반에서 발견되는 초월과 부정의 결핍은 단지 종교적 · 철학적 문제만은 아니다. 나의 판단으로 그것은 히로시마와 나가사키라는 근대 일본의 비극과 직접적으로 연결되어 있는 핵심적인 문제다.

내가 생각하기로 신란은 일본 사상의 가장 좋은 면을 대표한다. 인간 실존의 문제를 안고 고민하고 씨름하는 그의 진지성과 정직성, 전통적 불교와 신도神道의 종교성이 지니고 있는 강한 현세성과의 명확한 단절, 개인의 구원을 향한 강렬한 열정 그리고 그가 세운 신앙공동체의 평등주의적 성격과 그의 인간적 겸손 등은 모두 인류 전체를 위한 항구적이고 보편적 가치를 지닌 신란 사상의 면모들이다.

현재 일본에는 비록 소수에 국한된 현상이기는 하나 매우 심도 있는 불교-그리스도교 간의 대화가 진행되고 있다. 바다 건너에서 그것을 지켜보고 있는 사람으로서 한마디 하는 것이 허용된다면, 그리스도교가 일본 사상에 공헌할 수 있는 것이 있다면 그것은 세계와 인간을 향한 강한 예언자적 부정과 초월의 정신이다. 불교-그리스도교 간 대화에서 니시다 기타로(西田幾多郎)나 니시타니 게이지(西谷啓治) 등 이른바 교토학파 사상이 지닌 중요성을 폄하할 의도는 없지만, 선禪과 공空에 근본 바탕을 둔 그들의 사상은 절대와 상대, 초월과 내재, 신과 인간의 '무한한 질적 차이'를 무시할 위험을 안고 있다는 점은 부정하기 어려운 사실이다. '절대 모순적 자기 동일' 또는 '절대무絶對無'라는 중심 개념으로 요약되는 니시다의 사상은 벨라가 말하는 '우주론적 신화'(cosmological myth) 또는 '우주론적 연속체'(cosmological continuum)를 벗어나기 어려울 것 같다. 일본 사상이 불교-그리스도교의 대화를 통해 얻을 것이 있다면 그것은 니시다 류의 사상이라기보다는 신란과 그리스도교에서 발견되는 강한 부정과 초월의 요소일 것이다.

물론 신의 초월성에 대한 그리스도교의 전통적 관념이 현대인에게 이해하기 어렵게 된 것은 사실이며, 현대 그리스도교는 하느님의 초월성을 새로 개념화해야 하는 형편에 놓여 있다. 그러나 신의 초월성은 결코 포기할 수 없는 그리스도교의 유산이자 인간 종교 체험의 중요한 한 측면이다. 불교와의 대화에서 그리스도교가 공헌할 수 있는 면이 있다면 역시 여기에 있을 것이다. 신과 인간 사이의 엄청난 간격과 타력의 타자성에 대한 의식은 우리가 값비싼 대가를 치르지 않고는 포기될 수 없는 소중한 종교적 가치라고 생각하기 때문이다.

바르트Karl Barth의 문하생인 동시에 니시다의 제자로서 일본에서 불교-그리스도교 대화에 결정적인 물꼬를 튼 타키자와 카츠미(瀧澤克己)는 이러한 문제를 의식하고 있는 듯 보이나, 니시다 사상에 너무 젖어 문제를 정면으로 다루지는 못했다. 결과적으로 그는 바르트와 신란에 두드러지게 나타나는 초월의 면을 소홀히 하고, 그가 '임마누엘' 또는 선과 인간의 제일의적 접촉第一義的 接觸이라고 부르는 절대긍정의 세계만을 일방적으로 부각시킨다. 그러면서도 타키자와는 하느님 쪽이 취하는 이니셔티브 또는 타력의 순수성을 인간의 노력 이전에 이미 주어져 있는 것이라고 강조함으로써 애써 지키려고 한다. 그러나 그는 바르트나 신란에서 발견되는 신으로부터 오는 긍정 내지 은총의 사상과 인간의 죄악과 신의 징벌을 강조하는 사상 사이의 변증법적 관계를 균형 있게 다루지 못하고 있다.

바르트든 신란이든 은총이란 인간의 노력으로는 결코 극복될 수 없는 신과 인간, 타력과 자력 사이의 무한한 거리를 전제로 한다. 이 점에서 신란의 사상에 대해 제기되는 결정적인 문제는 그의 사상에서 과연 이 무한한 거리 의식이 일관성 있게 유지되느냐 하는 것이다. 이 문제는 결국 다시 한번 죄와 은총을 강조하는 그의 사상과 앞에서 말한 거리를 인정하지 않은 전통적인 대승의 존재론이 과연 양립할 수 있는가 하는 문제 그리고 신란 사상을 얼마만큼이나 전통적인 대승적 세계관으로 해석해야 할 것인가 하는 문제로 귀결된다.

　이제 모두 다섯 장으로 구성되어 있는 이 책의 주요 내용을 간단히 소개할 차례이다.

　제1장 '이도易道'는 일본의 헤이안조 말기에 호넨에 의해 전개된 전수염불專修念佛 운동의 사회적·종교적 성격을 논한다. 이 운동 없이는 신란의 출현은 생각조차 할 수 없다.

　제2장 '범부凡夫 신란'은 신란의 전기와 삶을 다루는 것으로서, 여기서 발생되는 복잡다단한 많은 문제는 실로 나의 능력을 넘어서는 것들이다. 이 책은 신란의 사상에 중점을 두고 있기 때문에 그의 전기에 관한 상세한 연구는 피하고, 다만 그의 사상을 이해하는 데 도움이 되는 범위에서만 다룬다. 따라서 신란이 지녔던 인간 존재의 죄악성에 대한 예리한 의식과 그것으로부터 오는 절망감에 초점을 맞추면서, 그것이 어떻게 그로 하여금 그가 전수 받은 정토 사상 특히 그의 스승 호넨의 사상을 새롭게 해석하게 만들었는지를 주로 다룬다.

　제3장 '신심信心'은 신란 사상의 핵심 개념을 공감적이면서도 비판적인 시각에서 다루면서 신앙에 관한 진종眞宗의 전통적 가르침을 벗어나는 새로운 해석의 가능성을 조심스럽게 타진해 본다.

　제4장 '신심에 근거한 삶'은 현세에서 가능한 구원에 대한 신란의 이해를 검토하며, 그것이 지닌 도덕적 함축성을 논한다. 신란이 생각하는 신앙과 도덕적 책임의 문제가 면밀히 검토된다.

　마지막으로 제5장 '상相과 무상無相'은 신란의 정토관과 아미타불관을 고찰한다. 신란의 구원론은 어디까지나 아미타불이 된 법장보살의 이야기에 근거하고 있다. 이 이야기에 나오는 현란한 '상'들의 존재론적 위상은 무엇이며, 무상을 추구하는 전통적인 대승의 존재론과 어떤 관계에 있는가 등의 문제를 다룬다. 이와 더불어 역시 '이야기'에 근거하고 있는 그리스도교 구원론과의 비교도 시도될 것이다.

차례

제1장

이도易道

호넨(法然, 1133~1212)의 전기를 영역한 이시즈카 류가쿠(石塚龍學)는 다음과 같이 말하고 있다.

일본 불교는 중국과 인도의 불교에 기원을 두고 있지만 언제나 그 자체의 독특한 성격을 지녀왔다. 그러나 호넨이 출현하기까지는 이들 세 나라의 불교는 모두 근본적으로 같았다. 호넨 이전의 모든 불교 설법가들은 인도나 중국이나 일본을 막론하고 현세에서의 성불이라는 최고 목표를 위해 주로 부처님의 계율을 준수할 의무와 진리에 대한 관행觀行을 강조했다. 이에 반해 정토 불교의 두드러진 메시지는 범부들은 각 종파에서 가르치는 불법의 모든 엄격한 요구를 이해하고 준수하기에는 지적 능력이나 의지가 너무나 약하기 때문에 그러한 모든 노력을 부질없는 짓으로 포기하고 아미타불의 본원本願이라는 강력한 힘을 전적으로 의지하여 단순한 신심信心으로 그의 거룩한 명호名號를 부르면 아무리 하잘것없는 존재라 할지라도 다만 그의 은총으로 부처님이 계신 곳에 태어날 수 있다는 것이었다.[1]

---

1 Harper Havelock Coates and Ryugaku Ishizuka, *Hōnen: The Buddhist Saint*(Kyoto, 1925; repr.

호넨의 이와 같은 메시지를 우리는 아직도 불교라고 부를 수 있을 것인가? 석가모니 이래 전통적인 불교 수행법의 핵심을 구성해 온 삼학三學, 즉 계戒(sīla), 정定(samādhi), 혜慧(prajñā)의 닦음 없이도 과연 불교가 가능하다는 말인가?

전통적인 불교로부터 크게 벗어난 호넨의 가르침이 전통의 수호자들로부터 심한 비판과 비난을 받은 것은 너무나 당연한 일이었다. 나라(奈良)의 고후쿠지(興福寺)에 본부를 둔 법상종法相宗의 고승으로 호넨과 동시대인이었던 죠케이(貞慶)는 천황에게 올린 호소문에서 호넨에 의해 전개된 전수염불專修念佛 운동을 다음과 같이 통탄해하고 있다.

전수專修 추종자들은 "바둑이나 주사위 놀이가 전수를 범하는 것이 아니며, 승려와 여자의 관계나 고기를 먹는 일도 정토왕생에 장해가 되지 않는다. 이 말법 시대에 계율을 지킨다는 것은 시장터에서 호랑이를 만나는 일처럼 드문 일일 뿐만 아니라 그것은 크게 잘못된 일이다. 악행에 대해 가책을 느끼는 사람은 부처님을 의지하지 않는 사람이다"라고 하옵니다. 이와 같은 거친 말들이 나라에 퍼지고 사람들의 생각을 사로잡아서 불법佛法의 적이 되고 있사옵니다. 정토왕생에 대한 가르침은 왕생의 업인業因이 되는 계행을 증진하도록 하는 것으로 긴요합니다. 그 연유를 아뢰옵자면, 계율이 없으면 여섯 가지 선근善根을 유지하기 어렵고, 육근六根의 문을 마음대로 [열어] 놓으면 삼독三毒이 쉽게 일어나기 때문이옵니다. 무명無明의 연緣에 얽혀들면 부처님을 염念하는 창문이 고요해지지 않으며, 시기와 노여움으로 마음을 흐리게 하면 보지寶池의 물이 맑아질 수 없사

New York, London: Garland Publishing, 1981), I, xx "Preface."

옵니다. 이러한 선업의 상태들을 경험하는 것이 정토 그 자체가 아니옵니까? 그러므로 저희들은 열심히 계행을 정토왕생의 업인으로 삼고 있사옵니다. … 전수 운동은 수도와 인근 지방에서도 인기를 끌고 있으며, [북으로는] 호쿠리쿠(北陸)에 이르기까지 그리고 동해 연안 여러 지방들과 다른 교구들에서도 전수 운동의 승려와 비구니들이 자기들의 생각을 전파하는 데 성공했다고 하옵니다. 폐하의 칙령이 아니고서는 어찌 그들을 단속할 수 있겠사옵니까? 이 소청이 뜻하는 바는 전적으로 이러한 문제들에 있사옵니다.

불법과 왕법王法은 몸과 마음의 관계와 같이 서로의 복리를 위해 협력해야 합니다. 그래야만 나라의 안녕이 보장되는 것입니다. 요즈음 정토 운동이 일어나기 시작했고 전수 활동들이 융성하기 시작했습니다. 그렇지만 요즈음이 황실의 힘이 회복된 때라고 말할 수 있겠사옵니까? 더군다나 삼학三學은 내동댕이쳐지려 하고 있고 여덟 종파들[당시 일본 불교를 통틀어 가리키는 말]은 쇠퇴하고 있사옵니다. 사회를 다스리는 일이 계속해서 혼란스럽사옵니다.2

이것은 호넨에 의해 전개된 전수염불 운동에 대한 정확하고 공정한 서술은 아닐지 모르나, 염불 운동의 신속한 확장에 놀라움을 금치 못하면서 국가가 불법 수호를 위해 나서 줄 것을 탄원하는 한 지도층 귀족 승려의 깊은 우려의 목소리를 생생하게 들을 수 있다. 그에게는 불법과 왕법은 불가분의 관계를 지니고 있으며, 그의 눈에는 바로 이 사회질서의 기반이 새로운 전수염불 운동에 의해 위

---

2 Robert E. Morrell, *Early Kamakura Buddhism: A Minority Report*(Berkeley, California: Asian Humanities Press, 1987), 86-87.

협박고 있는 것이었다.[3]

죠케이는 결코 정토 신앙 그 자체를 부인한 것은 아니다. 정토 신앙도 엄연히 부처님의 말씀에 근거하고 있는데 어떻게 그가 그것을 부정할 수 있었겠는가? 그뿐만 아니라 정토 신앙은 이미 일본에 들어와 오래전에 자리 잡았다. 죠케이도 염불을 인정했다. 다만 문제는 염불을 어떠한 자세로 해야 하는가였다. 그에게 염불이란 문자 그대로 불佛을 염念하는 행위, 즉 생각하고 명상하는 행위로 염불은 어디까지나 계율을 엄히 준수하고 마음을 정화하는 행위와 더불어 실행될 하나의 수행 형태였던 것이다.[4]

그러나 수행의 한 형태로 보는 바로 그러한 염불이 호넨이 주장하는 칭명염불稱名念佛, 곧 부처님의 명호를 소리 내어 부르는 염불 운동에 의해 거부된 것이다. 호넨은 계율戒律, 관행觀行, 예불禮佛, 그 밖에 공덕이 된다는 다른 여러 가지 선행을 정토왕생에 필요 없는 것으로 모두 거부했을 뿐만 아니라 서방 극락정토나 아미타불의 모습을 관觀하는 관행으로서의 염불조차 범부들은 행하기 어려운 난도難道로 거부했다. 그에게는 오직 신심으로 아미타불의 명호를 부르는 염불만이 말세 중생이 쉽게 구원을 받을 수 있는 유일한 이도易道였다. 헤이안조 불교에 이미 오랜 전통으로 자리 잡고 있던 수행의 한 형태인 염불을 과감히 부정하는 이러한 행위는 대중 불교 정토 신앙의 극치였으며 결국 일본 불교에 혁명적 변화를 초래했

---

3 호넨의 염불 운동이 지닌 사회·정치적 의미에 관해서는 田村圓澄, 「專修念佛の受用と彈壓」, 『日本佛教思想史硏究』(平樂寺書店, 1959), 58-92 참조.

4 죠케이의 정토 불교관과 염불관은 그가 쓴 「고후쿠지 탄원문(興福寺奏狀)」에 나타나 있다. 특히 제6조 '정토에 대한 무지한 잘못'과 제7조 '염불을 오해하는 잘못'을 참조. Morrell, *Early Kamakura Buddhism*, 80-85.

다.[5] 호넨의 말을 직접 들어보자.

　　오늘의 수행자들은 이른바 관행觀行이라는 것이 마치 불법에 의해 요구되는 것처럼 생각하지만 그것을 포기할지어다. 어떤 사람이 정토에 있는 불보살들의 상相을 관觀한다 해도, 그는 사실 유명한 조각가인 운케이(運慶)나 고케이(康慶)가 만든 불상에 나타난 것과 같이 부처님을 마음속에 그릴 수는 없다. 그가 비록 안양安養을 장엄하고 있는 것들에 대해 관하려 애쓴다고 하지만, 꽃들이나 벚나무 열매, 매실이나 복숭아와 같이 자기에게 그토록 친숙한 것들의 아름다움조차 마음에 그리기 어려운 것이다. 그런즉 다만 선도善導의 소疏 『관무량수경소觀無量壽經疏』의 말을 믿어라. "저 부처님은 이미 깨달음을 이루시고 안양에 계신다. 그대 중생들은 모두 그의 위대한 본원本願이 헛되지 않았으며, 그대들이 그의 이름을 부르면 틀림없이 정토에 왕생할 것임을 알아야 한다. 저 본원을 전적으로 믿고 온 마음을 다해 그의 이름을 불러라. 그렇게 부르면 세 가지 마음의 상태가 저절로 생길 것이다."[6]

　　전수專修 개념은 호넨의 사상에 결정적인 영향을 미친 중국 정토 사상가 선도善導(613~681)로부터 유래한다. 선도에 이르러 중국 정토 사상은 교리적으로 하나의 큰 전환을 맞게 되었는데,[7] 그는 불교의

---

5 호넨의 염불과 겐신(源信)의 『왕생요집(往生要集)』에 나타나는 전통적인 천태종의 염불 간 차이에 관해서는 井上光貞, 「藤原時代の淨土敎の特質」, 『新訂日本淨土敎成立史の硏究』 (東京: 山川出版社, 1975), 112-121 참조.

6 Coates and Ishizuka, *Hōnen*, 398. '세 가지 마음의 상태'란 『관무량수경』에 나오는 지성심(至誠心), 심심(深心), 회향발원심(回向發願心)을 가리킨다.

7 선도(善導)의 정토 사상에 관해서는 望月信亨, 『中國淨土敎理史』 (京都: 法藏館, 1942), 180-196과 호넨의 주저 『선택본원염불집(選擇本願念佛集)』에 인용된 전수에 관한 선도의 구

여러 가지 수행법 가운데 다섯을 골라 정행正行이라 이름했다. 정토 경전의 독송讀誦, 아미타불과 정토의 상을 관하는 관찰觀察, 아미타불에 대한 예불禮佛, 아미타불의 명호를 부르는 칭명염불稱名念佛, 아미타불에 대한 찬탄공양讚歎供養이다.

선도에게 정행이란 오로지 정토 경전에 따라 아미타불 신앙에만 관련된 수행을 의미했다. 정행이 곧 전수인 것이다. 이와는 대조적으로 아미타불 이외의 다른 불보살을 향해 하는 것을 그는 잡행雜行이라 하여 배제했다. 선도는 한 걸음 더 나아가서 다섯 가지 정행 가운데서 칭명염불을 정정업正定業, 즉 틀림없이 정토왕생에 이르게 하는 업이라 하여 조업助業인 나머지 넷과 구별했다. 그러나 선도는 결코 조업을 불필요한 행위로 거부하지 않았으며 염불만을 전수 행위로 간주하지도 않았다.

선도의 이와 같은 정토 수행론으로부터 과격한 결론을 이끌어 낸 것은 호넨이었다. 그는 정토왕생을 위해서는 염불 이외의 그 어떤 행위도 불필요하다고 배척했는데, 선도가 말하는 전수를 염불 이외의 모든 행위를 배척하는 배타적 전수로 해석한 것이다. 이것이 곧 호넨의 전수염불 사상이다. 일본 불교사의 한 획을 긋는 획기적 문서인 『선택본원염불집選擇本願念佛集』에 나오는 유명한 구절에서 그는 다음과 같이 진술하고 있다.

그대가 생사를 떠나기 원한다면 두 가지 뛰어난 법 가운데서 성도문聖道門을 버리고 정토문淨土門을 택해 들어가라.

그대가 정토문에 들어가기 원한다면 정행과 잡행의 두 수행 가운데서 모

절들을 참조『眞宗聖敎全書』(京都: 大八本興文堂, 1941. 이하『全書』로 약칭) I, 934-940.

든 잡행을 버리고 정행을 택해 귀의하라.

그대가 정행을 닦기 원하거든 한 걸음 더 나아가서 정업과 조업 두 가지 업 가운데서 조업을 물리치고 정정업만을 택하여 오로지 하라. 정정업은 곧 부처의 이름을 부르는 것이다.[8]

이 말이 분명히 전해주듯, 오로지 정토왕생의 구원만을 추구하는 호넨의 마음은 선택選擇이라는 관념에 사로잡혀 있었다. 이것저 것 한눈팔 여지 없이 오직 염불만을 정토왕생의 업으로 선택해 전 수하는 길만이 그에게는 왕생의 가장 확실한 방법이었다. 그가 염 불만을 선택해 왕생의 업으로 삼은 이유는 바로 염불이야말로 중 생을 구하기 위한 아미타불의 '본원에 의해 선택된' 행위이기 때문 이다. 『선택본원염불집』이라는 그의 저술의 이름도 여기서 유래하 는 것이다.[9]

이렇게 단 하나의 수행만을 유일한 구원의 길로 선택하여 그것 에 전념하는 일은 호넨 이후에 전개된 이른바 가마쿠라 시대 (1185~1333) 선 불교 운동의 일반적인 특징이자 정신이 되었다.[10] 헤

---

8 『全書』I, 62.

9 '선택본원'(選擇本願)이라는 말이 보여 주듯, 문자 그대로는 아미타불의 선택 대상이 된 것은 염불이라기보다는 본원이다. 그러나 의미상으로는 염불이 아미타불의 본원 속에서 선택된 행위라는 뜻이기에, 호넨의 저서명을 '본원에 의해 선택된 염불에 관한 모음'이라 번역하는 것이 옳다. 신란의 저술 전부를 영역(Shin Buddhism Translation Series)하고 있는 교토의 본원 사국제센터(Hongwanji International Center)도 『선택본원염불집』을 'Passages on the Nembutsu Selected in the Primal Vow'라고 번역하고 있다. *The True Teaching, Practice and Realization of the Pure Land Way: A Translation of Shinran's Kyōgyōshinshō*(Kyoto: Hongwanji International Center, 1983; Shin Buddhism Translation Series) I, 136 참조

10 선택 사상이 가마쿠라 신불교의 특징이라는 것은 千葉乘隆・北西弘・高木豊, 『佛教史概說: 日本篇』(京都: 平樂寺書店, 1969), 94-95에 지적되고 있다. 가마쿠라 신불교의 성격과 정신

이안조가 붕괴되어 가고 가마쿠라의 봉건 질서가 형성되려는 무렵 호넨은 시대정신을 대표하면서 인간의 구원 문제에 대해 종래의 전통적인 불교와는 전혀 다른 쉽고 대중적인 접근방법(易道)을 제시했던 것이다. 그러나 이 '쉬운' 길은 깊은 신앙을 요구했고 전수라는 전적인 헌신을 요구했다.

호넨의 뒤를 이어 출현한 그의 충실한 제자 신란은 스승의 가르침을 더욱 급진적으로 전개시켰고, 니치렌(日蓮)은 아미타불 대신 『법화경法華經』의 명호 '묘법연화경妙法蓮華經'이라는 이름(題目)을 부르는 행위를 구원에 이르는 유일한 길로 전파했으며, 도겐(道元)은 오직 좌선(只管打坐)만을 성불의 유일한 길로 제시했다. 이들이 출현해 구원의 메시지를 전파하던 시기는 실로 헤이안조의 시대적 분위기와는 판이하게 달랐던 것이다.

헤이안조 불교는 근본적으로 국가권력과 귀족의 지원 아래 번창한 국가 불교로서 각계각층의 사람들의 필요에 부응하는 종합적인 수행체계를 갖추고 있었으며 절충주의적인 메시지를 전했다. 히에이산(比叡山)에 본거지를 둔 천태종은 이러한 헤이안조 불교를 대표하는 종파였다. 헤이안조 불교에도 종파들은 물론 있었다. 그러나 이들은 결코 가마쿠라의 신불교처럼 종파주의적이거나 배타주의적 성격을 띠지는 않았으며 그들이 전하는 메시지 또한 선 불교의 지도자들처럼 절박하지도 않았다. 우리는 이들 신불교 지도자들이 전파한 단순하고도 열정적인 구원의 메시지에서 새로운 유형

에 대한 가장 좋은 안내서는 家永三郎, 『中世佛敎思想史硏究』, 1- 109이다. 가마쿠라 신불교에 대한 나의 논의는 이 책에 많이 의존하고 있다. 또한 Stanley Weinstein, "The Concept of Reformation in Japanese Buddhism," Saburo Ota ed., *Studies in Japanese Culture* II(Tokyo: Japan Pen Club, 1973), 75- 86 참조

의 종교성이 출현하는 것을 목격한다. 일본 불교의 판도를 완전히 바꾸어 버리고 일본 불교로 하여금 '일본' 불교가 되게끔 한 이 새로운 종교성의 등장을 이해하기 위해서는 헤이안조 말기의 사회적 혼란상과 정신적 위기의식에 눈을 돌리지 않으면 안 된다.

12세기는 일본 사회에 엄청난 결과를 초래할 근본적인 변화가 일어나는 시기였다.[11] 중국을 본떠 만든 황실 중심의 중앙집권체제와 7세기 다이카(大化) 개혁 이후 만들어진 관료체제는 거의 붕괴된 상태였고 일본은 강력한 지방 토호나 지주들이 주도하는 중세적 봉건사회로 들어가고 있었다. 다이카 개혁가들과 황실 중심의 중앙 권력체제를 강화하려는 사람들이 이상으로 삼았으며 또 어느 정도 실현했던 질서에 따르면, 나라의 모든 토지와 백성은 황실에 속하는 공공 영역으로서 사유화는 허락되지 않았다. 그러나 이미 나라 시대에 얼마간의 토지와 거기에 속한 백성의 사유화는 시작되었다. 조정의 세력가들이나 중앙 귀족들 그리고 영향력 있는 불교와 신도神道 사원은 점차 막대한 장원莊園을 소유하게 되었으며 황실의 재정 기반을 침식하기 시작했다. 샌섬George Sansom은 장원의 생성과 발전 과정을 다음과 같이 서술하고 있다.

그리하여 엄격히 말해서 장원의 성장은 비합법적인 것이었으나, 너무나도 큰 규모로 발전하고 너무나도 많은 힘 있는 사람들의 이익과 부합하는 것이었기에 국가는 그것을 인정할 수밖에 없었다. 더욱이 중앙에 있는 거의 모든 귀족과 관리들 그리고 모든 대사찰과 사원이 그것으로부

---

11 12세기 일본의 사회 변화에 대한 이 글의 논의는 주로 George Sansom, *A History of Japan to 1334*(Stanford: Stanford University Press, 1958)에 근거하고 있다.

터 나오는 수입으로 살았기 때문에 더욱 그러했다. 이와 같은 이유로 합법적인 제도와 비합법적인 제도가 큰 마찰 없이 함께 자라났던 것이다.[12]

장원에 의한 황실 경제의 부식은 후지와라(藤原) 가문이 거의 전권을 휘두르던 10~11세기에 이르러 극치에 달했다. 세금을 면제받고 지방 정부의 행정적 관할을 받지 않는 특권을 누리는 장원들과 더불어, 자기 토지를 소유하고 있거나 중앙의 부재지주들을 대신하여 토지를 관장해 주는 지방 지주와 토호의 권력도 성장했다. 이들 지주는 자신들의 토지를 보호하고 확장하기 위해서 군사력을 보유해야만 했고 종종 노골적으로 물리적 힘을 행사하기도 했으며, 이는 직업적인 무사 계급이 출현하는 계기가 되었다. 중앙 황실이 지닌 경제적 · 군사적 · 행정적 권위의 약화는 온 나라의 권력이 실제로는 강력한 군사력을 지닌 헤이씨(平氏)와 겐씨(源氏) 두 가문에 속해 있던 12세기 말에 이르러 극에 달했다. 이 두 가문의 갈등과 충돌은 12세기 일본의 사회적 혼란의 주원인을 제공했다.

나라조 이래로 사회 · 정치적 체제와 하나로 얽혀서 부와 권력을 누리던 기성 불교계도 헤이안조 말기의 황량한 사회적 상황에 적지 않게 공헌했다. 승병들 특히 천태종 본부 엔랴쿠지(延歷寺) 승병들의 횡포, 엔랴쿠지와 온조지(園城寺) 및 엔랴쿠지와 나라의 고후쿠지(후지와라 가문의 비호를 받고 있었다) 같은 유력 사찰들 간의 충돌 등은 당시의 사회적 혼란을 적지 않게 악화시키는 요인이 되었다. 나라 불교의 상징이라 할 수 있는 도다이지(東大寺)와 고후쿠지는 모치히토

---

12 Sansom, *A History of Japan to 1334*, 356.

왕(以仁王)의 반란(1180)을 도와주었다고 해서 헤이씨의 군대에 의해 무자비하게 파괴되고 말았다. 이 소식을 접한 섭정 구조 가네자네(九條兼實)는 그의 일기 『옥엽玉葉』에서 다음과 같이 탄식하고 있다.

실로 이것이 비록 시운이 그렇게 하는 일이라 해도, 당시의 비애는 부모를 잃는 것보다도 심했다. 어설프게 태어나 이러한 때를 만나는구나. 지난날의 업의 결과이니, 내세 또한 의지할 바 없을 것인가? 만약 세상이 안정되면 산으로 들어가고 싶은 평소의 뜻을 속히 이룰 수 있겠지. 임종 시의 정념正念을 바라는 숙원이야말로 일생의 가장 중요한 일이다.[13]

마치 이와 같은 사회적 혼란이 부족하기라도 한 듯, 12세기 말 일본에는 자연재해 또한 기승을 부렸다. 샌섬은 이때의 참담했던 사회 모습을 다음과 같이 묘사하고 있다.

헤이안조 말기의 불행은 비록 헤이씨족의 흥기 이전에 기원을 두고 있지만, 그들이 권력을 쥔 말년에는 엄청난 재해들이 일어났다. 황도皇都 한복판에서 빈번히 발생하는 강도·방화·살인의 범죄들을 헤이씨들이 막지 못했다는 것은 그 원인이야 어쨌든 정권의 실패를 말해 주는 평범한 증거들이었다. 정부는 열을 내어 범죄자들을 체포하고 벌을 가하는 등 과격한 조치들을 취했으나 별 성과가 없었다. 도시의 상황은 통곡할 만했다. 이러한 상황은 도시 근교의 한 조그마한 오두막집에 물러나서 살고 있었으나 세상사에 대한 관심을 완전히 차단하지는 않은 한 은둔자가

---

13 赤松俊秀, 『親鸞』(東京: 吉川弘文館, 1961), 24에서 재인용.

쓴 『방장기方丈記』라는 유명한 책에 묘사되어 있다. 그의 이름은 가모노 초메이(鴨長明)였다. 그의 책은 분명히 후쿠와라(福原)를 목격한 자의 묘사일 뿐만 아니라 1177년부터 1182년까지 수도首都의 물리적 상황에 대한 놀라운 기록이기도 하다. 그것은 폭풍우·지진·대화재·전염병·기아·혹한의 끔찍한 이야기로, 어린아이가 죽은 어머니의 젖가슴에 매달려 있고 추위를 이기지 못해 떠는 사람들이 불상을 땔감으로 훔치는가 하면 시체들은 매장되지도 못한 채 즐비하게 널려 있었다. 교외를 제외하고 도시 자체만 해도 두 달 사이에 4만 2천 구의 시체가 거리에 널려 있었다고 한다. 온통 오염으로 덮인 세계였으며, 기근은 수도뿐만 아니라 인근 지방들과 헤이씨 권력의 기반인 서부 지역도 강타했다.[14]

이와 같은 헤이안조 말기의 참담한 사회 상황에서 말법 사상末法思想이 당시 생각 있는 불자들에게 현실성 있게 다가왔다는 것은 너무나도 당연했다. 말법 사상은 인도에서 발생했으나 중국에서 보다 체계적으로 형성·발전되었으며 일본에도 전파되었다. 특히 6세기 중국의 남북조 시대에 북조에서 일어난 일련의 불교 박해 사건은 말법 사상의 유행에 기폭제가 되었다.

말법 사상에 의하면, 부처님의 가르침은 정법正法 시대·상법像法 시대·말법末法 시대의 세 단계를 걸쳐 점차로 쇠퇴한다고 한다. 이 세 시기가 언제 시작하여 얼마나 오래 지속되는가에 대해서는 여러 설이 제시되었지만, 헤이안 시대에 가장 널리 수용되었던 설에 따르면 정법 시대는 석가모니불의 입적 이후 1,000년간 지속된다.

---

14 Sansom, *A History of Japan to 1334*, 286. 후쿠와라는 현재의 효고현(兵庫縣)으로 1180년에 수도가 임시로 옮겨갔던 곳이다.

이 시기에는 부처님의 가르침과 수행이 있고 사람들은 그것에 따라 깨달음을 얻을 수 있다. 그다음 상법 시대가 시작하여 또 1,000년간 지속되는데 이 시기에는 부처님의 가르침과 수행은 있어도 깨달음을 얻는 사람은 없다.[15] 마지막으로 말법 일만 년이 시작되는데 이때에는 가르침만 존재할 뿐 수행도 깨달음도 없다. 이 설에 따르면 일본의 말법 시대는 11세기 말에 시작되는 셈이며—중국 불교 전통에서는 부처님의 입멸을 기원전 941년으로 잡는다— 이 시기는 물론 헤이안조 사회가 심각한 붕괴의 조짐들을 나타내기 시작한 때였다.

말법 사상이 일본에 전해진 지 오래되었으나 주로 관념뿐이었다면, 헤이안조 말기로 접어들면서 사회 각계각층의 사람들은 말법 시대의 도래를 피부로 실감하게 되었다. 사회 어디서나 고통의 신음 소리가 들렸고 고苦와 무상無常은 단지 교리상의 개념이 아니라 눈앞의 현실 그대로였다. 다무라 엔초(田村圓澄)는 다음과 같이 말한다.

그리하여 일본에서 말법 사상은 수도修道의 난이難易나 성불의 가부라는 수행자의 문제라기보다는 몰락 과정에 있는 귀족의 공통적 숙명을 고지하는 것으로 여겨졌지만, 고대 말기의 겐페이(源平)의 쟁난爭難이나 이에 부수하여 일어난 천재지변은 드디어 하층 서민에 대해서도 말법의 도래를 여실히 체험하도록 만들었다.[16]

---

15 세 시기에 대한 여러 설에 관한 간략한 소개는 井上光貞, 『新訂日本淨土敎成立史の硏究』, 108-112; 田村圓澄, 「末法思想の形成」, 『日本佛敎思想史硏究』, 277-308; Weinstein, "The Concept of Reformation in Japanese Buddhism," 79-80 참조 불법 쇠퇴 사상에 관한 최근의 포괄적인 연구로 Jan Nattier, *Once upon a Future Time: Studies in a Buddhist Prophecy of Decline*(Berkeley, California: Asian Humanities Press, 1991)이 있다.

불교는 본래 인생의 괴로움과 무상의 문제를 해결하고자 하는 종교 운동으로 시작되었으며 인간을 그러한 문제들로부터 해방시킬 수 있다는 약속을 제시했다. 그러나 헤이안조 말기의 기성 불교계는 불행하게도 바로 이러한 불교 본연의 임무를 수행할 수 없는 형편이었다. 여기에는 여러 이유가 있었다. 무엇보다도 불교 교단들 자체가 당시의 혼란상에 상당한 원인을 제공했다. 그들은 무너져 가는 구질서의 한 부분을 구성하고 있었으며 엄청난 사회적 불행의 한가운데서도 여전히 종래에 누려오던 세속적 가치와 특권에 집착하고 있었다.

불교사의 가장 큰 아이러니 중 하나는 그렇게도 단호하고 분명하게 세간적 가치와 질서를 거부하고 나선 종교가 아시아 어느 나라에서든 그 사회와 국가의 세간적 안전과 축복을 약속하는 종교, 즉 사회적·문화적 종교로 변하게 되었다는 점이다. 이와 같은 변질의 가장 전형적인 사례 가운데 하나가 바로 헤이안조 말기의 일본 불교다.

신도神道라는 현세 구복적 종교와 정신적·제도적으로 거의 하나가 되다시피 한 헤이안조 불교는 세계에 대한 초월적 시각을 거의 상실한 채 현세 또는 내세에서 귀족들이 누릴 복리를 위해 기도하고 각종 의례를 행하는 주술적 종교로 화해 있었다. 그러한 종교에서 인생의 근본 조건들로부터 탈출하기 원하는 영혼들의 순수한 종교적 열망은 충족될 수 없었다. 세계로부터 구원받고자 하는 사람들에게 세상적 축복을 약속하는 종교는 더 이상 아무런 관심의 대상이 될 수 없었던 것이다. 모든 중생이 불성을 갖추고 있다는 전

---

16 田村圓澄, 『法然』(東京: 吉川弘文館, 1959), 63-64.

통적인 가르침은 자신의 죄악성을 깊이 의식하는 사람들에게 별 위로가 되지 못했으며, 눈앞에서 벌어지는 죄악과 참혹상을 목도하는 사람들에게 설득력을 발휘하지 못했다. 즉신성불卽身成佛의 약속이나 사사무애事事無碍의 세계관 역시 구질서가 붕괴되는 혼돈 속에서 말법 시대를 절감하는 사람들에게 더 이상 의미 있는 메시지가 아니었다.

헤이안조 말기에 사람들이 필요로 한 것은 세간적 안전보다는 초세간적 구원이었으며, 국가와 집단의 종교가 아니라 개인적 신앙이었으며, 옛 종교의 안이한 시각을 떠나 세계와 인간의 문제를 있는 그대로 직시하는 종교였다. 말법 시대를 맞아 전통적인 해답들은 설득력을 잃었을 뿐만 아니라 효력마저 상실했다고 느껴졌기 때문이다. 구원을 향한 갈망은 유례없이 치열했으나 기성 교단은 이를 충족시킬 능력을 상실한 지 이미 오래되었던 것이다.

그렇다면 어떻게 이러한 난관을 벗어날 수 있겠는가? 어떻게 하면 말법 시대의 절박한 현실을 있는 그대로 받아들이면서도 구원에 대한 희망을 버리지 않을 수 있겠는가?

이것이 헤이안조 말기 일본 불교계가 직면했던 중심 문제였으며 그 해답은 곧 이도易道, 즉 남녀노소, 사회적 신분의 귀천 그리고 도덕적 선악의 공과에 관계없이 누구나 따를 수 있으며 모두를 구원할 수 있는 '쉬운 길'이었다. 호넨은 바로 이러한 이도의 메시지를 대담하게 선포함으로써 일본 불교의 모습을 근본적으로 바꾸어 놓은 선구자였다. 호넨 이후의 일본 불교는 더 이상 그 이전의 불교와 같을 수 없게 되었다.

중국 수나라의 승려 도작道綽(562~645)이 쓴 『안락집安樂集』에 근거하여 호넨은 그의 『선택본원염불집』에서 다음과 같이 선언한다.

지금은 오탁五濁의 악한 시대인 말법 시대다. 정토문淨土門이야말로 우리
가 [깨달음에] 들어가는 유일한 길이다.[17]

자력에 의존하여 깨달음을 성취하려는 전통적인 성도문聖道門은
더 이상 타당성이 없다는 말이다. 여기에는 두 가지 이유가 있다.

우리는 대성[석가모니불]으로부터 너무 멀리 떨어져 있으며, 진리는 심오
하나 우리의 이해력은 약하다.[18]

호넨의 이 말에서 우리는 시時와 기機(중생의 능력, 근기)에 대한 그
의 깊은 자각을 엿볼 수 있다. 바로 이러한 자각이 그의 전수염불
운동에 강하게 작용하고 있었던 것이다. 우리의 노력이 헛된 것이
되지 않으려면 우리가 살고 있는 때와 우리 자신의 능력을 의식하
지 않으면 안 된다.

불도의 수행은 자신을 잘 가늠해 보고 때를 식별해야 한다.[19]

이것은 일반적인 관찰이 아니라 호넨 자신의 실존적인 자각에

---

17 『全書』 I, 929. 오탁이란 악세(惡世)에 나타나는 다섯 가지 더러움, 즉 겁탁(劫濁), 견탁(見濁),
　　번뇌탁(煩惱濁), 중생탁(衆生濁), 명탁(明濁)을 가리킨다.

18 『全書』 I, 929.

19 田村圓澄, 『法然』, 64.

서 나온 것이었다. 그는 자신의 수행 능력에 대해 절망하고 있었다.

해탈을 얻고자 하는 깊은 욕구와 경전들의 가르침을 신뢰하는 마음으로 나는 여러 종류의 수련을 한다. 불법에는 많은 가르침이 있으나, 그 모든 것은 대승과 소승, 현교顯教와 밀교密教 할 것 없이 모두 닦고 있는 계戒 · 정定 · 혜慧 삼학에 있다. 그러나 사실 나는 계 가운데 하나도 제대로 지키지 못하고 많은 형태의 선정禪定 가운데 하나도 이룰 수 없다. 어느 스님이 말씀하기를 계를 지키지 않고는 선정을 이룰 수 없다고 했다. 더욱이 깨달음을 얻지 못한 범부들의 마음은 주위 환경의 영향 때문에 나뭇가지에서 나뭇가지로 옮겨 다니는 원숭이들처럼 항시 변한다. 마음이 미혹되어 쉽게 흔들리며 제어하기 어렵다. 무슨 수로 옳고 흔들림 없는 앎이 생길 수 있겠는가? 흔들림 없는 앎의 칼이 없이 어떻게 악한 행위를 낳는 악한 번뇌의 사슬에서 벗어나겠는가? 악한 행위와 악한 번뇌를 벗어나지 않고서 어떻게 생사의 속박을 벗어나겠는가? 오호라, 어찌할꼬! 어찌할꼬! 우리 같은 존재들은 계 · 정 · 혜 삼학을 행할 능력이 없도다.

이와 같이 깊은 절망감에 사로잡혀 번민하는 호넨에게 구원의 빛이 비친 것은 선도의 『관무량수경소』를 읽다가 염불에 대한 가르침을 접했을 때였다. 호넨은 계속해서 말한다.

그리하여 나는 많은 고승대덕에게 삼학 외에 우리같이 능력 없는 자들에게 알맞은 해탈의 길이 있는지에 대해 물어보았다. 그러나 나에게 그 길을 가르쳐 주거나 암시해 주는 사람은 아무도 없었다. 드디어 나는 일대장경一大藏經을 갖추고 있는 히에이산 구로다니(黑谷)의 서재에 홀로 들어가 무거운 마음으로 경전들을 모조리 읽었다. 그런 중에 나는 선도의 『관무량수경소』에 나오는 다음 구절을 발견하게 되었다. "행주좌와行住坐臥에 오직 온 마음을 다해 아미타불의 이름을 읊되 한시도 쉬지 마라. 이것이 곧 어김없이 해탈을 가져오는 업일지니 저 부처님의 본원에 상응하는 것이기 때문이다." 이 구절을 읽는 순간 나는, 나와 같이 무지한 사람도 이 구절을 삼가 묵상하며 그 진리를 전적으로 의지하여 아미타불의 명호 읊기를 잊지 아니하면 틀림없이 극락세계에 왕생하는 선업을 쌓을 수 있다는 사실에 감명을 받았다. 나는 선도가 남긴 이러한 가르침을 믿을 뿐만 아니라 아미타의 큰 서원을 간절한 마음으로 따르게 되었다. 특히 "저 부처님의 본원에 상응하는 것이기 때문이다"라는 말이 나의 가슴에 새겨졌다.[20]

호넨에게 비친 구원의 빛은 염불 그 자체─이것은 이미 당시에 널리 알려져 있었다─보다는 자신의 힘으로 도저히 성불할 수 없는 가엾은 중생을 향한 자비로써 이도의 기초를 놓은 아미타불의 본원本願이었다. 호넨이 염불만을 전수하게 된 것은 그가 갑자기 염불이야말로 바로 '아미타불의 본원에 상응하는' 행위라는 진리를 깨달았기 때문이다. 중생 구제를 위한 아미타불의 본원력本願力에 대한 자각이야말로 절망에 빠져 있던 호넨으로 하여금 전수염불을 선택하도록 만든 것이다.[21]

---

20 Coates and Ishizuka, *Hōnen*, 185-187.

21 호넨이 언급하고 있는 본원은 법장(法藏, Dharmākara)보살이 중생 구제를 위해 세자재왕불(世自在王佛) 앞에서 발한 48본원(pūrva-pranidhāna) 가운데서 가장 중요한 제18원이다. 『무량수경』에 나오는 이 법장보살의 이야기는 널리 알려져 있으므로 여기서는 생략한다. 그 이야기에 친숙하지 못한 사람은 제5장 참조. 여하튼 제18원은 "제가 만약 부처가 되어서

이미 언급했듯이 호넨은 다른 정토 사상가들과는 달리 염불을 일종의 관행觀行이나 명상으로 이해하지 않았다. 만약 염불이 관행이라면 그것은 범부가 행하기 쉬운 이도가 아니라 또 하나의 난도難道일 것이다. 이시즈카 류가쿠는 다음과 같이 지적한다.

호넨 이전에는 명상이 모든 염불의 지배적인 모습이었다. 겐신(源信)은 가르치기를 명호를 부르는 행위를 하는 순간 마음에 자비로운 부처님의 상像이 형성된다고 했고, 가쿠반(覺鑁)에게는 염불은 진언종眞言宗의 다라니(陀羅尼) 또는 신비한 주문과 마찬가지여서 거기에 내재하고 있는 덕의 의의를 마음에 새겼으며, 에이칸(永觀)에게는 반드시 정신 집중을 한 후에 행하는 염불만이 효력이 있으며 그렇지 않으면 백만 번 염불을 해도 소용이 없었다. 따라서 호넨 이전에 행한 각종 염불은 모두 명상이라는 주관적 요소에 의존했기 때문에 만약 어떤 신자가 자기가 하는 염불 행위의 의미를 전부 파악할 정신적 능력이 부족하거나 또는 어느 순간 그의 명상이 잘못되는 경우에는 그의 염불은 전적으로 무효가 되는 것이나 마찬가지였다.[22]

도 시방의 중생이 지극한 마음으로 믿고 즐거워하고 저의 나라에 태어나기 위해 십념(十念)을 해서 태어날 수 없다면, 저는 부처가 되지 않겠습니다. 다만 오역(五逆)을 범한 죄인이나 정법(正法)을 비방하는 사람은 제외합니다(設我得佛 十方衆生 至心信樂欲生我國 乃至十念 若不生者 不取正覺唯除五逆誹謗正法)"라는 내용이다. 이미 언급했듯이, 선도의 시대에 와서는 여기서 말하는 십념은 아미타불의 이름을 열 번 소리 내어 부른다는 칭명염불(稱名念佛)의 뜻으로 이해되었다.

22 Coates and Ishizuka, *Hōnen*, 42. 겐신(源信, 942~1017), 가쿠반(覺鑁, 1095~1143), 에이칸(永觀, 1033~1111)은 모두 호넨 이전에 자기들 유의 염불을 행한 사람들이지만 아무도 호넨처럼 전수염불(專修念佛)을 주장하지는 않았다.

호넨에 의하면 이도로서의 염불은 사회적 신분, 정신적 능력, 경제적 조건과 관계없이 모든 중생을 구제하고자 하는 아미타불의 보편적인 자비심의 산물이다.

어찌하여 아미타불이 그의 본원을 통해 다른 수행이 아니고 하필 염불을 정토왕생의 조건으로 선택했는가 하는 질문을 던지면서, 호넨은 답하기를 그것은 궁극적으로는 부처님 마음의 신비에 속하는 문제이지만 염불이야말로 가난한 사람까지 포함하여 모든 중생이 언제 어디서나 쉽게 할 수 있는 수행이기 때문에 선택했다고 말한다.[23] 염불은 또한 "아미타불의 이름이 그가 지닌 모든 공덕을 대신하기 때문에, 또는 그의 인격 자체를 대신하기 때문에 가장 뛰어난 길이며, 그의 이름을 부르면 마치 우리가 자기 이름을 부를 때 응답하듯 자신을 나타내신다"라고 한다.[24]

호넨의 한 서신에서 우리는 모든 중생을 건지고자 본원을 발한 아미타불의 자비에 대한 그의 뜨거운 신앙을 읽을 수 있다.

말법 시대의 중생을 극락왕생의 기機(수행능력)에 견주어 볼 때, 수행이 적다 하여 [왕생을] 의심해서는 안 된다. 일념십념一念十念이면 족하다. 죄인이라 해서 의심해서도 안 된다. 죄의 뿌리가 깊은 자라 할지라도 [아미타불은] 싫어하지 않는다고 한다. 때가 기울었다고 의심해서도 안 된다. 법이 멸한 이후의 중생도 왕생하거늘 하물며 요즈음[말법 시대의 지금] 사람들이겠는가? 자신이 악하다고 의심해서도 안 된다. [선도도] 자신은 번뇌로 가득한 범부라 했다. 시방에 정토가 많아도 서방西方을 염원

---

23 法然,『選擇本願念佛集』,『全書』I, 943-945.
24 Coates and Ishizuka, *Hōnen*, 45.

하는 것은 십악오역十惡五逆의 중생도 태어날 수 있기 때문이다. 여러 부처님 가운데서 아미타불에 귀의하는 것은 삼념오념三念五念만 해도 [임종시 부처님께서 친히] 오셔서 맞아 주시기 때문이다. 여러 행 가운데서 염불에 의지하는 것은 저 부처님의 본원이기 때문이다. 지금 미타의 본원에 올라타서 왕생을 바라는 것은 [미타의] 원願이기에 성취되지 않을 까닭이 없다. 본원을 타는 것은 오직 신심信心의 깊이에 달려 있을 뿐이다. 받기 어려운 인간의 몸을 받아 태어나서 만나기 어려운 본원을 만나 일으키기 어려운 도심道心을 일으켜서 떠나기 어려운 윤회의 마을을 떠나 태어나기 어려운 정토에 태어나는 일은 기쁜 일 가운데서도 기쁜 일이다. 십악오역의 죄를 범한 사람도 [정토에] 태어난다고 믿을지라도 조그마한 죄라도 가볍게 여겨서는 안 된다. 죄인도 태어나는데 하물며 선인이야 말할 것 있겠는가? 일념십념의 행行도 부질없는 것이 아님을 믿고 간단없이 닦아야 한다. 일념一念이라도 태어나거늘 하물며 다념多念이야 말할 것 있겠는가?25

아미타불에 의해 베풀어진 이도易道는 깊은 신앙을 요구한다. "본원을 타는 것은 오직 신심의 깊이에 달려 있을 뿐이다." 여기서 우리는 호넨과 더불어 전개되기 시작한 새로운 불교 운동이 지닌 또 하나의 특징에 주목하지 않으면 안 된다. 즉, 신앙에 대한 강조이다. 이도가 아무리 쉽다 해도 그것을 깊이 믿고 따르는 신앙이 먼저 필요한 것이다. 믿기 어려울 정도로 쉬운 길을 믿고 받아들이며 오로지 그것에 전념하는 신심이 무엇보다도 요구된다는 것이다.

신불교 운동이 이도와 신앙을 강조함으로써 생기게 된 하나의

---

25 田村圓澄, 『法然』, 49-50; 『西方指南妙』, 『全集』 IV, 220-121.

중요한 결과는 승과 속, 출가와 재가라는 전통적 불교의 구별이 무의미하게 되고 그 대신 신자와 비신자의 뚜렷한 구별로 대체되었다는 사실이다. 이에 따라서 출가자의 위상은 격하되고 재가신도의 위상은 격상되고 정체성이 강화되었다. 단순한 신앙과 쉬운 실천이 구원의 유일한 조건이 된 이상 어려운 수행의 길을 걸을 수 있는 조건에 있던 출가승의 위상은 자연히 약화되거나 무의미하게 되는 것이다. 이제 중요한 것은 신앙이 있느냐 없느냐이지 어려운 수행을 할 능력과 조건이 있느냐 없느냐가 아니었다. 호넨 자신은 출가승의 계율을 충실히 지키면서 경건한 삶을 살았던 사람으로 전해진다. 그러나 그가 보여 준 새로운 종교성으로부터 출가와 계율 자체를 거부하는 보다 과격한 결론이 도출되는 것은 단지 시간문제일 뿐이었다.

말법 사상의 보급에 의해 초래된 전통적 불교의 위기, 이도와 신앙에 대한 강조, 단 하나의 구원의 길에 대한 배타적 선택, 새로이 자각된 종교적 정체성을 지닌 재가신도의 등장, 이 모든 것은 비단 일본 불교 내에서뿐만 아니라 출가 수도자를 중심으로 전개되어 온 호넨 이전의 불교 1,700년 역사를 통틀어 보아도 완전히 새로운 현상이었음이 틀림없다. 그리고 이러한 새로운 종교성은 전통적인 출가승 중심의 수도공동체 대신 초기 그리스도교 교회와 유사하게 개인의 신앙에 바탕을 둔 자발적이고 평등주의적인 신앙공동체를 낳았다. 이러한 공동체의 구성원은 구원의 메시지에 개인적 신앙의 결단으로 응답하고 나선 이들로서 세간적 생업에 종사하는 재가자이면서도 초세간적 가치를 추구하는 신도였으며 그들을 이끄는 지도자 또한 '비승비속非僧非俗'—호넨의 제자 신란이 나중에 스스로를 묘사하듯—의 독특한 부류의 사람들이었다.

　이러한 재가자들의 자발적인 신앙공동체의 출현은 헤이안조 말기 평민의 높아진 사회의식을 반영하는 것이기도 하다.[26] 이제 종교적 메시지는 소수의 엘리트 계층이 아니라 남녀노소의 구별이나 사회적 신분의 차이, 도덕적 공과나 종교적 위계, 지식의 유무 등에 관계없이 누구에게나 동일하게 전해지게 되었다. 더군다나 신불교 운동의 주도자들은 그들의 메시지를 대중이 쉽게 읽고 이해할 수 있도록 어려운 한문보다는 일본 문자로 쓴 구어체 문장에 담아 전했으며, 전통적 불교에서 주어졌던 종속적 역할에 더 이상 만족하지 못하던 재가자들로부터 적극적인 신앙의 응답을 불러냈다. 여러 면에서 호넨과 더불어 시작된 새로운 불교 운동은 실로 서양의 종교개혁에 비견할 만한 것이었다.

　이제 우리의 본래 주제인 신란으로 눈을 돌릴 차례이다. 흔히 '일본의 루터'라 불리는 신란의 출현은 그의 스승 호넨 없이는 생각할 수 없다. 그러나 그는 후대의 명성과 영향력에서 그리고 그가 전한 메시지의 과감성에서 그의 스승을 훨씬 능가하는 자가 되었다.

---

26 田村圓澄, 「專修念佛の受用過程」, 『日本佛敎思想史硏究』, 42-57.

제2장

범부凡夫 신란

신란親鸞(1173~1262)은 그의 문도들에 의해 성인聖人으로 추앙받고 있으나, 정작 그 자신은 자기가 성인임을 끝까지 부정했을 인물임이 틀림없다. 90 평생을 누구보다도 깊은 죄의식 가운데서 살아온 사람이 성인으로 추앙받고 있다는 사실은 커다란 아이러니다. 아이러니는 여기서 그치지 않는다. 평생 자신을 스승이라고 생각하지도 않았고 지도자라고 생각하지도 않은 사람 그리고 스승 호넨의 가르침을 충실히 계승할 뿐 독자적으로 어떤 종파를 만들 생각은 추호도 없던 사람이 오늘날 일본 불교 최대 종파인 정토진종淨土眞宗의 창시자로 추앙받고 있는 것이다. 그러나 그는 분명히 성인이었다. 다만 그가 생각했던 성인의 길이 전통적 불교에서 추구하는 것과는 매우 달랐을 뿐이었다. 그는 성인이 되고자 하는 생각을 깨끗이 포기함으로써 '성인'이 된 역설적 성인이었다.

종교는 그 초월적인 기원이야 어떠하든 인간 쪽에서 볼 때는 분명히 인생의 피할 수 없는 본질적인 문제들의 자각과 더불어 시작된다고 할 수 있다. 인간의 유한성과 연약함, 세상적인 것들의 무상성, 죄와 악, 도덕적 부조리, 끊임없이 닥쳐오는 고난과 시련, 매우 확실하게 보이던 삶의 질서를 뒤흔들어 놓는 예기치 않은 재난들, 이러한 것들이 인간으로 하여금 보이는 현실 세계를 넘어서 혼란과 갈등이 없는 초월적 세계를 갈구하게 만든다. 이 초월적 세계는 우리의 일상적 인식을 초월하는 인식론적 초월일 수도 있고 보이는 세계와는 전혀 다른 차원에 속한 존재론적 또는 형이상학적 초월일 수도 있다. 여하튼 종교는 가시적인 현실과 불가시적 실재라는 두 개의 세계를 설정하고서야 비로소 가능하며 모든 신앙인은 이 두 세계 사이에서 어느 정도의 긴장과 갈등을 느끼면서 살고 있다.

그러나 한 종교가 어느 사회의 지배적인 종교가 되어 그 가르침이 일반적으로 받아들여지게 되면, 그 종교는 사회 속에 안주하는 종교가 된다. 종교는 사회와 타협하게 되고 종교를 출현시켰던 인간 현실에 대한 예리한 문제의식을 상실하게 된다. 종교는 자기가 그리는 이상적 세계상에 도취되고 사람들은 그것을 너무나 당연하게 받아들이기 때문에 종교가 처음에 가졌던 문제의식은 실종되고 현실 감각은 사라진다. 그런가 하면 현실이 근본적으로 바뀌고 새로운 문제들이 새로운 해답을 요구해도 종교는 자신의 전통에 사로잡혀 아무런 문제의식도 없이 과거의 메시지를 기계적으로 반복한다.

이것이 아마도 세속주의적 종교 비판가들이 종교가 현실을 은폐하고 검증할 수 없는 세계의 환상적 행복으로써 현실을 호도한다는 비판을 하게 하는 주된 이유일 것이다. 그리고 이것이 아마도 젊은 시절의 신학자 바르트Karl Barth로 하여금 종교에 대해 다음과 같이 경종을 울리게 한 이유일 것이다.

종교는 인생의 건강한 조화를 찬양하는 곳이기는커녕 오히려 인생이 병

들고 불협화음을 내고 분열된 채 나타나는 곳이다. 종교는 인간의 문화가 안전하게 발 딛고 서 있는 확실한 땅이 아니라 문명과 그 상대인 야만이 근본적으로 문제시되는 곳이다. 종교는 뉘우칠 줄 모르는 사람들에 대한 심판을 조금이라도 완화시키지 않도록 경계해야 한다. 갈등과 괴로움, 죄와 죽음, 악마와 지옥이 종교의 현실이다. 인간을 죄와 운명으로부터 해방시키기는커녕 종교는 인간을 그 아래 둔다. 종교는 인생의 문제들에 대한 해답을 갖고 있지 않으며, 오히려 문제를 전혀 해결할 수 없는 수수께끼로 만든다. 종교는 문제를 발견하지도 않고 해결하지도 않는다. 종교가 하는 일은 문제가 해결될 수 없다는 진리를 드러내 주는 것이다. 종교는 즐길 일도 못 되고 축제를 벌일 일도 못 된다. 종교는 벗을 수 없는 멍에로 지어야 한다. 종교는 바랄 것도 못 되고 찬양할 것도 못 된다. 종교는 어떤 사람들을 완전히 붙잡아 매고 그들을 통해 다른 사람들에게 전해지는 불행이다.[1]

종교가 삶의 현실을 은폐한다는 비난은 큰 논란의 여지 없이 헤이안조 말기의 일본 불교계에 던져질 수 있다. 기성 교단들은 도처에 나타나고 있는 말법 시대의 징조들을 심각하게 받아들이지 않았기 때문이다.

그러나 이와 같은 비난은 신란의 메시지에는 부당하다. 왜냐하면 신란으로 하여금 인간 구원의 새로운 길을 모색하도록 만든 것은 무엇보다도 전통적 불교에 의해 제시된 해답 속에 은폐될 수 없는 삶의 가혹한 현실들, 특히 인간 안에 내재하는 뿌리 뽑기 어려운

---

1 Karl Barth, *The Epistle to the Romans*, trans. by Edwyn C. Hoskyns(London: Oxford University Press, 1933), 258.

악의 현존에 대한 깊은 자각이었기 때문이다. 신란의 삶과 저술이 우리에게 깊은 인상을 남기는 것은 인생의 무상함과 괴로움을 한 탄하는 불교의 전통적인 진부한 수사학이 아니라 자기 자신의 실 존적 문제를 부둥켜안고 괴로워하는 한 인간의 목소리를 생생하게 들을 수 있기 때문이다.

우리는 "애욕愛慾의 광해廣海에 빠져 명리名利의 태산太山에 미혹 된"[2] 범부로서의 자신의 모습에 괴로워하는 한 인간의 절규를 그의 주저 『교행신증敎行信證』[3]을 위시하여 거의 모든 저술에서 들을 수 있다. 사실 현대를 사는 우리의 가슴에 아직도 강한 호소력을 지니 고 있는 것은 그가 전한 메시지의 내용 그 자체보다도 '죄악심중罪惡 深重 번뇌치성煩惱熾盛'[4]의 구원받지 못한 범부 신란의 고뇌에 찬 목소 리이다. 자신의 죄악과 씨름하는 그의 실존적 진지함과 정직성은 그가 제시한 해결책 못지않게 우리에게 감동으로 다가오기 때문이 다. 나중에 고찰하겠지만, 신란에게 문제에 대한 자각과 해답은 분 리해서 생각될 수 없었다. 그는 그 이전의 사상가들—정토 사상가 들까지 포함하여—에 의해 제시된 전통적인 해답에 안이하게 만족 하지 않고 문제를 극단으로까지 몰고 감으로써 결국은 문제 해결 의 노력을 포기할 수밖에 없었으며, 놀랍게도 바로 이러한 포기 속 에서 문제에 대한 진정한 해답을 찾을 수 있었던 것이다.

아미타불의 은총에 대한 신란의 메시지는 인간 내면에 도사리

---

2 신란이 그의 주저 『교행신증(敎行信證)』에서 자기 자신을 묘사하는 말. 『全書』 II, 80.

3 이 책의 본래 이름은 『현정토진실교행증문류(顯淨土眞實敎行證文類)』(정토의 진실한 교와 행과 증을 드러내는 글들의 모음)이다. 그러나 보통 간단하게 『교행신증』이라 불리며, 우리도 앞으로 그렇게 부를 것이다.

4 『歎異抄』, 『全書』 II, 773.

고 있는 끝없는 죄악성과의 처절한 싸움 없이는 생각할 수 없다. 그리스도교적 용어를 빌려 표현하면 '율법' 아래 있는 '종교의 현실'을 모르는 자는 은총이 무엇인지를 진정으로 알 수 없다는 말이다. 우리는 바르트가 율법 아래 있는 사도 바울의 고뇌에 대해 말한 바가 그대로 신란 자신의 경험이었다고 아무런 주저 없이 말할 수 있다.

> 종교의 의미를 파악하는 일은 이 세상 사람들에 대한 죄의 지배가 우리에게 얼마나 분명하게 드러나는가에 달려 있다. 종교적 인간의 특이한 죄악성을 인지하고 그 안에 죄가 많은 것을 볼 때, 우리는 비로소 은총이 더욱 많다는 것의 의미와 하느님의 자비가 죄에도 불구하고 작용해야만 하는 필연성을 이해할 수 있다.[5]

신란은 호넨에게 전적으로 헌신했고 삶의 마지막 순간까지 그의 충실한 제자로서 남아 있었다. 호넨을 떠나서 신란은 생각할 수 없는 존재이다. 그러나 신란은 그의 스승이 전한 메시지에서 최종 결론을 이끌어 내어 그것을 역설의 극치로 몰고 가는 대담함을 보였다. 신란으로 하여금 호넨의 염불 사상에 새로운 깊이와 강도를 더하게 만든 것은 무엇보다도 인간이 처한 곤경에 대한 심오한 자각이었다. 이에나가 사부로(家永三郎)가 지적한 대로, 호넨과 신란의 사상적 차이가 어떠하든 양자 사이의 가장 근본적인 차이는 신란이 전파한 악인정기설惡人正機說 또는 악인정인설惡人正因說에 있다.[6]

---

5 Barth, *The Epistle to the Romans*, 257.
6 家永三郎, 『中世佛敎思想史硏究』, 4-5. 이 사상이 신란의 것이 아니라 호넨의 것(또는 신란의 제자들의 것)이라는 설을 주장하는 학자들도 있다. 田村圓澄, 「惡人正機說の成立」, 『日本佛敎思想史硏究』, 93-123. 이에나가 사부로도 이 점을 의식하고 있지만 자신의 견해를 옹호한다.

즉, 악인이야말로 아미타불이 그의 본원을 통해 구제하고자 하는 주 대상이라는 사상이다. 『탄이초歎異抄』의 저자는 다음과 같은 유명한 신란의 말을 전하고 있다.

선한 사람도 왕생할 수 있는데 하물며 악한 사람이야 말할 것 있겠는가. 비록 이것이 진리이지만, 사람들은 흔히 말하기를 "악한 사람도 왕생하는데 하물며 선한 사람이야 말할 것 있겠는가"라고 한다. 이 말은 언뜻 일리가 있는 것처럼 들리지만 본원타력本願他力의 뜻에 거슬린다. 그 까닭은 자력으로 선을 행하는 사람은 타력을 전적으로 의지하는 마음이 없으므로 미타의 본원에 부합하지 않는다. 그렇지만 자력의 마음을 바꾸어서 타력을 의지하면 진실보토眞實報土에 왕생할 수 있다. 번뇌구족煩惱具足의 우리가 어떠한 수행에 의해서도 생사를 떠날 수 없음을 불쌍히 여기어 원을 발하신 본의가 악인 성불을 위한 것이라면, 타력을 의지하는 악인이야말로 왕생의 정인正因을 지닌 자이다. 따라서 "선한 사람도 왕생하는데 하물며 악한 사람이야"라고 [성인께서] 말씀하신 것이다.[7]

바로 이러한 선악의 역설에 신란 사상의 핵심이 들어 있다 해도 과언이 아니다. 그리고 이러한 사상의 배후에는 뿌리 뽑기 어려운 인간의 타락과 죄악성에 대한 자각, 무엇보다도 자기 자신의 죄악

家永三郎, 『中世佛教思想史研究』, 8-14.

7 『歎異抄』, 『全書』 II, 775. 『탄이초』는 앞으로 우리가 자주 인용하게 될 책인데, 신란의 저술은 아니지만 신란의 말이 많이 실려 있다. 저자에 대해서는 논란이 있지만, 대체로 신란의 제자인 유이엔보(唯圓坊)로 간주되며, 대략 신란이 세상을 떠난 해인 1262년과 1290년 사이에 지어진 것으로 추측된다. 저술 목적은 제목 자체가 말해 주듯, 신란의 사상에 대한 잘못된 이해를 비판하고 바로잡기 위해서다. "Introduction," *The Tanni Shō: Notes Lamenting Differences*(Ryukoku Translation Series, II), Kyoto: Ryu-koku University Translation Center, 1980, 3-10 참조.

성에 대한 깊은 자각이 깔려 있는 것이다.

호넨을 만나다

1201년은 신란의 생애에서 결정적인 전환이 일어난 해였다. 그가 천태종의 본산 히에이산에서 천태 승려로서 20년간의 삶을 마치고 호넨에게 간 것이 바로 이 해였기 때문이다. 그러한 결정의 의의 그리고 그것이 그의 삶에서 하나의 급격한 전환을 의미했다는 사실은 그의 『교행신증』 말미에 간단명료하게 표현되어 있다.

> 그러나 구토쿠(愚禿) 신란, 석가모니의 제자, 1201년 잡행을 버리고 본원에 귀의했다.[8]

다시 말해, 이 해에 신란은 전통적인 자력 수행의 길을 포기하고 죄 많은 중생을 있는 그대로 구제하는 아미타불의 본원에 자신을 맡기기로 결단한 것이다.

신란이 무슨 이유로 이러한 과격한 결단을 내리게 되었는지 자세히 알 수는 없다. 다만 한 가지 분명한 사실은 그가 히에이산에서 하던 전통적인 수행 방법이 그에게는 더 이상 의미가 없었으며, 따라서 새로운 구원의 길을 모색하지 않으면 안 되었다는 점이다. 보다 정확하게 말해, 번뇌치성한 스스로의 모습에 절망한 신란은 종

---

8 『全書』 II, 202.

래의 자력 수행의 길로는 도저히 생사의 세계를 벗어나기 어렵다는 사실을 뼈저리게 느꼈다. 우리는 그가 밝힌 호넨과의 관계에서 그가 얼마나 절망적인 상황에 처해 있었던가를 엿볼 수 있다.

비록 호넨 성인에 의해 속임을 당해 염불을 해서 지옥에 떨어진다 해도 나는 후회하지 않을 것이다. 그 까닭은 다른 수행을 힘써서 부처가 될 만한 내가 염불을 해서 지옥에 떨어진다면야 속임을 당했다고 후회할지 모른다. [그러나] 그 어떤 수행도 감당할 수 없는 나일진대 어차피 지옥은 내가 살 곳이다.9

신란의 아내 에신니(惠信尼)도 그의 서신에서 신란에 관해 다음과 같이 전하고 있다.

사람들은 스승[호넨]께서 가실 곳에 대하여 온갖 이야기를 한다. 그들은 심지어 말하기를 그가 악도惡道에 빠질 것이라고 한다. 사람들이 그런 말을 할 때마다 [그분(신란)께서는] 이렇게 대답하셨다. "나야말로 그분과 함께 갈 사람이라고 생각한다. 왜냐하면 나는 이미 이 세상 저 세상에 거듭 태어나는 길 잃은 존재이기 때문이다."10

호넨에게 가는 일은 신란에게는 하나의 도박이었다. 아직은 염불만이 구원의 길이라는 호넨의 가르침에 대해 확신이 없었기 때

---

9 『歎異抄』, 『全書』 II, 774.

10 James C. Dobbins, *Jōdo Shinshū: Shin Buddhism in Medieval Japan*(Bloomington and Indianapolis: Indiana University Press, 1989), 25에서 재인용.

문이다. 그러나 신란에게 다른 선택의 여지가 없었기에 이를 감행해야만 했다. 어차피 길 잃은 존재요 지옥에 떨어질 몸인데 도박을 해서 더 잃을 것이 없다고 생각했던 것이다.

이러한 그의 결단과 새로운 신앙에 함축된 의미들은 그의 삶과 더불어 서서히 드러나게 된다. 그러나 도박을 감행하는 젊은 신란에게 한 가지 확실했던 사실은 종래에 그가 해 온 자신과의 끝없는 도덕적·영적 싸움은 이제 포기할 때가 되었다는 것이었고, 그러한 승산 없는 싸움에 좌우되지 않는 새로운 해탈의 길을 찾아야만 한다는 것이었다. 그는 이 새로운 길을 당시 장안에서 급속하게 인기를 모으고 있던 호넨의 전수염불에서 찾은 것이다.

신란은 히에이산에서 과연 어떤 수행을 했으며 어떠한 종교적 삶을 살았을까? 천태 승려로서 신란이 히에이산에서 보낸 20년간의 삶에 대해 알려진 것은 그리 많지 않으나 에신니의 서신을 통해 한 가지 분명하게 된 것은 그가 산에서 당승堂僧으로 생활했다는 사실이다. 지금까지 당승에 관해 알려진 것을 기초로 신란 연구가 블룸Alfred Bloom은 이 사실의 의미를 다음과 같이 말하고 있다.

히에이산의 조직에서 당승은 퍽 낮은 신분의 승려들이었으며 아마도 상행삼매당常行三昧堂 또는 법화당法華堂의 소임을 맡았을 것이다. 비록 또 다른 부류의 낮은 승려들인 당중堂衆과 혼동되어 오기는 했어도, 당승은 특히 상행삼매당에서 행하는 부단염불不斷念佛의 의식을 담당했던 것 같다. 이 의식은 정토 교리와 수행의 발전에 밀접히 연관되어 있다는 점에서 특별히 중요하다. 1103년 융통염불融通念佛의 가르침을 창시한 료닌(良忍)은 당승의 뛰어난 예이다.[11]

상행삼매당에서 행하는 부단염불은 엔닌(圓仁)이 847년 당나라에서 돌아올 때 히에이산에 가지고 온 상행삼매의 일종이었다. 지의智顗 대사에 의해 수립된 천태종의 수행체계 중 사종삼매四種三昧의 하나인 상행삼매는 『반주삼매경般珠三昧經』(Pratyupannasamādhi-sūtra)에 근거하고 있는데, 이 경은 아미타불의 이름을 끊임없이 외우면서 불상 주위를 90일 동안 계속해서 돌 것을 가르치고 있다. 그러면 부처님이 바로 눈앞에 나타나는 것을 보게 된다는 것이다. 부단염불도 계속해서 아미타불의 이름을 외우는 수행법이었으나, 상행삼매가 90일 계속되는 것과는 달리 부단염불은 3일 내지 7일간 계속되었다.[12] 그것은 결코 쉬운 수행이 아니었다. 이러한 수행을 하기 위해서 신란도 상당히 고된 수련을 쌓았을 것으로 추측된다. 블룸은 계속해서 말한다.

신란이 당승이었고 이미 히에이산에 머무르는 동안 정토 사상에 밀접히 개입되어 있었다는 사실은 그가 경험한 종교적 불안과 불만을 이해하는 맥락을 제공한다. 당승으로서 그는 시대와 인간 존재의 악함을 말하는 정토 사상을 접했다. 그는 아마도 자주 인생의 무상함과 마주쳐야만 했을 것이다. 왜냐하면 부단염불은 주로 자기 친족이 좋은 곳에 태어나도록 하기 위해 회향廻向할 공덕을 얻으려는 사람들에 의해 후원을 받아 행해졌기 때문이다. 이렇게 하여 정토 사상은 신란의 마음에 침투했고 그의 종교적 감수성을 심화시키는 데 공헌했다.[13]

---

11 Alfred Bloom, "The Life of Shinran Shonin: The Journey to Self-Acceptance," *Numen*, 15(1968), 6. 赤松俊秀, 『親鸞』, 31-33 참조.

12 赤松俊秀, 『親鸞』, 33-34.

13 Bloom, "The Life of Shinran Shonin: The Journey to Self-Acceptance," 6.

그러나 이것은 결코 부단염불이 히에이산에서의 신란이 수행한 종교적 활동의 전부였음을 뜻하는 것은 아니다. 그의 저술들에 나타나 있는 불교 경전들에 대한 폭넓은 지식이 말해 주듯, 그는 경전 공부 특히 히에이산에서 전수되던 천태교학이나 정토 사상의 공부 등을 게을리하지 않았을 것이다.[14] 신란은 또한 히에이산이라는 당시 종합수도도량에서 20년이라는 세월을 보내면서 그가 접한 여러 형태의 명상이나 수행법을 시도해 보았을 가능성도 높다. 하지만 그가 고백하는 대로, 그는 어느 수행도 감당할 수 없었다. 『교행신증』에 나오는 다음과 같은 말은 필경 그 자신의 체험에 근거한 고백적인 말일 것이다.

그러나 항시 [생사에] 빠져 있는 범부로서 정심定心의 행을 닦기는 어렵다. 생각을 그치고 마음을 집중하는 일이기 때문이다. 산심散心의 행도 행하기 어려우니 악을 폐하고 선을 닦는 일이기 때문이다. 그러므로 상相을 세워 마음을 거기에 머무르게 하는 것은 더욱 이루기 어려운 고로, [선도善導 대사께서] 말씀하기를 "비록 천년의 세월이 다해도 법안法眼은 열리지 않을 것이다"라고 하신 것이다. 하물며 무상無相과 이념離念을 얻기란 실로 얼마나 더 어려운 일인가? 그런고로 그는 이르기를, "여래께서는 말대의 죄탁범부罪濁凡夫들이 상을 세워 마음을 거기에 머물게 하는 것조차 할 수 없다는 것을 이미 아신다. 하물며 상을 떠나서 일[깨달음]을 구하는 것이야 말할 것 있겠는가? 그것은 마치 신통력이 없는 사람이 공중에 집을 짓는 일과 같다"고 하신 것이다.[15]

---

14 히에이산 시절 신란에 끼친 천태 사상의 영향에 대해서는 松野純孝, 『親鸞 —その行動と思想』(東京: 評論社, 1971), 51-66 참조.

신란은 자신의 고민을 해결하기 위해 히에이산에 있는 많은 성소聖所를 찾았는데 그중 하나는 그의 삶에 결정적인 영향을 미치게 되었다. 에신니의 서신에 의하면, 신란은 언젠가 산을 떠나서 교토에 있는 롯카쿠도(六角堂)─관세음보살을 모신 당으로 쇼토쿠(聖德) 태자에 의해 세워졌다고 전해진다─로 가서 거기서 100일을 보내면서 자신의 사후死後를 위해 기도했다고 한다. 95일째 되는 새벽에 그는 쇼토쿠 태자가 나타나 가르침을 베푸는 꿈을 꾸었다. 이에 깊은 감명을 받고 신란은 아침 일찍 "그의 사후에 도움이 될 수 있는 상인上人을 만나러"[16] 롯카쿠도를 떠나 호넨에게로 간 것이다.

이 이야기가 히에이산에서 신란의 마음을 사로잡았던 종교적 관심이 어떤 것이었는지에 대해 하나의 단서를 제공한다면, 우리는 그가 무엇보다도 자신의 사후 운명에 상당한 불안감을 가지고 있었다는 결론을 내릴 수 있다. 그리고 이 불안감은 필경 그의 깊은 죄의식과 밀접히 관계되어 있을 것이다. 다무라 엔초가 지적하는 대로, 신란으로 하여금 (호넨도 마찬가지지만) 정토왕생을 갈망하게 만든 것은 세간사의 무상함보다는 전생의 업에 뿌리를 둔 자신의 죄악성과 이로부터 오는 자신의 사후 운명에 대한 관심이었다.[17]

세간의 무상성에 대한 자각은 헤이안조 말기의 귀족들에게서조차 드문 일이 아니었으며, 당시의 전통적인 종교성 내에서도 얼마든지 수용될 수 있는 것이었다. 그러나 뿌리 뽑을 수 없는 자신의 죄악성에 대한 의식은 지금까지와는 전혀 다른 해결책을 요구하는

15 『全書』 II, 501-502.

16 赤松俊秀, 『親鸞』, 43-44.

17 田村圓澄, 『日本佛教思想史研究』, 10-14.

문제였다. 이 해결책은 오직 자기 밖으로부터, 즉 초월적인 타력으로만 가능한 것이었다.

신란이 롯카쿠도를 방문한 것은 실제로 그가 히에이산의 불교와 결별했음을 뜻한다. 그가 히에이산을 떠난 데에는 아마도 해결할 수 없는 자기 자신의 문제뿐만 아니라 당시 천태종 내부의 일반적인 타락상도 적지 않게 작용했을 것이다. 수많은 승려가 명리를 찾아 당시의 사회·종교적 권력의 중심지인 히에이산으로 들어왔으며, 승려들은 자신들의 세속적 이익을 확보하기 위해 조정을 상대로 협박과 시위를 서슴지 않았다. 그뿐만 아니라 산에서 벌어지고 있는 공부하는 승려들(학생[學生]이라 불리는)과 당중 사이의 끊임없는 갈등, 현세적 이익을 위해 기계적으로 행해지는 각종 의례, 이 모든 것이 자신의 죄악성을 깊이 의식하며 사후에 대한 불안 속에서 삶의 긴박한 문제를 해결하고자 했던 한 민감한 영혼의 소유자에게는 참기 어려운 일들이었을 것이다.

그렇다면 신란은 왜 하필이면 호넨에게로 간 것일까? 그가 쇼토쿠 태자로부터 받은 교시와 호넨을 찾기로 한 결심은 무슨 연관이 있는 것일까? 과연 그 교시의 내용은 무엇이었을까?

앞에서 언급한 에신니의 서신은 신란이 딸 가쿠신니(覺信尼)에게 보낸 서신(1262년 2월 10일)인데, 거기서 그는 자신이 받은 교시의 본문을 직접 적어 보냈다고 말하고 있다. 그러나 유감스럽게도 현재 그 부분은 남아 있지 않다.[18] 그 내용이 무엇에 관한 것이었는지에 대해서 지금까지 여러 설이 제시되었는데 아카마츠 도시히데(赤松俊秀)의 견해가 가장 설득력 있게 보인다.[19] 그에 의하면 신란이 관세

---

18 赤松俊秀, 『親鸞』, 46-47.

음보살로부터 받은 고명告命은 그에 대한 최초의 전기인 『신란전회』(親鸞傳繪)에 나오는 다음과 같은 이야기에 담겨 있다.

저 기記 [『신란몽기』(親鸞夢記)]에 이르기를, 롯카쿠도의 구세보살救世菩薩이 용모가 단엄端嚴한 성승聖僧의 모습으로 나타나서 흰 가사를 입으시고 광대한 백연화에 단정하게 앉으시고 젠신(善信)[신란]에게 고하여 이르시되 "수행자가 설사 숙업宿業으로 인해 여인을 범해도 내가 옥녀의 몸으로 변해서 범해지리라. [그의] 일생을 두고 능히 [그와 더불어 세상을] 장엄하며 임종 시에는 그를 인도하여 극락에 태어나게 하리라"고 하셨다. 구세보살이 젠신에게 이르기를 "이것은 나의 서원이다. 그대 젠신은 이 서원의 뜻을 선설宣說하여 일체 군생에게 말하라." 그때 젠신이 꿈 가운데서 당堂을 정면으로 하여 동쪽을 보니 우뚝 솟은 산들이 있고 가장 높은 산에 수천만 억의 사람이 모여 있는 것을 보았다. 이때 그는 고명에 따라 그 산에 모여 있는 사람들에게 이 글의 뜻을 다 말했다고 생각할 즈음 꿈에서 깨어났다.[20]

비록 이 경험이 극락왕생에 대한 이야기를 제외하고는 신란이

---

19 이 복잡한 문제에 관한 그의 논의는 赤松俊秀, 『親鸞』, 46-65 참조.
20 『本願寺聖人親鸞傳續』, 『全書』 III, 640. 『신란전회』 또는 『어전초(御傳鈔)』에는 여러 판본이 있는데, 여기 인용된 것은 니시혼간지(西本願寺)본이다. 여러 판본 사이에는 신란이 이 경험을 하게 된 해에 관해 차이가 있다. 赤松俊秀, 『親鸞』, 46-65; 松野純孝, 『親鸞－その行動と思想』, 67-90 참조. 마츠노 준코(松野純孝) 역시 아카마츠 도시히데와 마찬가지로 성욕의 문제가 신란으로 하여금 호넨에게 귀의하도록 만든 주요 원인이었다고 본다. 그러나 그는 이 꿈이 신란의 개종에 직접적인 계기가 되었다고는 보지 않는다. 이 꿈에 관한 『신란전회』의 이야기는 『신란몽기(親鸞夢記)』라는 기록에 근거하고 있는데, 문제를 더욱 복잡하게 만드는 것은 이것도 여러 본이 전해진다는 사실이다. 앞에 언급된 곳들을 참조. 도빈스(James Dobbins)도 *Jōdo Shinshū*, 23-24에서 이 문제를 간략하게 정리하고 있다.

호넨을 찾은 이유를 직접적으로 말해 주지는 않지만, 그것은 적어도 두 가지 면에서 의미심장하다. 첫째, 그것은 29세의 젊은 승려 신란을 괴롭히고 있던 문제가 어떤 종류의 것이었는가를 시사해 주고 있다. 둘째, 그것은 또 신란이 나중에 아내를 얻게 된 사실에 대해서도 모종의 설명을 제공해 주고 있다. 그가 승려로서 지켜야 했던 독신의 계율, 감당할 수 없는 성적 욕망 그리고 이로부터 오는 사후의 운명에 대한 불안감 등을 이 꿈 이야기가 우리에게 간접적으로 전해 주고 있는 것이다.

필경 신란은 이러한 문제들에 종지부를 찍고자 호넨의 가르침에 귀의했을 것이다. 비록 호넨 자신은 계율을 충실히 지키는 독신 생활을 했다고 하지만 그의 가르침에는 사람들을 계율의 무거운 짐으로부터 해방시킬 수 있는 혁명적 정신이 들어 있었던 것이 사실이다. 예컨대 다음과 같은 호넨의 말을 들어보자.

> 현세를 지낼 때는 염불을 하도록 하여라. 염불을 방해하는 것은 모두 버려야 한다. 성聖[유행승遊行僧]으로서 염불할 수 없으면 대처帶妻하여 염불하라. 대처했기 때문에 염불을 할 수 없다면 성聖이 되어서 해라.[21]

호넨에게는 염불을 통한 정토왕생이야말로 삶의 유일한 목적이었다. 그것은 모든 사람이 어떠한 대가를 치르고라도 성취해야 하는 지고선至高善으로서 그것에 비하면 다른 모든 것은 단지 부차적

---

21 赤松俊秀, 『親鸞』, 66; 『和語燈錄』, 『全書』 IV, 683. 성(聖, hijiri)은 중세 일본 불교의 한 모습으로, 사찰의 정규적인 수행생활을 버리고 지방으로 다니면서 불법을 전파하는 떠돌이 승려를 말한다.

이다. 호넨의 전기는 다음과 같은 대화를 기록하고 있다.

"우리가 아미타의 본원을 신뢰하기만 한다면 사후 운명에 대해서는 아무
런 의심이 없습니다만 현세에서는 무엇을 해야 합니까?"
"우리가 해야 할 일은 염불 수행을 으뜸으로 삼아야 하며, 그것을 방해한
다고 생각되는 것은 무엇이든 제거해야 한다. 그대가 한곳에 머물러 염불
을 할 수 없다면 걸으면서 해라. 승려로서 할 수 없다면 재가자로서 해라.
혼자 할 수 없다면 다른 사람들과 같이 해라. 염불을 하느라 음식과 옷을
마련하지 못한다면 다른 사람의 도움을 받아서 계속해라. 다른 사람의 도
움을 받을 수 없다면 스스로 마련하면서 계속해라. 그대의 처자식과 종들
은 바로 그대가 염불을 하도록 돕기 위해 있는 자들인즉 그들이 방해가
된다면 두어서는 안 된다. … 우리가 정토에 왕생할 것을 아는즉 우리의
몸을 소중히 가꾸고 간절하게 염불을 해야 하지 않겠는가?"[22]

또 다른 대화도 주목할 만하다.

"계율은 지키지만, 염불은 몇 번밖에 하지 않는 사람의 왕생과 계율은 어
기지만 염불을 많이 하는 사람의 왕생에 차이가 있습니까?"
호넨은 그들이 앉아 있던 방석들을 가리키면서 대답했다. "방석이 있기
때문에 우리는 그것들이 낡았다거나 그렇지 않다고 말하는 것이다. 방석
이 없다면 어떻게 그것들이 낡거나 낡지 않았다고 말할 수 있겠는가? 마
찬가지로 지금과 같이 악한 시대에는 계율을 지키는 일도 없고 어기는 일

---

22 Coates and Ishizuka, *Hōnen*, vol. II, 737.

도 없다. 왜냐하면 전교대사傳敎大師[사이초(最澄)]가 『말법등명기末法燈明記』에서 아주 분명하게 밝히듯이 승려들은 이름만 승려일 뿐이기 때문이다. 그런즉 계율을 지키느냐 어기느냐의 문제를 논해서 아무것도 얻을 것이 없다. 애초부터 본원이 생긴 것은 바로 이러한 범부들을 위한 것이었다. 그러므로 우리는 [아미타불의] 명호를 부르는 일에 열성을 다하고 게을리해서는 아니 될 것이다."23

요컨대 호넨에 의하면 계율을 지키느냐 마느냐, 결혼을 하느냐 마느냐는 아미타의 본원의 세계에서는 더 이상 일차적인 문제가 못 된다는 것이다. 우리의 구원은 그러한 것들에 달린 것이 아니라 오직 전력을 다해 염불을 하는 일에 달려 있기 때문이다. 바로 이와 같은 호넨의 해방적 가르침에서 신란은 히에이산에서 겪어야만 했던 자신과의 외로운 투쟁에 종지부를 찍을 메시지를 발견한 것은 아니었을까?

신란이 찾아왔을 때 호넨은 이미 69세의 고령이었고 그가 전수염불을 시작(1174년)한 지 26년이 지난 때였다. 그의 주저인 『선택본원염불집』도 이미 완성되어 있었고 그가 전개한 염불 운동은 교토에 급속히 확산되고 있었다. 신란은 아마도 호넨에게로 가기 전부터 이미 그의 명성을 들었을 것이며, 호넨이 전개한 염불 운동의 성격도 이미 잘 알고 있었을 것이다. 그러나 그가 실제로 호넨에게 귀의한 것은 앞에서 본 롯카쿠도에서의 종교적 경험이 있고 난 후였다. 그 후 신란은 요시미즈(吉水)에 있는 호넨의 거처를 100일 동안이나 하루도 빠지지 않고 다니면서 그의 가르침을 받

---

23 Coates and Ishizuka, *Hōnen*, vol. II, 736-737.

았으며 그로부터 샤쿠(綽空)라는 새 이름을 받았다고 한다.[24]

신란과 호넨의 관계는 1207년 함께 유배될 때까지 6년간 지속되었고, 그 정점은 1205년 호넨이 몇몇 제자들 사이에서만 비밀리에 유통되고 있던 그의『선택본원염불집』을 신란에게 서사書寫하도록 허락한 일이었다. 신란은 그때의 감격을『교행신증』끝부분에 다음과 같이 기록하고 있다.

구토쿠 신란은 겐닌(建仁) 신유년(申酉年, 1201)에 잡행을 버리고 본원에 귀의했다. 겐큐(元久) 을축년(乙丑年, 1205) [스승께서는] 나에게 은혜를 베푸셔서『선택집』을 베끼게 하셨다. 같은 해 초여름 중순 제4일 스승 겐쿠(源空)[호넨]께서는 거기에다 친필로 '選擇本願念佛集'이라는 제목의 글자를 안에다 써 주셨으며 아울러 '南無阿彌陀佛 往生之業 念佛爲本'(나무아미타불, 왕생의 업은 염불이 근본이다)이라는 말과 '釋綽空'(샤쿠샤쿠)라는 글자도 써 주셨다. 같은 날 나는 스승의 진영眞影을 빌리고자 청하였으며, 이 청을 들어주셔서 나는 받들어 그렸다. 같은 해 윤7월 하순 제9일 스승께서는 진영에 친필로 '南無阿彌陀佛'과 그 참뜻을 나타내는 글 "만약 내가 성불하여 시방 중생이 나의 명호를 열 번만이라도 소리 내어 불러 [나의 정토에] 태어나지 않는다면 나는 정각正覺을 취하지 않겠노라. 부처님은 실제로 성불하셨으니 마땅히 알라 이 막중한 서원은 헛되지 않고 중생들이 이름을 부르면 반드시 왕생한다"는 말도 써 주셨다.
또 꿈에 고告함을 받은 바에 따라 '샤쿠'라는 이름이 바뀌었음으로 같은 날 스승은 새 이름[젠신(善信)] 을 친히 써 주셨다. 그때 본사本師 성인께서

---

24 赤松俊秀,『親鸞』, 43.

는 73세였다. … 이에 나는 슬픔과 기쁨의 눈물을 억누르며 [내가 이 책을 짓게 된 유래를 기록하는 것이다.25

신란이 언제 결혼했는지는 정확히 알 수 없으나, 아마도 1205년 그가 롯카쿠도의 꿈에서 계시된 새 이름 젠신을 호넨으로부터 받게 된 해가 아닌가 생각된다.26 1204년 호넨이 자기 문도 몇몇이 보인 방자한 행위를 다스리고 당국과의 마찰을 피하기 위해 지은 「칠개조기청문七個條起請文」에 신란은 여전히 자신의 옛 이름 '샤쿠'에 '승僧'이라는 단어를 붙여 서명했다. 그러나 1207년 신란은 스스로를 '승도 아니고 속도 아니다'(非僧非俗)라고 하면서 '구토쿠'(愚禿)(어리석은 더벅머리)라는 자조적 명칭으로 스스로를 부르고 있다. 이 해는 호넨과 함께 시작했던 새로운 삶이 염불 운동의 탄압으로 인해 갑작스런 종말을 맞은 해였다. 신란은 이 비극적인 사건을 『교행신증』 말미에서 분개조로 회상하고 있다.

주상과 신하들은 법을 배반하고 의義를 어기어 분忿을 내고 원怨을 품었다. 그리하여 진종眞宗을 융흥시킨 대조大祖 겐쿠 법사와 문도 수명은 죄과도 따지지 않고 서둘러 사형에 처해지거나 승려의 신분을 박탈당하고 속명을 받아 먼 곳으로 유배당했다. 나도 그 가운데 하나였다. 그런즉 나는 이미 승도 아니고 속도 아니다. 따라서 나는 '토쿠'(禿)라는 글자로 성姓을 삼았다. 나의 스승 겐쿠 법사와 제자들은 각 방면의 변두리 지방으

---

25 『敎行信證』, 『全書』 II, 202-203.
26 赤松俊秀, 『親鸞』, 71-74. 이때 신란이 취한 아내의 이름이 무엇인지는 확실히 단정할 수 없지만, 신란이 단 한 번만 결혼한 것이 사실이라면 서신들을 남긴 유명한 에신니(惠信尼)였을 것이다. 赤松俊秀, 『親鸞』, 74-78 참조.

로 추방되어 5년을 보냈다.[27]

신란이 이 글을 썼을 당시 천황의 권위가 이전과는 달리 많이 약화되어 있었다고는 하나, 천황과 대신들을 '법을 배반하고 의를 어긴' 자로 비난하는 것은 여간한 용기가 아니었다. 신란이 이미 장년을 지나 노년기에 접어든 때에도 그와 그의 스승이 수십 년 전에 당국으로부터 받은 부당한 처사에 대해 끓는 분노를 가지고 있었다면, 귀양 당시 젊은 신란의 심정은 어떠하였으랴! 여하튼 여기서 우리는 그가 승려의 신분을 박탈당하고 승도 아니고 속도 아닌 존재가 되었다고 스스로 말하는 것을 본다. 그렇다면 신란은 1207년의 귀양 이전에는 아직 결혼하지 않았고 귀양 후에 비로소 하는 수 없이 승도 아니고 속도 아닌 어정쩡한 신분이 되었다는 말인가?

신란이 살던 시대에 '토쿠'라는 말은 속세를 떠난 사람답지 않게 사는 타락한 승려를 지칭하는 말로 사용됐다고 한다. 즉, '계를 범하고도 아무런 가책을 느끼지 않는'(破戒無慙) 승려에게 사용된 말이었다.[28] 신란은 거기에다가 어리석을 '구'(愚) 자를 더해 '구토쿠'로 자기의 성을 삼았다. 그러나 이러한 불명예스러운 이름이 다른 사람들에 의해 붙여진 경우와는 달리 신란은 스스로 자기를 그렇게 부르기를 주저하지 않았다. 그도 물론 즐거운 마음으로 하지는 않았을 터이지만 분명히 확신과 용기로써 했다. 다른 사람들과는 달리 신란은 그야말로 '아무런 가책 없이' 계를 범한 것이다. 그는 요

---

27 『教行信證』, 『全書』 II, 201-202.

28 宮崎圓遵, 「親鸞聖人傳研究」, 『親鸞の研究』, 『宮崎圓遵著作集』 I (京都: 思文閣出版, 1986), 23; Dobbins, *Jōdo Shinshū*, 26-27.

즈음 말로 하면 양심범 또는 확신범이라 해도 좋다.

그리고 더 나아가 다음과 같이 추측해 볼 수도 있다. 즉, 신란은 귀양 이전에 이미 떳떳하게 결혼생활을 하고 있었으며, 그의 이러한 공공연한 파계 생활이 그가 호넨의 수많은 추종자 가운데 당국자의 처벌을 받게 된 제자들 속에 끼게 된 중요한 이유 중 하나였을지 모른다는 사실이다.[29] 신란에게는 결혼과 승려로서 종교적 생활을 하는 일이 양립 불가능한 것이 아니었다. 왜냐하면 그는 말법 시대에는 도대체 승려들이 범할 계율이 존재하지조차 않는다고 믿었으며 승려는 오직 이름뿐이라고 믿었기 때문이다. 『말법등명기』를 전거로 들면서 신란은 다음과 같이 대담하게 말한다.

다음으로 상법像法 시대가 지나면 계는 전혀 없다. 부처님은 시운時運을 아시기에 말법 중생을 구제하기 위해 이름뿐인 스님들을 칭찬하여 말씀하시기를 세간의 복전福田이라 하신 것이다.[30]

사실 신란이 살던 시대에는 많은 승려가 계율을 어기고 불법적으로 아내를 취하여 살고 있었다. 『사석집沙石集』에는 "이 말대末代에 사는 상인上人치고 아내를 취하지 않은 사람은 과거 수년간 거의 들어보지 못했다"고 당시의 상황을 전하고 있다.[31] 아카마츠 도시히데는 신란이 태어날 무렵에는 결혼한 사실을 숨기고 사는 승려는

---

29 赤松俊秀, 『親鸞』, 115-116.

30 『教行信證』, 『全書』 II, 173.

31 Dobbins, *Jōdo Shinshū*, 26. 『사석집(沙石集)』은 신란의 시대에 편집된 불교 설화집이다. 영역으로 Robert E. Morrell, *Sand and Pebbles*(State University of New York Press, 1985)가 있다.

상인으로 간주되었지만 그의 말년에는 결혼하지 않은 상인은 있지도 않았을뿐더러 그것을 감추려고 하는 자도 없었다고 지적한다.[32] 신란도 물론 감추지 않았다. 그의 결혼은 계를 어긴 것이 틀림없었지만, 그것은 분명한 종교적 확신에 근거한 것이었다. 즉, 계율을 지키든 말든 결혼을 하든 안 하든 우리 삶의 유일한 목적은 오직 염불을 통해 생사의 세계를 벗어나는 일뿐이라는 호넨의 가르침에 따른 확신이었다.

이제 전통적인 자력 수행의 길은 신란에게 더 이상 의미가 없었다. 그가 스스로를 '승도 아니고 속도 아니다'라고 하거나 '어리석은 더벅머리'라고 부르는 것은 사람들을 위선으로 몰고 갈 수밖에 없는 성도문聖道門에 집착하고 있는 기존 불교계에 대한 공개적인 조롱이요 항의였다. 그것은 동시에 출가와 재가로 엄격히 나뉘어 있던 전통적인 불교공동체를 근본적으로 변화시킬 새로운 유형의 종교적 정체성이 출현하는 신호탄이기도 했다.

여하튼 『탄이초』는 "이러한 박해로 인해 호넨 성인은 제자 7인과 더불어 유배당했고 또 제자 4인은 죽음의 형벌을 받았다. 성인은 후지이 모토히코(藤井元彦男)라는 죄수의 이름으로 도사노쿠니(土佐國. 현 시코쿠四國에 있는 고치현高知縣)로 유배되었으며 76세였다. 신란은 후지이 요시자네(藤井善信)라는 죄인의 이름으로 에치고쿠니(越後國. 현 신사新潟縣)로 유배되었으며 35세였다"라고 기록하고 있다.[33] 이미 지적한 대로 그가 유배당하게 된 것은 아마도 그가 공공연하게 결혼생활을 하고 있었다는 것 외에도 그의 사상 자체에 그를 다른 제

---

32 赤松俊秀, 『親鸞』, 62-63.

33 『全集』 II, 794.

자들로부터 구별해 주는 무엇이 있었을 것으로 추측된다.

호넨의 제자들이 염불의 수행이 더 중요하다고 믿는 그룹(기행파起行派)과 신심信心, 즉 염불을 하는 마음의 태도가 더 중요하다고 생각하는 그룹(안심파安心派)으로 나뉘어 있었다는 것은 잘 알려진 사실이다.34 이 수행과 신심의 상대적 우위성의 문제에 관해서 도빈스 James Dobbins는 다음과 같은 의미 있는 사실을 지적하고 있다.

> 당시에 유행되던 염불에 관한 많은 해석들 가운데서 수행 또는 신자의 노력을 강조하는 자들은 전통적인 불교 종파의 입장에 가까웠으며 따라서 더 관용의 대상이 될 수 있었다. 수행을 거부하고 신앙을 강조한 사람들은 종종 사회적 불안을 야기한다는 비난을 받았고 따라서 항시 억압의 표적이 되었다. 1207년에 유배당한 8명의 염불 승려[호넨을 빼고 7명] 가운데서 코사이(幸西), 쇼쿠(證空), 교쿠(行空) 그리고 신란은 그들의 가르침에서 신앙을 강조한 것으로 알려져 있다.35

다시 말해서 신란의 사상이 계율의 준수를 포함한 전통적 불교 수행들이 인간의 구원에 아무런 의미가 없다고 여김으로써 그가 다른 사람들보다 훨씬 과격한 인물로 알려져 탄압의 대상이 되었을 가능성이 높다는 것이다. 신란에게 구원이란 오직 번뇌심중煩惱深重의 중생을 구제하고자 하는 아미타불의 본원력에 의해서만 가능한 것이었다. 신란은 이러한 신념을 결혼함으로써 행동으로 보여 주었던 것이다.

---

34 望月信亨, 『略述淨土教理史』(東京: 日本圖書, 1977), 251-255.
35 Dobbins, *Jōdo Shinshū*, 19.

숙업(宿業)의 자각

우리는 신란으로 하여금 히에이산의 불교와 연을 끊고 호넨의 염불 운동에 가담하게 한 것이 무엇보다도 자신 안에 내재하는 죄악에 대한 깊은 자각이었다는 것을 보았다. 이것은 신란의 삶과 사상을 이해하는 데 매우 중요한 요소이다. 따라서 신란이 가졌던 죄악 범부로서의 자기 이해와 인간관을 좀 더 중점적으로 고찰할 필요가 있다.

신란은 전 생애를 깊은 죄의식 속에서 살았던 것으로 보인다. 이것은 그가 호넨의 가르침에서 구원의 빛을 발견하기 이전뿐만 아니라 아미타불의 은총의 세계를 발견한 이후에도 마찬가지였다. 『탄이초』는 신란과 그의 제자 사이에 행해진 다음과 같은 의미심장한 대화를 기록하고 있다.

> 나는 여쭈었다. "염불을 해도 좀처럼 용약환희踊躍歡喜의 마음이 생기지 않으니 어인 연고입니까?"
> "나 신란도 그러한 의문이 있는데, 유이엔보(唯圓坊) 그대도 같은 마음이구나. 잘 생각해 보면, 하늘을 날 듯 춤추며 기뻐할 일임에도 기뻐하지 않기에 더욱더 우리의 왕생은 확정된 것이다. 기뻐해야 할 마음을 억눌러서 기뻐하지 못하게 하는 것은 번뇌의 작용이다. 그러나 부처님께서는 이것을 미리 아시고 우리를 번뇌구족의 범부라고 말씀하셨으니 타력의 비원悲願은 이와 같이 [악한] 우리를 위한 것임을 깨닫기에 나는 그것이 더욱 의지할 만한 것이라고 느낀다."[36]

36 『全集』 II, 777-778.

여기서 신란이 자신의 깊은 죄악성을 드러내는 하나의 징표, 즉 아미타불의 본원에 의한 구원을 믿음에도 불구하고 그에게 하늘을 날 듯 기뻐하는 마음이 생기지 않는다는 사실을 오히려 역설적으로 해석하여 아미타불의 비원을 확신하는 더 큰 이유로 삼는 것을 본다.

신란의 생애에 관해 아직도 많은 문제가 밝혀지지 않고 있으며 계속해서 학자들의 논란의 대상이 되고 있다.[37] 그러나 하나만은 확실하다. 신란은 그의 삶 전체를 통해 뿌리 뽑기 어려운 자신의 죄악성을 항시 의식하며 살았다. 동시에 자비로운 본원을 통해 이미 그의 구원을 성취해 놓은 아미타불에 대한 무한한 감사의 마음으로 살았다는 사실이다. 『탄이초』는 다음과 같이 기록하고 있다.

성인은 늘 말씀하시기를, "미타가 오겁五劫의 사유 끝에 발하신 원을 곰곰이 생각해 보면 오직 신란 한 사람 때문이었다. 그런즉 많은 업을 지닌 나를 구하고자 하신 아미타의 본원이 얼마나 감사한가!"[38]

사실 악에 대한 신란의 자각은 아미타의 자비로운 본원의 세계를 발견하면서 더욱더 깊어졌다. 자신의 죄악성이 아미타의 마음

---

37 아직도 논란의 대상이 되고 있는 몇몇 문제를 든다면, 신란의 모친, 그의 출가 동기, 히에이산에서 보낸 생활, 그곳을 떠나서 호넨에게로 가게 된 이유, 결혼을 몇 번 그리고 언제 했는지, 유배에서 풀린 후 왜 교토로 돌아오지 않고 간토 지방으로 갔는지, 그곳에서의 생활, 왜 그가 말년에 간토(關東)를 떠나게 되었는지 등이 아직 자세하게 또는 확실하게 알려지지 않고 있다. 이 책에서는 신란의 전기를 상세히 고찰하기보다는 그의 삶과 사상을 이끌고 있는 큰 주제인 죄악에 대한 그의 자각에 초점을 두면서 그의 삶의 중요한 국면들만 다루고자 한다.
38 『全集』 II, 792.

과 대비해 볼 때 더욱 선명하게 드러났기 때문이다.

> 나는 선과 악에 대해 아무것도 알지 못한다. 왜냐하면 여래의 마음이 선을 아는 정도로 내가 알 수 있다면 선을 안다고 할 수 있을 것이다. 여래가 악을 아는 정도로 내가 알 수 있다면 악을 안다고 할 수 있겠지만, 화택火宅과 같은 무상한 세계에 사는 번뇌구족의 범부에게는 모든 것이 하나같이 거짓이요 잡소리이며 진실이 없다. 오직 염불만이 진실할 따름이다.[39]

범부 중생이 너무도 악해서 악이 진실로 무엇인지 모른다면 상식의 차원에서 이루어지는 모든 선악의 구별은 '거짓이요 잡소리'일 수밖에 없다. 신란은 아미타불의 은총에 접하게 됨으로써 바로 이 점을 더욱 깊이 깨닫게 된 것이다. 죄악에 대한 그의 자각은 은총의 발견 이후 사라지거나 경감되기는커녕 더욱더 깊어지고 선명하게 드러나 그로 하여금 자기 밖에서 오는 구원에 매달릴 수밖에 없게끔 한 것이다.

한없는 자신의 죄악성에 대한 의식은 신란의 삶 전체를 따라다녔으며 언제나 그를 겸손하고 '가난한' 자로 만들었다. 뿌리 뽑을 수 없는 자신의 죄악성에 대한 자각은 그가 86세의 고령에 지은 『구토쿠비탄술회愚禿悲歎述懷』에 가장 잘 나타나 있다.

정토진종에 귀의했건만

---

39 『全集』 II, 792-793.

진실한 마음은 얻기 어렵고

허가부실虛假不實한 나로서

청정한 마음 또한 없구나.

겉으로는 사람마다

현명하고 선하고 정진하는 것처럼 보이지만

탐욕과 노여움과 거짓이 많은 고로

간사함이 가득 찼도다.

악한 성품은 실로 그치기 어려워

마음이 뱀과 전갈과 같다.

덕행을 해도 독이 섞여 있으니

허가虛假의 행行이라 불린다.

무참무괴無慚無愧의 몸으로서

진실한 마음이 없지만

미타가 존귀한 이름을 회향하신즉

공덕이 시방에 가득하도다.[40]

　　신란이 평생 자신의 죄악을 깊이 의식하며 살았다는 것은 그가
에치고쿠니로 귀양 갔을 때 스스로 자기의 성姓으로 삼은 구토쿠(愚
禿)라는 말에도 잘 드러난다. 스스로를 '어리석은 더벅머리'라고 부
름으로써 그는 평생 자신이 범부 이상이 될 수 없는 존재임을 기억
하면서 살고자 했던 것이다. 신란은 그 이름을 죽기까지 사용했다.

---

40 『正像末和讚』, 『全集』 II, 527. 신란의 회향(廻向) 개념은 후에 논의될 것이다.

그것은 그가 자신의 겸손을 세상에 보이려는 것이 아니라 번뇌구족의 범부 이상이 되고자 하는 모든 노력을 포기했다는 징표요 아미타불의 원해顧海에 모든 것을 맡겨 버리고 범부로서의 자신의 모습을 있는 그대로 받아들이겠다는 결의였다고 할 수 있다.

우리는 신란의 악에 대한 자각을 단순히 그의 도덕적인 자기 성찰에 근거한 것으로 이해해서는 안 된다. 신란에게 죄와 악은 숙세宿世의 업業이라는 깊은 뿌리를 지녔기 때문에 쉽게 근절될 수 있는 것이 아니었다. 신란은 죄악을 마치 그리스도교의 원죄 사상처럼 거의 결정론적으로 이해하고 있었다. 그는 자신의 죄악을 생사의 세계에 유전하면서 수많은 전생에 걸쳐서 축적된 업의 결과로 인식했던 것이다.

> 좋은 마음이 일어나는 것도 숙세의 선의 영향 때문이며 악한 일을 생각하고 행하는 것도 악업의 작용 때문이다. 돌아가신 성인은 말씀하시기를, "토끼털이나 양털 끝에 붙어 있는 먼지 하나만큼 작은 악행이라 할지라도 모두 숙세의 업으로 인하지 않은 것이 없음을 알아야 한다"고 하셨다.[41]

신란의 이 말을 『탄이초』가 인용하는 것은 도덕적 공과가 구원 ─오직 아미타불의 본원에 의해서만 가능한─ 에 아무런 의미가 없음을 보여 주기 위한 것이지만, 인간의 도덕적 행위가 자유로운 결단이 아니라 피할 수 없는 과거의 업에 의해 결정된다는 신란의 결정론적 사고를 잘 보여 주고 있다. 그것이 함축하고 있는 의미는 우리가 진정 '우리 자신의' 행위라고 주장할 수 있는 선한 행위란 아무

---

41 『歎異抄』, 『全集』 II, 782.

것도 없다는 것이다. 선한 행위든 악한 행위든 우리의 모든 행위는 어찌할 수 없는 숙업宿業의 영향 아래 있기 때문에 우리의 도덕적 무력성과 죄악성만 드러낼 뿐이다. 우리를 이러한 악의 고리로부터 구출할 수 있는 것은 오직 아미타불의 자비뿐이며 이것은 자력적인 인과응보의 법칙을 초월하는 전혀 다른 업의 세계 곧 타력적 업보가 작용하는 세계인 것이다. 따라서 신란에게 선과 악이란 근본적으로 도덕적 판단을 넘어선 종교적 차원에 속한 문제이다.

> 신란은 악을 업에 근거한 것으로 특징짓는다(악업, 죄업 같은 말을 사용하고 있다). … 신란에게는 우리의 모든 행위는 도덕적인 기준으로 보아 선하든 악하든 무명과 번뇌에 의해 물들어 있기 때문에 종교적 의미에서 악하다. 더욱이 이 악은 업에 근거하고 있음으로 무한한 과거로 소급된다. 무시 이래 우리의 모든 행위는 우리를 윤회하는 삶에 묶어 주는 일만 했을 뿐이다. 오랜 시간에 걸친 반복과 습관으로 인해 우리는 우리 존재 깊숙이 알지 못하는 악을 품고 있다. 따라서 우리 존재의 뿌리를 의식하게 되는 것은 곧 번뇌와 맹목적인 집착으로 가득 찬 자신의 근본 성품을 아는 것이다. 우리는 이 집착의 덫에 완전히 걸려 벗어날 수 없는 것이다.[42]

업의 유산을 지닌 인간의 본성이라는 관점에서 보면 우리가 일상적으로 하는 도덕적 구별들은 의미를 상실한다. 물론 신란도 선과 악이라는 단어를 일상적이고 상대적 의미에서 사용하고 있다. 그러나 그가 아미타불의 참된 선한 세계를 발견함으로써 얻게 된

---

42 Ueda and Hirota, *Shinran*, 156-157.

절대적 관점에서 보면 우리의 모든 도덕적 구별은 무너지고 만다. 우리는 깊은 업의 뿌리를 지닌 악으로 가득 찬 죄인인 것이다. 그러므로 선하든 악하든 우리의 행위는 업의 지배를 벗어날 수 없으며 우리를 더욱더 깊은 고해의 바다에 빠지도록 한다. 바로 이와 같은 악에 대한 자각이 신란으로 하여금 자기는 어떤 수행도 할 수 없다고 고백하게 만들었다. 어떤 수행을 시도해도, 심지어 염불의 이행易行이라 할지라도 그는 자신이 번뇌구족의 범부임을 벗어날 길 없다는 사실을 절감했던 것이다. 이것이 그가 지녔던 절망감의 원천이다. 그는 말한다.

> 일체의 범부와 소인들에게는 모든 때에 탐욕과 애착의 마음이 항시 선한 마음을 더럽히고 노여움과 증오의 마음이 항시 법재法財를 불사른다. 마치 머리 위의 불을 털듯이 급히 행동하고 긴박하게 수행을 해도 이 모든 것은 잡독잡수雜毒雜修의 선이라고 이름해야 하며 역시 허가첨위虛假諂僞의 행이라고 해야 한즉 진실한 업이라고는 할 수 없다. 이와 같은 허가잡독虛假雜毒의 선善으로써 무량광명의 땅에 태어나기를 바라는 것은 결코 있을 수 없다.[43]

신란이 가진 이와 같은 악에 대한 결정론적 생각과 밀접하게 관련되어 있는 것은 그가 말법 시대로 파악하고 있던 당시의 정신적 위기에 대한 날카로운 의식이었다. 시대時에 대한 의식과 인간의 능력(機)에 대한 의식은 신란 안에서 서로를 강화한다. 양자는 비단 일반적인 말법 사상에서뿐만 아니라 그의 개인적 체험에서도 같이

---

43 『教行信證』, 『全集』 II, 62.

갔다. 신란이 얼마나 말법 사상을 심각하게 받아들였는지는『정상말화찬正像末和讚』곧 정법正法·상법像法·말법末法의 삼시三時에 대해 지은 그의 화찬에 잘 드러나 있다. 이『정상말화찬』은 다음과 같은 탄식으로 시작된다.

> 석가여래 숨으신 지
> 이천여 년이나 되어
> 정법과 상법 두 시기가 끝났은즉
> 슬피 울어라, 여래의 남은 제자들이여!
> 말법 시대의 오탁중생五濁衆生에게는
> 수행과 깨달음이 미칠 수 없고
> 석가가 남긴 법은 모두
> 용궁으로 들어가 버렸도다.[44]

말법 시대의 사람들은 수행도 못하고 깨달음도 얻지 못할 뿐만 아니라 성불하려는 마음조차 없으며 남을 구하고자 하는 마음도 없다. 사람들은 정토문의 참된 가르침을 받아들일 신심이 없으며 의심으로 가득 차서 그것을 비방하고 박해한다. 진실한 마음이 결여되어 사람들은 정토에 태어나고자 하는 마음도 없으며 정토의 이야기를 들어도 아무런 기쁨이 없다. 부처님의 법을 행한다고 하지만 그들은 '내적으로는 다른 가르침들을 경외하고 실천한다.' 그들은 천신天神과 지신地神을 숭배하고 점술이나 제사 의례에 빠져 있다. '승려'란 이름뿐이고 '법사法師'란 말이 오용된다. 이런 것들이 신

44『正像末和讚』,『全集』II, 516.

란이 이해하고 있는 말법 시대의 징표들이다.

신란은 『교행신증』 화신토권化身土卷에서도 말법 사상에 상당한 지면을 할애하고 있다. 책 전체의 결론과도 같은 부분에서 신란은 다음과 같이 선언하고 있다.

> 진실로 알지니, 성도聖道의 여러 가르침은 부처님의 재세시在世時와 정법 시대를 위한 것이지 법이 멸하는 상법과 말법의 시時와 기機를 위한 것이 전혀 아님을…. 이미 그 시를 잃어버렸고 기에 어긋나는 것이다. 정토진 종은 부처님의 재세시나 정법 · 상법 · 말법 시대나 법이 멸한 시대의 모든 악하고 탁한 중생을 자비로 이끄는 것이다.[45]

그리고 그 발문에서 신란은 다음과 같이 말한다.

> 가만히 생각해 보건대 성도聖道의 여러 가르침은 그 수행과 깨달음이 폐 한 지 오래되었고 정토의 진종은 깨달음의 길이 지금 성하다.[46]

자신의 죄악을 벗지 못하는 내적 위기감과 전통적인 성도문이 더 이상 효력을 발휘하지 못하는 말법 시대에 살고 있다는 외적 위 기감에 사로잡혀 있던 신란에게 유일한 탈출구는 오직 정토진종, 즉 그가 호넨에게 배운 정토문의 참다운 가르침뿐이었다. 가르침 은 모름지기 '시'와 '기'에 부합하는 것이어야 하기에 성도문은 말법 시대의 사람들에게는 불가능한 길이다. 우리는 우리가 살고 있는

---

45 『全集』 II, 166.

46 『全集』 II, 201.

때와 자기 자신의 근기를 식별해야 한다.

> 그리하여 더럽고 악하고 혼탁한 세상의 군생은 말법 시대의 특징을 모르
> 고 승려들의 행동과 모습을 욕한다. 승려든 속인이든 오늘날의 사람들은
> 자기의 분수를 헤아려야 한다.[47]

신란은 자기의 시와 기를 알지 못하고 아직도 성도문을 쫓고 있
는 사람들을 날카롭게 비판한다.『교행신증』신권信卷 첫머리에서
신란은 다음과 같이 말한다.

> 말대의 도속道俗과 근래의 종사들은 자성自性, 유심唯心[등의 관념]에 빠져
> 정토문의 참다운 깨달음을 헐뜯는다. 정선定善과 산선散善을 좇는 자력의
> 마음에 미혹되어 금강과 같은 참다운 신심信心을 모른다.[48]

지금까지 인용한 인간의 죄악성에 대한 신란의 말들은 모두 그
가 정토 신앙에 확고히 자리 잡은 후―아마도 호넨을 만난 후 오랜
시간이 흐른 다음―에 쓰인 것들이지만 그 기원은 그가 히에이산
에서 보낸 20년간의 생활을 통해 체험했던 좌절감에 뿌리를 두고
있다 해도 과언이 아닐 것이다. 이 좌절감으로 인해 그는 히에이산
을 떠나 호넨을 찾았고, 그로부터 아미타불의 본원의 세계와 염불
왕생의 길을 배워 구원의 확신을 얻었던 것이다. 앞으로 고찰하겠

---

47 『全集』 II, 168.
48 『全集』 II, 47. 정선(定善)은 선정(禪定)을 통해 얻는 공덕을 가리키며, 산선(散善)은 그 밖의
   여러 선행을 통해 얻는 공덕을 말한다.

지만, 신란에게 구원의 확신이란 현세에 몸을 담고 있는 한 우리의 죄악성에 대한 자각을 떠나서 주어지는 것이 아니었다. 그가 체험한 구원은 어디까지나 번뇌구족의 범부에게 주어지는 역설적 구원이었기에 그는 일평생 깊은 죄의식을 안고 산 것이다.

유배지에서의 신란

신란이 무슨 죄목으로 유배를 당했든 에치고쿠니에서 보낸 4년은 그의 삶에서 또 하나의 중요한 전환점이 되었다. 당시 문화와 종교의 중심지이자 자기가 성장한 곳인 교토를 멀리 떠나, 경외하는 스승과 이별하여 외딴곳에서 부딪치는 가혹한 삶의 조건들 속에서 신란은 이제 자기 발로 혼자 서지 않으면 안 되었다. 그는 이제 더 이상 승려가 아니었고 가정을 이끄는 한 가장이었기에 경제적으로도 자립해야 했고 신앙과 사상도 자신의 힘으로 헤쳐나가지 않으면 안 되었다. 그러나 유배지에서 만난 배운 것 없고 가난한 하층민과의 삶을 통해 그의 사상은 성숙되어 갔고 스승과는 다른 모습을 띠기 시작했다.

동해에 면한 호쿠리쿠(北陸) 지방에서 신란은 인간의 삶에 대한 이해를 심화시키는 새로운 삶의 양식을 대면하게 되었다. 그는 열악한 물질적 환경 속에서 사냥이나 낚시와 같이 살생의 죄를 범할 수밖에 없는 직업에 종사하면서 어렵게 삶을 꾸려 나가는 하층민의 삶을 직접 체험했으며, 어려운 불교 경전은 말할 것 없고 글자 하나조차 읽을 줄 모르는 무식하고 교양 없는 사람들과 함께 삶을 영위하지 않으면 안 되었다. 이들은 대개 자신을 위해서든 타인을 위해서든 보시를 베풀 만한 형편이 못 되었고 공덕을 쌓을 만한 선행을 할 여유가 없는 가난한 사람들이었다.

　비록 신란은 이미 승려로서의 특권과 체면을 팽개쳐 버렸고 스스로 일개의 범부 이상으로 여기지 않았지만, 유배지에서 이들 하층민과 함께 보냈던 삶의 체험은 그에게 인간의 현실과 실존 문제에 대해 새로운 자각을 불러일으켰다. 미천하고 무지했기에 그들은 오히려 교토의 세련되고 학식 있는 사람들보다 신란의 메시지에 더 개방적이었을지도 모르며 신란은 이러한 가난하고 겸손한 사람들에게 더 깊은 유대감을 느꼈을 것이다. 호넨의 제자인 세이카쿠(聖覺)가 지은 저술에 주를 단『유신초문의唯信抄文意』에서 신란은 다음과 같이 말하고 있다.

　　'자력의 마음을 버린다'는 것은 가지각색의 사람들, 즉 대승과 소승의 성인들, 선악의 범부들이 자기가 선하다는 마음을 버리고 자신을 의지하지 않고 자신의 악한 마음을 고의로 돌아보지 않으며 사람을 선하다 악하다 판단하는 마음을 버리고, [번뇌에] 묶인 범부들 곧 사냥꾼과 장사꾼 같은 하류들이 무량광불無量光佛의 불가사의한 서원誓願, 광대지혜廣大智慧의 명호를 열심히 신락信樂하면 번뇌를 구족具足한 채 무상대열반無上大涅槃에 이른다는 것을 뜻한다.

　　'묶였다'는 말은 여러 가지 번뇌에 묶인 우리이고, '번煩'이라는 것은 몸을 괴롭히는 것이고, '뇌惱'는 마음을 괴롭히는 것이다. 사냥꾼은 각종 살아 있는 것들을 죽이는 사람 곧 엽사라 불리는 사람들이고, 장사꾼은 여러 가지 물건을 팔고 사는 사람 곧 상인들이다. 이들은 하류下類라고 불

린다. 이러한 상인들과 엽사들 그리고 다른 여러 종류의 사람들이 다름
아닌 돌덩어리와 기왓장과 자갈과 같은 우리들이다.[49]

여기서 주목할 만한 표현은 '번뇌를 구족한 채 무상대열반에 이
른다'는 말이다. 도저히 다른 생업을 선택할 여지가 없는 사냥꾼과
장사꾼에게 가능한 유일한 형태의 구원은 바로 그들이 전생의 업
으로 인해 지을 수밖에 없는 죄악과 번뇌에도 불구하고 주어지는
열반이기 때문이다. 그리고 신란은 바로 우리 자신이 그런 하류의
사람들이라고 한다. 그는 계속해서 말한다.

여래의 본원을 믿으면 기왓장과 자갈과 같은 우리가 황금으로 변한다. 돌
덩어리와 기왓장과 자갈 같은 장사꾼과 사냥꾼이 여래의 빛에 의해 섭취
되어 버려지지 않는다.[50]

나중에 우리는 여래의 빛에 의해 '섭취되어 버려지지 않는다'(攝
取不捨)는 말의 의미를 고찰할 기회가 있을 것이다. 그것은 아미타불
이 자기에게 신심으로 향하는 자에게 내려주는 선물이다. 비록 신
란의 정토 사상이 유배 시기에 아직 완전히 형성되지 않았을지도
모르지만, 그는 실로 유배지에서 가난하고 무지한 사람들과 함께
하는 삶의 경험을 통해 아미타불의 자비를 진정으로 필요로 하는
사람이 누구이며 아미타불의 은총의 메시지가 정말로 어떤 사람들
을 위한 것인지를 깊이 깨달았을 것이다. 신란은 그들 가운데서 끊

---

49 『全書』II, 628-629.
50 『全書』II, 629.

을 수 없는 번뇌로 괴로워해야 하는 바로 자기 자신의 모습을 발견하면서 그들을 향해 한없는 연민을 느꼈을 것이다.

비록 신란의 『일념다념문의一念多念文意』—호넨의 또 다른 제자 류칸(隆寬)의 저술에 대한 신란의 주석—가 말년(85세)의 글이기는 하나, 그는 그것을 쓰게 된 동기를 말미에서 다음과 같이 서술하고 있다.

시골 사람들은 문자의 뜻을 모르고 비참할 정도로 지극히 미련하기 때문에 쉽게 이해하기 위해서 같은 것을 여러 번 반복해서 썼다. 배운 사람은 괴상하게 생각하고 비웃을 것이다. 그러나 사람들의 비난을 개의치 않고 오직 어리석은 사람들이 뜻을 알기 쉽게 하기 위해 쓴다.[51]

마치 '애욕의 광해에 빠져있던' 자신에게 호넨을 통해 구원의 빛이 비치었듯이, 신란은 사회적으로나 도덕적으로나 아무런 내세울 것이 없는 무지몽매한 사람들, 자신의 사후를 위해서 아무런 적선도 할 수 없는 가난한 사람들이야말로 자신을 통해 아미타불의 무조건적 자비가 전해져야 될 사람들로 여겼던 것이다. 우리는 『탄이초』에 기록된 다음과 같은 말에서 호쿠리쿠의 가난하고 무지한 사람들과 함께했던 신란의 경험을 읽어도 크게 어긋나지는 않을 것이다.

만약 계와 율을 지켜서만 본원을 믿을 수 있다면 우리가 언제 생사를 떠날 수 있겠는가? 그토록 비참한 우리도 바로 본원을 만나 자랑할 수 있는

---

51 『全書』 II, 619-620.

것이다. 그뿐만 아니라 자신에게 [업으로] 갖추어져 있지 않은 악업은 행할 수 없는 것이다. 또 바다나 냇가에 그물을 치고 낚시를 하며 사는 사람들도, 산이나 들에서 짐승과 새를 사냥하고 사는 사람들도, 장사를 하거나 논이나 밭을 일구어 사는 사람들도 모두 마찬가지라고 [성인께서는 말씀하셨다].[52]

계율을 지키지 못하는 부도덕한 삶의 불가피성, 악한 행위는 전생의 업으로 인해 숙명적이라는 것, 스스로를 구원하려는 모든 노력의 포기 그리고 오로지 감사와 신심으로 받아들이는 일 이외에는 다른 아무런 조건도 필요로 하지 않는 아미타불의 자비로운 본원, 이 모든 것을 신란은 호넨에게서 이미 배워 알고 있었을 것이다. 그러나 실제로 가난하고 무지한 하층민과 삶을 함께하면서 자기가 배운 것을 전하고 실천하는 가운데서 정토 신앙의 의미는 신란에게 더욱더 현실성 있게 다가왔을 것이며 그의 확신을 더해 주었을 것이다. 그리고 이것이 사실이라면 유배 생활은 결과적으로 그에게는 감추어진 축복이었는지도 모른다. 신란 자신이 다음과 같이 고백한 것으로 전해진다.

> 애당초 대사大師 겐쿠 성인께서 만약 당국에 의해 먼 곳으로 유배당하지 않으셨다면 나 또한 유배를 가지 않았을 것이며, 만약 내가 유배를 가지 않았더라면 어떻게 외진 곳에 있는 뭇 사람들을 교화할 수 있었겠는가? 이것 역시 스승의 가르침의 은덕이다.[53]

---

52 『全書』 II, 783-784.
53 『御傳鈔』, 『全書』 II, 641.

간토에서의 신란

　　신란은 유배당한 죄인의 신분이었기 때문에 에치고쿠니에서 그다지 활발하게 활동하지는 못했던 것으로 보인다. 아마도 그는 호넨에게 전수 받은 정토 신앙의 의미를 반추하며 주로 정토 사상의 연구에 몰두했을 가능성이 크다. 14세기에 만들어진 그의 직제자들의 명단을 보면 오직 한 명만이 에치고쿠니 출신으로 언급되어 있고 대부분은 간토 지방 출신들임을 알 수 있다.[54]

　　신란은 1214년, 즉 그에 대한 유배령이 풀린 지 3년 후에 가족과 함께 간토 지방으로 이주했다. 우리는 왜 그가 교토로 다시 돌아가지 않고 간토 지방으로 이주했는지 확실히 알 수 없다. 아마도 교토에는 여전히 염불 운동이 금지되어 있어서 그곳으로 돌아가는 것이 위험한 일이라고 생각했는지도 모른다. 또는 가마쿠라 막부를 중심으로 새로운 정치 권력의 중심지로 부상하던 간토가 그에게 종교적으로나 경제적으로 더 많은 기회를 제공한다고 판단했을지도 모른다. 또 다른 이유로는, 스승 호넨이 이미 세상을 떠났기에 (1212년) 특별히 교토로 돌아갈 이유가 없다고 생각했을 수도 있다.[55] 여하튼 그는 간토 지방에서 꽤 활발하게 전교 활동을 전개했으며 상당수의 개종자들을 얻은 것으로 보인다.

　　간토(關東) 지방의 신도들은 도량道場이라고 부르는 곳에서 정기적인 집회를 가졌다. 진종眞宗의 3대 조사인 가쿠뇨(覺如)는 도량에

---

54 Dobbins, *Jōdo Shinshū*, 27.
55 신란이 왜 간토 지방으로 이주했는지에 대한 여러 가지 추측은 松野純孝, 『親鸞ーその行動と思想』, 215-217 논의 참조.

대해서 다음과 같이 말한다.

신란이 직접 가르침을 전한 제자들 가운데 아무도 사찰을 세운 사람은 없었다. 신란은 제자들에게 일반 주거처를 지붕을 늘리든지 하여 약간 개조해서 도량을 만들도록 했다.[56]

도빈스는 신란과 그의 사후에 도량을 중심으로 전개된 신앙생활에 대해 다음과 같이 묘사하고 있다.

이런 형태의 도량은 진종에만 고유한 것은 아니었고 정토 운동 전체에 널리 발견되는 것이었다. 도량과 관계를 맺은 지방의 회중은 염불중念佛衆 또는 문도門徒로 알려졌다. 진종이 형성되는 초기에는 염불중은 예배를 위해 한 달에 한 번, 주로 호넨의 기일을 기념하기 위해 25일째 되는 날에 모이곤 했다. 신란의 사후에는 그의 기일을 기념하여 대부분의 모임이 매달 28일로 날을 바꾸었다. 진종 도량에서 행하는 예배의 중심은 보통 아미타불의 이름을 크게 새겨서 소박한 단 위에 걸어 놓은 명호본존名號本尊이었다. 이와 같은 예배의 대상은 신란이 처음 시작한 것이었다. 그 이전까지 불교 예배의 중심은 예술적으로 조각되거나 그려진 불상들이었다. 이러한 상들은 주로 상층 계급만 만들 수 있는 것으로서 그들은 예술가들을 시켜서 그와 같은 종교 예술 작품을 만들 수 있는 부富를 지니고 있었기 때문이다. 신란이 아미타의 명호를 새기도록 한 것은 일반 신도가 예배에서 쉽게 접할 수 있는 단순한 경외의 대상을 제공함으로써 귀족 사회에 의해 지배되던 예술 영역으로부터 예배의 대상을 해방시키는 일이었

---

56 Dobbins, *Jōdo Shinshū*, 66.

다. 도량에서 행하는 예배의 실제 내용은 장소마다 달랐으나 염불이 주가 되었다. 그 밖에 간단한 설법, 경전의 암송, 신란이 지은 화찬 같은 찬송을 부르는 것이 흔히 발견되는 모습이었다.

도빈스는 결론짓는다.

이 모든 구성 요소—도량, 명호본존, 그리고 예배의 요소들—는 미천한 신분의 신자들에게 그들의 종교적 심성을 표출할 수 있는 출구를 제공했고 일본의 전통적 사찰 제도하에서는 할 수 없었던 신앙생활의 참여를 어느 정도 가능하게 했다. 도량을 중심으로 이루어진 이러한 보다 풍부한 종교적인 삶이 빈농 사이에서 도량이 인기를 끈 이유였으며 14·15세기에 진종을 성장시킨 열쇠였다.[57]

요컨대 도량은 세속을 등진 승려를 위한 전통적인 불교 사원이 아니었다. 출가와 재가, 남녀노소, 신분의 고하가 아무런 의미가 없는 새로운 신앙 운동에서 그러한 제도는 더 이상 필요가 없었기 때문이다. 필요한 것은 오직 자력을 포기하고 아미타불의 타력에 전적으로 의존하는 신심과 구원에 대한 감사의 응답으로서 염불을 하는 일뿐이었다. 이런 의미에서 도량은 종교적·도덕적·사회적·물질적 조건과 관계없이 누구에게나 쉽게 접근 가능한 완전히 열린 장소였다.

그리하여 철저히 평등주의적인 신자들의 공동체가 생기게 되었

---

57 Dobbins, *Jōdo Shinshū*, 66.

다. 이 공동체는 자신의 죄악을 깨닫고 자기와 같은 무력한 존재를 구하기 위해 자비의 본원을 발한 아미타불에게 귀의하는 겸손한 마음을 가진 자들의 공동체였다. 물론 거기에도 새로운 신앙에 대해 더 많은 지식을 가진 도량의 지도자들이 있었으며, 그들 가운데는 그릇된 권위를 주장하거나 문도들을 자기 수중에 넣기 위해 강압적인 수단을 사용하는 사람들도 있었다.[58]

그러나 이들은 모두 신란의 가르침을 어긴 사람들이었으며 신란은 그들의 행동을 용납하지 않았다. 그의 눈에는 아미타불 앞에서 특별한 권리를 주장할 수 있는 사람은 아무도 없었기 때문이다. 도량의 지도자들 역시 다른 사람들과 마찬가지로 아미타불의 자비를 필요로 하는 범부이기에 결코 더 높은 종교적 위상을 가진 사람이 될 수 없는 것이다. 누구보다도 신란 스스로가 새로운 유형의 지도자상을 보여 주었다.

전수염불의 동료들 가운데서 '나의 제자', '남의 제자'라는 논란이 있는 것 같은데 도무지 이해할 수 없는 일이다. [나] 신란은 한 사람의 제자도 가지고 있지 않다. 그 까닭은, 나의 노력으로 염불을 하도록 했다면 나의 제자가 되겠지만 아미타불의 활동으로 염불을 하는 사람을 [자기] 제자라고 하는 것은 그야말로 황당한 일이다.[59]

신란은 그렇기 때문에 신도들을 동붕同朋 또는 동행同行이라 불렀다.[60] 이와 같은 영적 평등주의와 겸손의 배후에는 아미타불의 자

---

58 赤松俊秀,『親鸞』, 237-240, 307-316.

59 『歎異抄』,『全書』II, 776.

비 앞에서 인간이 자랑할 것은 아무것도 없다는 철저한 의식이 깔려 있었으며, 이러한 의식에는 곧 자신의 죄악성에 대한 자각과 아미타불의 은총에 대한 자각이 깊이 깔려 있었다.

신란은 물론 이 모든 것을 그의 스승 호넨에게 배웠다. 어떠한 관상觀想의 훈련이나 어떠한 계율의 준수도, 어떠한 학문이나 지혜도, 어떠한 가문이나 사회적 신분도 그리고 선행을 통해 쌓은 그 어떤 공덕도 아미타불의 본원 앞에서는 아무런 소용이 없다는 것이다. 이 자비의 원은 바로 아무런 내세울 공덕이나 주장이 없는 자들을 위한 것이기 때문이다. 따라서 우리가 해야 할 유일한 행위는 그 본원에 따라서 지극한 신심으로 아미타불의 명호를 부르는 일뿐이다. 신란은 말한다.

> 아미타의 본원은 노소·선악의 사람을 가리지 않는다. 오직 신심만이 중요한 것임을 알아야 한다. 그 이유는 죄악심중罪惡深重 번뇌치성煩惱熾盛의 중생을 구하기 위한 원이기 때문이다.[61]

또는 다음과 같이 말한다.

> 무릇 대신大信의 바다를 생각해 보건대, 귀천이나 승속의 복장을 가리지 않고 남녀노소를 말하지 않으며 지은 죄의 다소를 묻지 않고 수행의 길고

---

60 이 점은 학자들에 의해 흔히 지적되곤 한다. 그런데 자세히 살펴보면 이 말들은 신란이 자기 제자들 사이의 관계를 말할 때 사용한 말이지, 자신과 제자들 사이의 관계를 나타내는 말은 아닌 것으로 보인다. 『末燈鈔』, 『全書』 II, 688, 692; 『歎異抄』, 『全書』 II, 790 참조

61 『歎異抄』, 『全書』 II, 773.

짧음을 논하지 않는다. 그것은 수행도 아니고 선善도 아니고 돈顿도 아니고 점漸도 아니며, 정선定善도 아니고 산선散善도 아니며, 정관正觀도 아니고 사관邪觀도 아니며, 유념有念도 아니고 무념無念도 아니며, 일상도 아니고 임종도 아니며, 다념도 아니고 일념도 아니다. 그것은 오직 불가사의·불가칭不可稱·불가설不可說한 신락信樂일 뿐이다.[62]

단순한 신심으로 응답하는 일 외에 아무것도 필요로 하지 않는 아미타불의 순전한 선 앞에서는 우리의 모든 세상적 가치와 도덕적 공로는 물론이요 종교적 성취마저도 상대화되고 평준화된다. 더욱이 신란에게는 모든 사람의 신심은 본질적으로 평등하다. 『탄이초』는 신란이 호넨의 다른 제자들과 가졌던 의미심장한 대화를 기록하고 있다.

"[나] 젠신의 신심이나 성인[호넨]의 신심이나 하나이다"라고 말씀하시자 세칸보(勢觀房), 넨부츠보(念佛房) 등 동붕은 분개해서 따지기를 "어떻게 성인의 신심과 젠신보(善信房)의 신심이 하나일 수 있겠는가"라고 말했다. [신란은] "성인의 지혜와 넓은 학식이 나와 같다고 한다면 말도 안 되겠지만 왕생의 신심에서는 어떠한 차이도 없이 단 하나일 뿐이다"라고 대답하셨다. "어떻게 그럴 수 있겠는가" 하고 아직도 그들이 의심하고 논란을 벌이자 드디어 그들은 성인에게로 나아가서 누가 옳은지 가리기로 했다. 모든 것을 여쭙자 호넨 성인은 "나 겐쿠의 신심도 여래로부터 주어진 신심이고 젠신보의 신심도 여래로부터 주어진 신심인즉 단 하나일 뿐이며 별도의 신심을 가진 사람은 내가 갈 정토에는 결코 태어나지 못할 것

---

62 『教行信證』, 『全書』 II, 68.

이다"고 말씀하셨다.[63]

신란의 염불관

신란은 그의 제자들이 그들의 신심과 자신의 신심에 대해 같은 말을 했어도 매우 기뻐했을 것이다. 신심이 하나라는 말은 신심이 강하고 약함에서 차이가 없다는 말이 아니라 그것이 인간 노력의 결과가 아니고 아미타불에 의해 주어지는 것이기에 본질적으로 한 종류이며 한 성질을 지닌다는 뜻이다. 바로 이러한 하나의 신심으로 모인 도량을 중심으로 하여 신자들의 평등한 공동체가 형성된 것이다.

신심이 아미타불에 의해 주어진다는 생각은 앞의 대화에서 호넨의 것으로 말해지고 있다. 그러나 아미타불의 은총과 인간의 구원이 인간의 아무런 노력 없이 순전하게 거저 이루어진다는 점을 누구보다도 철저하게 강조한 사람은 신란이었다. 인간성 깊이 자리 잡고 있는 죄악성을 통감하면서 신란은 염불이나 신심까지 포함해 우리가 구원을 위해 진정으로 공헌할 수 있는 것은 아무것도 없다는 것을 깨달았다.

그리하여 신란에게는 염불행이나 신심조차도 결코 '우리의' 행위나 '우리의' 마음일 수 없다. 만약 염불과 신심이 우리의 행위나 마음이라고 할 것 같으면, 비록 그것이 아미타불의 본원에 의해 우

---

63 『全書』 II, 790-791.

리의 정토왕생의 조건으로 제시되었다 해도 결코 왕생의 원인이 될 수 없다. 염불과 신심마저도 우리 자신의 능력이 아니라 아미타불에 의해 주어지는 것이다. 다시 말해서 염불과 신심이 우리가 아미타불의 은총 앞에서 제기할 수 있는 마지막 주장 또는 우리가 자신의 구원을 위해 할 수 있는 마지막 공헌이 되어서는 안 된다는 것이다. 이와 같은 이유로 신란은 다음과 같이 말한다.

> 염불은 행자에게는 비행非行·비선非善이다. 우리의 노력과 타산으로 행하는 것이 아닌즉 비행이라 하며, 우리의 노력이나 타산으로 하는 선이 아닌즉 비선이라 한다. 전적으로 타력이고 자력이 전혀 없기 때문에 염불은 행하는 사람에게 '비행'이고 '비선'이다.[64]

여기서 우리는 신란이 주장하는 구원론의 핵심을 접하게 된다. 그것은 곧 염불의 행위마저도 예외로 하지 않고 어떠한 자력의 형태나 흔적도 용납하지 않으려는 순수 타력에 대한 강조이다. 그리고 신란이 비록 그의 스승의 가르침으로부터 어긋나는 길을 가고자 하는 의도는 추호도 없었음에도 불구하고, 이것이야말로 신란의 사상을 호넨의 사상과 구별 짓게 만드는 점이라는 것을 부인하기 어렵다. 간단히 말해, 신란에게는 염불이란 제아무리 이행易行이라 해도 결코 우리가 자신의 구원을 위해 행할 수 있는 또 하나의 수행이 아니며 우리가 정토왕생을 위해 기여할 수 있는 다른 형태의 선행이 아니라는 것이다. 염불은 비행·비선이다.

호넨에게 염불은 분명히 하나의 수행이었다. 이 수행은 다른 어

---

64 『全書』 II, 770.

려운 수행을 감당하기 어려운 자들을 위해 아미타불이 자비심으로 본원을 통해 선택한 행위로서 정토왕생을 원하는 자는 누구든지 할 수 있는 이행이었다. 그러나 인간의 본성에 대해 호넨보다 훨씬 더 철저하게 비관적인 견해를 가졌던 신란에게 도대체 '쉬운' 행위란 존재하지 않았다. 우리가 무엇을 행하든 그것이 '우리의' 행위인 한 이기적인 동기와 악한 욕망으로 물들기 마련이며, 염불도 이 점에서는 예외가 아니었다.

그러므로 염불이 틀림없이 우리를 정토로 이끌어 주는 행위가 되고자 할진대, 애당초 그것을 본원 속에서 제시해 준 아미타불 자신으로부터 와야만 하는 것이다. 만약 염불이 또 하나의 우리의 행위라면, 그것은 우리의 모든 행위에 불가피하게 수반하는 변덕스러움과 차별성을 면하기 어렵다. 염불을 하기 위해 우리가 투입하는 노력이나 염불을 하는 우리의 심적 상태의 차이 등이 문제가 되고 정토왕생은 불확실하고 불안해질 수밖에 없게 된다. 요컨대 신란이 이해하는 아미타불은 중생 구제를 위해 본원을 통해 염불을 선택했을 뿐만 아니라 우리의 염불행이 왕생에 합당한 '진실행眞實行'이 되도록 해준다.

염불이 아미타불에 의해 주어진다는 생각은 적어도 문자적으로는 정토 경전 어디에서도 찾아볼 수 없는 관념이며, 특히 아미타불의 중생 구제의 의지를 담은 가장 핵심적인 서원이자 호넨과 신란이 가장 중시하는 제18원에도 나타나 있지 않다. 제18원은 단지 중생이 진심으로 신락信樂하며 아미타불의 이름을 열 번만이라도 부르면 반드시 그의 정토에 태어나리라고 할 뿐, 염불하는 행위는 어디까지나 우리 자신의 몫이지 아미타불이 가능하게 해주는 것이 아니다. 염불이 아미타불에 의한 행이라는 관념은 호넨에게도 발견되지 않는다. 호넨은 "염불은 무의無義로써 의義를 삼는다"라고 말한 것으로 전해지는데, 여기서 '의'란 이치, 이유 등을 가리키는 말로써 염불은 아미타불이 중생 구제를 위해 순전한 자비와 지혜로써 선택한 행이기 때문에 우리는 다만 단순한 신심으로 그것을 행하면 될 뿐 아무런 이유나 이론을 따질 필요가 없다는 것이다.

신란도 "염불은 무의로써 의를 삼는다. 불가칭 · 불가설 · 불가사의하기 때문이다"라고 말한 것으로 전해진다.[65] 그러나 신란이 이해하는 '의'는 호넨의 개념과 차이가 있다. 신란은 의를 우리가 스스로의 구원을 위해 하는 노력과 타산 혹은 '꾀'(하카라이) 같은 것을 뜻하는 말로 이해한다. 그것은 곧 타력으로서의 염불을 거부하는 자력을 의미한다. 그리하여 신란은 "타력은 의義 없음을 의로 한다. 의라는 것은 행자가 타산하는 마음이다"라고 말한다.[66] 또 신란은 타력에 관한 호넨의 말을 다음과 같이 인용하면서 해석한다.

이것은 여래의 원이기 때문에 "타력은 의 없음을 의로 한다"고 성인[호넨]께서는 말씀하셨다. 의라는 것은 타산한다는 뜻이다. 왕생을 구하는 사람의 타산은 자력이기 때문에 의라고 한다. 타력은 본원을 신락하여 왕생이 확정되기 때문에 전혀 의가 없는 것이다.[67]

결국 신란은 염불이 또 하나의 자력행으로 여겨지거나 행해져

65 『歎異抄』, 『全書』 II, 778.
66 『尊號眞像銘文』, 『全書』 II, 576.
67 『末燈鈔』, 『全書』 II, 658-659.

서는 안 된다는 것이다. 그것은 순전히 타력에 의해 행해지는 행이다. 신란이 사용하는 전문적 술어로 말하면, 염불행은 아미타불에 의해 중생에게 '회향'되는 것이다.[68] 따라서 신란은 염불을 '대행大行'이라 부른다.[69] 그 결과 신란 사상에서는 무게중심이 자연히 수행으로서의 염불로부터 타력에 대한 신심으로 이동한다.

　두말할 필요 없이 호넨도 염불을 자력행으로 여기지는 않았다. 그러나 그 이유는 신란이 생각하는 것처럼 염불이 아미타불에 의해 우리에게 회향된 것이기 때문이 아니라 아미타불이 모든 중생을 위해 이행으로서 선택한 것이기 때문이다. 다시 말해, 호넨이 '염불은 자력행이 아니다'라고 한 것은 그 효력이 아미타불이 발한 본원과 그 성취에 있기 때문이다. 선도善導의 정신을 이어받아 호넨은 "행주좌와行住坐臥에 다만 지극한 마음으로 염불을 하여라. 한시라도 쉬지 마라. 이것이야말로 틀림없이 왕생하는 업이니, 저 부처님의 본원에 부합하는 것이기 때문이다"라고 말한다.[70] 따라서 호넨에게도 아미타불의 본원이 우리의 염불행보다 중요한 것은 두말할 필요가 없다. 그렇기 때문에 호넨은 순수한 마음으로 하는 염불이나 망심妄心으로 하는 염불이 차이가 없다고 말한다. 이 점에 대해 의심을 품은 한 제자에게 그는 다음과 같이 말했다.

---

68 일반적으로 대승 불교에서 '회향(廻向)'이라 하면 중생이 선행이나 수행을 통해 쌓은 자기의 공덕을 자신의 성불 또는 타인을 위해 돌리는 행위를 말한다. 그러나 신란에서는 전혀 다른 뜻을 지닌다. 중생이란 엄밀히 말해 아무런 공덕도 있을 수 없는 존재이기에 애당초 남에게 돌릴 공덕이 없다. 회향은 전적으로 중생을 위한 아미타불의 행위이다.

69 『教行信證』, 『全書』 II, 5.

70 Coates and Ishizuka, *Hōnen*, vol. I, 187.

이 의심이 생기는 것은 그대가 아직 본원을 알지 못하기 때문이다. 아미타불이 생사의 대해에 홍원弘願의 배를 띄운 것은 악업 중생을 구하기 위한 것이다. 무거운 돌이든 가벼운 마麻든 모두 배에 타면 강 저쪽에 이른다. 마찬가지로 뛰어난 본원이기에 명호를 부르는 일 이외에 중생이 할 것은 아무것도 없다.[71]

이것은 호넨의 염불관을 보여 주는 중요한 말이다. 그는 염불의 효력이 그것을 행하는 자의 주관적인 심리상태에 의존하는 것이 아니라고 말한다. 염불은 궁극적으로 아미타불 자비의 본원에 근거하고 있기 때문이다. 이러한 의미에서 호넨도 염불을 단순히 자력이나 자기 공덕으로 간주하지 않는다. 그러나 이것은 결코 그가 신란처럼 염불행의 주체가 우리가 아니라 아미타불이라고 생각했음을 뜻하지는 않는다. 호넨은 거기까지 가지는 않았다. 그러나 신란은 호넨의 타력신앙을 더욱 과감하게 몰고 가서 그 마지막 결론을 이끌어냈다.

호넨은 그 자신이 염불을 게을리하지 않았을 뿐만 아니라 다른 사람에게도 할 수 있는 대로 염불을 많이 할 것을 권했다. 염불은 많이 하면 할수록 좋다고 생각했다. 결국 이러한 생각이 사람들로 하여금 염불을 또 하나의 공덕으로 여기도록 만든 것이 아닐까?[72]

이렇게 볼 때 호넨의 염불관에는 다분히 애매한 점이 있었다고 말하지 않을 수 없다. 이러한 애매성은 결국 그의 사후에 제자들이

---

71 普賢大圓, 『眞宗槪論』(京都: 百華苑, 1950), 160에서 재인용.
72 제1장에 인용된 염불에 관한 그의 말들을 참조. 염불의 부지런한 수행을 강조하는 그의 말들은
　　Coates and Ishizuka, *Hōnen*, vol. I, 408; vol. II, 441, 528 참조.

염불의 성격과 방법을 둘러싸고 논란을 벌인 요인 중 하나가 되었다. 이 논란은 특히 일념一念과 다념多念의 문제에 초점이 맞추어졌다. 염불에 관한 신란의 입장을 좀 더 분명히 이해하기 위해서 잠시 이 논쟁을 고찰해 볼 필요가 있다.[73]

만약 아미타불의 명호가 지니는 힘이 그가 법장法藏(Dharmākara) 보살로서 발한 서원과 그 서원을 성취하기 위해 행한 오랜 세월의 수행에 근거한 것이지 염불행 그 자체에 있는 것이 아니라면, 어찌하여 우리는 염불을 반복해서 해야 하는가? 제18원 자체가 십념이라도 족하다고 하는데 계속적인 염불이 도대체 무슨 필요가 있다는 말인가? 염불을 여러 번 반복해서 해야 한다고 고집하는 것은 아미타불의 서원 자체의 힘을 의심하는 것과 다름이 없지 않은가? 다념을 반대하는 자들의 논지는 이와 같은 것이었다. 그들에 의하면 염불은 진실한 신심으로 하는 단 한 번만으로도 족하다는 것이다.

그러나 계속적인 염불을 주장하는 측은 자신들의 주장을 정토경전과 논서들, 특히 계속적인 염불 수행을 강조하는 선도善導의 저술에 의존했다. 그들에 의하면 염불은 비록 모든 중생을 구제하기 위해 아미타불이 선택한 쉬운 행이기는 하나, 역시 하나의 수행이다. 비록 염불의 효력이 전적으로 아미타불의 본원과 그 성취에 의거하는 것이기는 하나 염불을 하는 것은 우리가 해야 할 몫이기에 많이 할수록 좋은 것이다. 이 최소한의 쉬운 수행마저 게을리하면 그것은 아무런 수행도 없는 불교가 되어 버리고, 자칫하면 아미타

---

73 신란이 쓴 『일념다념문의(一念多念文意)』의 영역본 *Notes on Once-calling and Many- calling: A Translation of Shinran's 'Ichinen-tanen mon'i'*(Shin Buddhism Translation Series. Kyoto: Hongwanji International Center, 1980)의 "Introduction"은 이 논쟁을 잘 소개하고 있다. 아래의 논의는 이것을 많이 참조했다.

불의 본원을 믿는 나머지 온갖 악을 행하고도 아무런 가책도 느끼지 않는 이른바 '조악무애造惡無碍'의 반도덕주의에 빠지게 된다는 것이다. 더욱이 다념을 주장하는 사람들은 염불이 우리가 과거에 지은 악업을 속죄한다고 믿었다. 따라서 우리는 생의 마지막 순간까지 할 수 있는 한 부지런히 염불해서 자기도 모르게 지었을지 모를 악업을 속죄해야 한다. 그러면 임종의 순간 아미타불이 관세음보살을 위시한 성중과 함께 우리를 영접하러 온다. 언제 우리에게 죽음이 닥쳐올지 모르는 고로 우리는 기회가 있을 때마다 염불해야 하는 것이다.

우리는 이 문제에 관한 호넨의 입장이 다소 애매했다는 점을 이미 언급했다. 호넨은 "신심으로 말하자면 일념으로 왕생이 확정됨을 믿어야 하고, 수행으로 말하자면 평생을 계속해야 한다"고 말했다.[74] 호넨의 말은 신심과 수행이 서로 방해가 되어서는 안 된다는 뜻이지만, 바로 이러한 신심과 수행의 어긋남이 이와 같은 논쟁을 야기한 것이다. 한 가지 확실한 점은 호넨 자신은 일생 염불을 게을리하지 않았으며 다른 사람에게도 그렇게 하도록 가르쳤다는 사실이다. 어떤 해석에 따르면, 이것은 호넨이 당시 전통적인 불교로부터 오는 압력을 피하기 위한 양보였을는지도 모른다고 한다.

호넨의 입장에서 이 논쟁을 해결하는 길은 계속적인 염불과 타력에 대한 전적인 믿음 사이에 절묘한 균형을 취하는 일이었다. 전자는 쉽게 자력행으로서의 염불로 이어질 수 있고 후자는 교리적으로 밀고 나가면 명호에

---

74 *Notes on Once-calling and Many-calling*, 6. 이 말의 문맥을 알려면 Coates and Ishizuka, *Hōnen*, vol. I, 395 참조.

대한 지속적 관심을 가질 필요를 부정하는 듯했다. 그러나 혁명적 사상가로서의 호넨은 염불이 비록 전혀 다른 원천에 기원을 둔 것이기는 하나 불교 전통상의 수행임을 주장함으로써 기존 종파들의 공격으로부터 새로 발견한 자신의 길을 옹호해야만 했다. [그러나] 그는 그렇게 함으로써 그가 전통적 수행 형태에 대해 제기했던 똑같은 종류의 비판─자력 의존─에 직면하게 된 것이다.[75]

여하튼 신란의 입장에서 볼 때 일념과 다념의 논쟁은 근본적으로 염불의 본질에 대한 오해에 근거한 것일 수밖에 없었다. 신란에게 염불이란 결코 우리가 정토에 들어가기 위해 공덕을 쌓는 방법 중 하나가 아니며 어려운 목적을 달성하기 위한 쉬운 방법도 아니었다. 그 어떤 수행도 감당할 수 없다는 사실을 깨달은 신란에게 도대체 쉬운 수행이란 존재하지 않았다. 이와 같은 이유로 해서 그는 염불을 '비행'·'비선'이라 부른 것이다. 염불이 진실로 우리의 왕생을 가능케 하는 행위일진댄 그것은 아미타불이 자신의 진실한 행을 우리에게 회향함으로써만 가능해진 '대행大行'이어야만 한다는 것이다.

전통적인 시각에서 볼 때 염불은 우리가 쉽게 공덕을 쌓아서 정토왕생을 위해 회향하는 행위였다. 그러나 신란은 이와 같은 관념을 완전히 바꾸어 놓았다. 회향은 우리의 행위가 아니라 아미타불의 행위이다. 왜냐하면 범부 중생인 우리는 아무것도 회향할 것이 없기 때문이다.

『교행신증』행권行卷 첫머리에서 신란은 선언한다. "삼가 왕상회

---

[75] *Notes on Once-calling and Many-calling*, 7-8.

향往相廻向을 생각해 보건대 대행이 있고 대신大信이 있다.''76 여기서 '왕상회향'이란 중생이 정토에 가도록 아미타불이 회향하는 것을 뜻하는 말로서, 우리의 행위로서의 염불이 아닌 대행으로서의 염불은 아미타불이 회향해 준 것이라는 뜻이다. 따라서 신란은 염불을 '불회향지행不廻向之行'이라고까지 부른다. "이것[염불]은 범부와 성인의 자력행이 아니다. 그런고로 불회향의 행인 것이다.''77

신란의 관점에서는 중생에게 구원이 있다면 그것은 오직 타력으로부터 올 뿐이다. 수행도 그것이 참 수행이려면 타력으로부터 와야만 한다. 그러므로 신란이 이해하는 구원이란 궁극적으로 수행의 문제가 아니라 자력을 포기하고 오직 아미타불의 본원에 의지하는 신심의 문제이다. 아미타불의 본원력이야말로 중생을 위해 염불을 선택했을 뿐만 아니라 그것을 대행으로서 가능하게 만드는 것이다. 신란은 다음과 같이 말한다.

이 행行이란 대비大悲의 원에서 나오는 것으로서 곧 제불칭양지원諸佛稱揚之願이라 이름하고 또 제불칭명지원諸佛稱名之願이라 이름하고 또 제불자차지원諸佛咨嗟之願이라 이름하고 왕생회향지원往生廻向之願이라고도 이름할 수 있고 선택칭명지원選擇稱名之願이라고도 이름할 수 있다.78

여기서 대비의 원이란 아미타불의 48원 가운데 제17원을 가리키는 것으로서, 모든 부처가 자기의 이름을 칭송하지 않으면 성불

---

76 『全書』 II, 5.

77 『全書』 II, 33.

78 『全書』 II, 5.

하지 않겠노라는 서원이다. 이 서원은 이미 이루어졌으므로 아미타불의 명호는 시방세계의 모든 부처님이 찬양하는 이름이 된 것이다. 따라서 우리가 하는 염불도 이러한 우주적 염불이 신심을 통해 우리의 행으로 나타나는 것이다. 이것이 대행으로서의 염불이다.

우리가 신란의 염불관을 자세히 고찰한 것은 그것이 전통적 정토 사상—호넨의 사상까지도 포함하여—에 비해 신란 특유의 사상이자 핵심 사상이기 때문이다. 신란은 결코 호넨의 가르침에 귀의하자마자 이러한 견해에 도달한 것은 아니다. 그것은 그가 스승으로부터 전수 받은 정토 신앙의 의미에 대한 오랜 음미와 숙고를 통해서 얻어진 결론이었다. 신란은 자기가 이러한 '비행非行'으로서의 염불 이해에 도달하게 된 과정을 세 단계로 묘사하고 있다.

> 그리하여 나 구토쿠(愚禿) 신란, 석가모니의 제자는 논주(論主) [『정토론』의 저자 세친世親]께서 해석하시는 뜻을 우러러보며 종사宗師[선도善導]의 권화權化에 의지하여 만행제선萬行諸善의 가문假門을 영구히 떠나고 쌍림수하왕생雙林樹下往生을 영원히 떠나서 선본덕본善本德本의 진문眞門으로 돌이켜 들어가서 전적으로 난사왕생難思往生의 마음을 일으켰다. 그러나 지금은 방편진문方便眞門을 완전히 벗어나서 선택원해選擇願海로 돌이켜 들어가 난사왕생심難思往生心을 속히 떠나서 난사의왕생難思議往生을 성취하고자 한다. [중생이 왕생의] 목적을 성취한다는 서원이 얼마나 심오한지![79]

이것이 유명한 이른바 '삼원전입三願轉入'이라 불리는 것으로서,

---

[79] 『教行信證』, 『全集』 II, 166.

신란이 자신의 정토 신앙에 대한 태도와 이해가 어떻게 바뀌게 되었는지를 밝히고 있는 대목이다. 이 글은 매우 신중하게 작성되었으며 많은 암시적 내용을 담고 있다. 따라서 그것을 제대로 이해하려면 신란의 사상 전체에 대한 이해를 필요로 할 정도이다.

그것이 삼원전입─문자 그대로 세 가지 원으로 돌이켜 들어감─이라 불리는 이유는 신란이 이전에 지녔던 그릇된 정토 신앙의 이해를 버리고 올바른 정토 신앙으로 나아가게 된 과정을 세 단계로 설명하면서 그 각각을 아미타불의 48원 가운데서 제19원·제20원·제18의 삼원[80]이 나타내는 진리의 세계─물론 자기 방식으로 독특하게 해석된─에 순차적으로 배대配對하고 있기 때문이다.

신란은 먼저 '만행제선萬行諸善'을 닦아 공덕을 쌓음으로써 정토왕생을 구하는 가문假門(요문要門이라고도 한다)을 따랐다. 그러나 이것은 아미타불의 본원에 의해서 실현된 진실보토眞實報土로서의 정토가 아니라 불완전하고 방편적 세계에 불과한 화토化土에 왕생하는 사라쌍수沙羅雙樹 아래서의 왕생으로 이끌 뿐이다. 이 길은 아마도 신란이 히

---

80 "제19원: 만약 제가 부처가 되어서도 시방세계 중생이 보리심을 일으켜서 모든 공덕을 닦고 지극한 마음으로 발원해서 임종 시에 저의 국토에 태어나고자 원할 때, 대중에게 둘러싸여 그 사람 앞에 나타나지 못한다면 저는 부처가 되지 않겠습니다.
제20원: 만약 제가 부처가 되어서도 시방세계의 중생들이 저의 이름을 듣고 저의 국토를 생각하며 모든 공덕의 근본을 심고 지극한 마음으로 회향해서 저의 국토에 태어나려고 하나 성취하지 못한다면 저는 부처가 되지 않겠습니다.
제18원: 만약 제가 부처가 되어서도 시방의 중생이 지극한 마음으로 믿고 원해 저의 나라에 태어나려고 십념을 해도 태어날 수 없다면 저는 부처가 되지 않겠습니다. 오역죄인(五逆罪人)이나 정법(正法)을 비방하는 사람들은 제외합니다." 坪井俊映, 『淨土三部經槪說』(李太元 譯, 서울: 운주사, 1988), 174-176에서 재인용.
신란의 해석에 의하면 제19원은 정토 삼부경 중 『아미타경』의 요체를, 제20원은 『관무량수경』의 요체를, 제18원은 가장 최고의 진리를 담고 있는 『무량수경』의 요체를 대표한다.

에이산에서 천태 염불을 하고 있었을 때 따랐던 길일 것이다.

다음으로 신란은 '선본덕본善本德本'으로서의 염불에 의지하는 진문眞門에 귀의했다. 그러나 이것 역시 타력에 대한 신앙이 결여되고 염불을 공덕을 쌓는 또 하나의 자력행으로 간주하기 때문에 난사왕생難思往生이라는 방편적 형태의 왕생에 이를 뿐이다. 이것은 아마도 그가 히에이산을 떠나 호넨에게 가서 염불의 메시지를 처음 접했을 때 이해했던 정토 신앙의 길이었을 것이다.

그러나 아미타불의 본원과 염불의 의미에 대한 자신의 성찰이 깊어지고, 다른 한편으로는 호넨의 다른 제자들의 영향, 특히 다념보다는 일념을 선호하며 염불행보다는 신심을 더 강조한 사람들의 영향을 받아 신란은 염불을 또 하나의 수행 형태나 공덕으로 보는 생각을 완전히 던져 버리고 아미타불의 '선택원해選擇願海'에 몸을 던진 것이다. 이제 그에게 중요한 것은 염불 그 자체가 아니라 아미타불의 자비의 산물인 본원뿐이며 그것에 대한 의심 없는 완전한 신뢰와 신심이다.

앞의 두 문, 즉 가문假門과 진문眞門의 결정적인 잘못은 그것이 정토 신앙의 길을 좇는다고 하면서도 타력에 대한 순수한 신앙을 결여하고 있다는 것이다. 그리하여 가문에서는 각종 선행을 통해 자기가 쌓은 공덕을 정토왕생을 위해 회향하고자 하며, 진문에서는 염불마저도 또 다른 형태의 공덕으로 삼기 때문에 타력에다 자력적인 요소를 섞어 버린다. 이 두 문은 타력의 순수성을 변질시켜서 '타력 속의 자력'으로 삼는다.[81] 신란은 이렇게 아미타불 자비의 선물

---

81 『教行信證』, 『全書』 II, 69. 다른 전문적 술어로는, 제19원과 제20원에 해당하는 두 문(假門, 眞門)은 '횡출'(橫出)의 길이며, 제18원에 해당하는 세 번째 문인 홍원문(弘願門)은 '횡초'(橫

마저도 자신의 공덕으로 만들어 버림으로써 타력의 구원을 변질시키는 끈질긴 자력의 유혹을 개탄한다.

> 무릇 대승과 소승의 성인들과 모든 선인은 본원의 아름다운 명호를 자기의 선근으로 삼는 고로 믿음을 일으킬 수 없고 부처님의 지혜를 알지 못한다. [부처님께서 왕생의] 인因을 세운 뜻을 알지 못하는 고로 보토報土에 들어가지 못한다.[82]

신란이 언제 염불마저도 자신의 공덕으로 삼지 않고 오직 아미타불의 본원만을 믿는 이러한 최종적 입장에 도달했는지는 확실히 말하기 어렵다. 그러나 다음의 이야기는 신란에게 순수 타력 위주의 구원론이 형성되는 과정에 한 결정적인 계기가 되었음직한 사건을 우리에게 전해 주고 있다. 신란은 1214년 에치고쿠니를 떠나 간토의 히타치노구니(常陸國)로 가는 길에 사누키(佐貫)라는 곳에서 중요한 종교적 경험을 하게 된다. 그는 '중생의 이익을 위해' 정토 삼부경 1,000부를 독송하기로 마음먹었다고 한다. 그러나 그가 4~5일 정도 독송했을 무렵 그에게는 부처의 은혜를 갚는 가장 좋은 길

超의 길이다. '횡'(橫)이란 '수'(堅)에 대비되는 말로서, 성도문 대승의 길인 수출(堅出) · 수초(堅超)와는 달리 본원을 통한 구원은 대번에 생사의 세계를 뛰어넘는 횡초의 길이라는 말이다. 반면 횡출은 정토문을 따르기는 하나 아직 본원의 세계를 제대로 알지 못하는 사람들이 생사를 대번에 초월하지 못하고 우회적으로 벗어난다는 뜻이다. 『全書』II, 73 참조.

82 『教行信證』, 『全書』 II, 165-166. 보토(報土)란 아미타불의 본원이 성취됨에 따라 그 대가로 얻어지는 참된 정토의 세계를 가리키는 말이며, 이 세계에 왕생하는 것을 난사의왕생(難思議往生)이라 한다. 반면에 가문과 진문을 따르면 보토가 아니라 방편적 세계인 화토(化土)에 태어나며, 그러한 왕생을 각각 쌍림수하왕생(雙林樹下往生), 난사왕생(難思往生)이라 한다.

은 자기가 아미타불의 본원을 믿듯이 다른 사람들에게도 믿도록 가르쳐서 그들도 염불을 해서 기쁨을 누리도록 하는 일이라고 생각하게 되었다. 그리하여 그는 독송을 중단했다고 한다.[83]

이 이야기는 여러 측면에서 시사하는 바가 많다.[84] 정토 경전을 독송하는 것은 선도가 권장하는 이른바 오정행五正行 중 하나로 호넨은 이 가운데 염불행 하나만 선택하고 나머지 모든 행을 불필요한 것으로 거부했다. 비록 신란이 자신을 위해서가 아니라 다른 사람을 위한 공덕을 짓기 위해 독송을 했다고 하나 이것은 신란이 아직도 아미타불의 본원만을 의지하는 순수 타력신앙에 철저하지 못했다는 사실을 말해 주고 있다. 이것은 아마도 그가 히에이산 시절에 행하던 부단염불 같은 것의 영향이 아직도 그에게 흔적으로 남아 있다는 증거로 간주될 수도 있다. 그는 아직 공덕 중심의 정토 수행과 완전히 결별하지 못하고 있었던 것이다.

그러나 자신의 행위가 옳지 못함을 깨닫고 중단함으로써 이를 계기로 그는 철저한 타력신앙의 각오를 다짐했을 것이다. 그는 또한 이를 계기로 염불을 공덕을 산출하는 행위로 보는 관념을 완전히 포기하고 오직 본원에 의지하는 신심만이 가장 중요한 것이라는 생각을 더욱 공고히 하게 되었을 것으로 보인다. 사람들이 가장 필요로 하는 것은 신信의 경험과 그것이 가져다주는 기쁨이지, 그들이 산출할 수 있는 어떤 공덕이 아니다. 공덕이란 제아무리 크다 해도 중생을 생사의 세계에 계속해서 매어 놓을 뿐인 것이다.

우리는 이 이야기에서 뿌리 뽑기 어려운 자력의 유혹과 함께 현

---

83 赤松俊秀, 『親鸞』, 136-141 참조.
84 나는 이 사건에 대한 아카마츠 도시히데(赤松俊秀)의 해석을 따른다.

세에 대한 집착과 싸우고 있는 신란의 모습을 발견할 수 있다.[85] 그의 철저한 타력신앙이 결코 하루아침에 얻어진 것이 아님을 알 수 있다. 신란은 이 경험을 통해서 앞으로 간토 지방에서 행해야 할 포교 활동에 새로운 자세와 각오로 임할 수 있게 된 것이다. 그가 공덕을 산출하는 행위로서의 염불을 완전히 청산해 버렸다는 것은 다음과 같은 말을 통해서 분명히 알 수 있다.

나 신란은 부모의 효양을 위해서 단 한 번도 염불을 한 일이 없다. 그 까닭은 일체의 유정有情은 모두 세世를 거듭하여 무수히 태어나는 과정 속에서 모두 나의 부모 형제이기 때문이다. [나는] 다음 생에서 부처가 되어 이들 모두를 구해야만 한다. [염불이 만약] 나 자신의 힘을 통해 애써 [이룩한] 선이라고 할 것 같으면 염불을 회향하여 부모를 구할 것이다. 다만 자력을 버리고 서둘러 깨달음을 얻으면 육도사생六道四生 중 어떤 업고에 빠지든 신통방편神通方便으로써 먼저 연緣이 닿는 사람들을 건네줄 수 있을 것이다.[86]

신란에게는 공덕을 회향한다는 생각은 주제 넘는 일이다. 우리가 산출할 수 있는 공덕이란 아무것도 없기 때문이며 염불도 예외가 아니기 때문이다. 우리가 남을 돕고자 할진대 먼저 우리 스스로 깨달음을 얻어야 한다. 따라서 정토왕생이야말로 각자가 현세에서

---

85 가시하라 가즈오(笠原一男)는 후자만을 강조한다. 그는 신란의 경험이 그로 하여금 순수한 내세주의적 신앙 메시지를 간토 사람들의 세속적 관심과 타협하도록 하는 일종의 유혹을 반영하는 것이었다고 해석한다. 笠原一男, 『眞宗における異端の系譜』(東京: 東京大學出版會, 1962), 124-128 참조

86 『歎異抄』, 『全書』 II, 776.

추구해야 할 최고의 가치인 것이다.

모든 형태의 공덕 지향적 수행을 거부하고 오직 아미타불의 타력에 자신을 맡기는 신심은 신란으로 하여금 주술적 행위나 점술, 또는 현세적 이익을 얻기 위해 신들에게 기도하는 행위도 포기하게 만들었다. 신란은 그러한 행위를 외도外道로 간주한다.

이학異學이라는 것은 성도聖道 · 외도外道를 향하고 [염불 이외에] 여행餘行을 닦고 [아미타불 이외에] 여불餘佛을 염念하고 길일과 양신良辰을 택하고 점이나 제사에 의존하는 사람들이다. 이것은 외도이다. 이들은 오로지 자력에 의존하는 자들이다.[87]

신란은 이러한 외도를 따르는 사람들을 말법 시대의 징조로 개탄한다.

슬프도다, 도속道俗이
양시良時와 길일吉日을 택하고
천신天神과 지기地祇를 숭배하며
점복과 제사에 힘쓴다.[88]
슬프도다, 요즈음
화국和國의 도속이 모두 함께
불교의 위의威儀 아래
천지의 귀신을 숭앙한다.[89]

---

87 『一念多念文意』, 『全書』 II, 613.
88 『正像末和讚』, 『全書』 II, 528.

주술적 행위나 제신諸神 신앙을 배척하고 거기서부터 얻고자 하는 모든 현세적 이익을 거부하고 오로지 초세간적 해탈만을 강조하는 신란의 순수한 신앙은 간토 지방에서 그의 전교 활동을 어렵게 만들었을지도 모른다. 사실 이 문제는 진종 교단의 역사에서 가장 중요한 문제 중 하나로 남게 되었다.

그러나 바로 이러한 순수한 초세간적 구원의 메시지야말로 신란 당시에 더 깊은 종교적 욕구에 눈뜨고 있던 재가 신도들에게 강한 호소력을 갖는 요소일지도 모른다. 특히 간토 지방의 상인들은 마치 석가모니불의 재세시在世時처럼 사회·경제적 힘이 신장되고 있었으며 그들의 종교적 욕구 또한 과거의 수동적 재가자의 역할로는 충족되기 어려웠다.[90] 신란이 전한 메시지는 적어도 미래의 초세간적 구원에 관한 한 승속의 구별이나 사회적 신분의 차별 없이 모든 신자가 평등했던 것이다.

외도外道의 금지는 결코 단순히 부정적인 가르침이 아니었다. 그 배후에는 부처든 신이든 아미타불을 능가할 존재는 없으며 염불을 능가하는 행위는 없다는 적극적인 확신이 깔려 있었던 것이다. 『탄이초』에 나오는 말을 들어보자.

염불자는 무애無碍의 일도一道를 걷는다. 그 이유가 무엇인가 하면, 신심의 행자에게는 천신天神·지기地祇도 경복敬伏하며 마계 외도도 장애가 되는 일이 없다. 죄업도 업보를 초래할 수 없으며 제선諸善도 [염불에는] 미치지 못하기 때문이다.[91]

---

89 『正像末和讚』, 『全書』 II, 528.
90 이 문제에 관해서는 赤松俊秀, 『親鸞』, 173-184 참조.

이와 같이 신란은 염불행자들의 마음에 엄청난 자긍심을 심어 주었으며, 주술을 피하고 제신 숭배를 무시함으로써 초래될지도 모를 해악에 대한 두려움과 불안으로부터 그들을 해방시키고자 하였다. 이 자긍심은 결국 아미타불의 본원을 믿는 확고한 신앙에 근거한 삶에 대한 자신감에서 오는 것이었다. 신란이 전파한 철저한 아미타불 위주의 타력신앙은 세계로부터 보이지 않는 힘들의 활동을 추방함으로써—적어도 심리적으로 신자들의 마음으로부터—세계를 어느 정도 탈성화(desacralize)시키는 결과를 초래했다고 해도 좋을 것이다.

이러한 맥락에서 우리는 신란이 신심으로부터 오는 열 가지 '현세 이익' 곧 신자가 현세에서 얻는 이익을 언급하고 있다는 사실에 주목하지 않으면 안 된다. 이 가운데는 '보이지 않는 힘들에 의해 보호되고 받들어지는 이익'(冥衆護持益), '악을 바꾸어 선을 이루는 이익'(轉惡成善益), '모든 부처님에 의해 보호받고 돌봄을 받는 이익'(諸佛護念益) 등이 포함되어 있다.[92] 여기서 알 수 있듯이, 신란은 천신이나 지신 등 보이지 않는 힘들(冥衆)의 존재 자체를 부인한 것 같지는 않다. 따라서 그가 세계를 철저히 탈성화시켰다고는 할 수 없다.

그러나 그는 그러한 힘들이 염불을 방해할 수 없으며, 그들로부터 올지 모를 온갖 현세 이익은 이미 염불 자체에 포함되어 있다고 가르쳤다. 그런 힘들을 숭배하는 것은 구원의 유일한 원천인 아미타

---

91 『全書』II, 777. 赤松俊秀·笠原一男 篇, 『眞宗史槪說』(京都: 平樂寺書店, 1963), 56-57도 참조

92 『敎行信證』, 『全書』II, 72. 신란은 『현세이익화찬(現世利益和讚)』이라는 짧은 글도 지었는데, 현세이익 가운데는 재앙이 그치고 수명이 연장된다는 등 보다 물질적인 이익들도 언급되고 있다. 『淨土和讚』, 『全書』II, 497-500.

불의 본원을 배반하거나 의심하는 행위나 마찬가지이기 때문에 금지되지 않으면 안 되는 것이다. 그러나 우리는 신란의 순수 타력신앙도 현세 이익에 대한 신자들의 관심을 전적으로 도외시할 수는 없었으며 어느 정도 수용할 수밖에 없었다는 사실도 확인하게 된다.

여하튼 불교가 바다를 건너 일본에 온 후로 줄곧 토착적인 신도神道의 현세 기복적 신앙과 습합되어 왔다는 사실에 비추어 볼 때, 신란이 그러한 혼합적 신앙과 행위를 단호히 금했다는 사실이 지닌 의의는 높이 평가하지 않을 수 없다. 조금 지나친 말이 될지는 몰라도, 석가모니불 이래 불교 역사상 처음으로 재가 신도에게 초세간적 해탈의 길이 아무런 타협 없이 제시되었다고까지 평할 수 있다. 다만 신란이 가르친 이 초세간적 해탈의 길은 약 1,700여 년 전 석가모니불이 전했던 길과는 상당한 거리가 있었던 것이다.

신란의 사상은 간토 지방에서 더욱 확고한 형태를 취하게 되었다. 이 점은 그의 가장 중요하고 체계적인 저술인 『교행신증』이 그곳에서 지어졌다는 사실이 말해 주고 있다. 신란이 『교행신증』을 완성한 정확한 해는 아직 논란의 대상이지만, 한 가지 사실만은 확실하다. 즉, 늦어도 그가 52세 되던 해인 1224년에 이나타(稻田) 지방에서 초고본을 완성했다는 사실이다. 그리고 이 초고본에 있는 내용이 대체로 그가 간토에서 신자들에게 전한 사상이라고 보아 별 무리가 없다.[93] 우리는 다음과 같은 서문의 말에서 신란이 이 책을 찬술할 때 지녔던 마음가짐의 일단을 엿볼 수 있다.

---

93 Dobbins, *Jōdo Shinshū*, 31. 『교행신증』의 찬술과 구조, 주요 내용에 대한 도빈스의 설명도 참조. 같은 책, 31-38.

그런즉 이것은 범부나 보잘것없는 자들이 쉽게 닦을 수 있는 참다운 가르침이며, 우둔한 자들이 쉽게 갈 수 있는 지름길이다. 대성大聖[석가모니]께서 가르치신 일대교一代敎 가운데서 어느 것도 이 덕의 바다와 같지 못하다. 더러움을 버리고 깨끗함을 흠모하는 자, 수행에 길을 잃거나 믿음에 미혹된 자, 마음이 혼미하고 아는 것이 적은 자, 악이 중하고 장애가 많은 자는 특히 여래의 권고를 우러러보아 필히 가장 뛰어나고 곧바른 길에 귀의하고 오로지 이 수행을 받들며 오로지 이 믿음을 숭앙할지어다.94

그러고는 책의 말미에서 신란은 넘치는 감사와 기쁨을 다음과 같이 표출하고 있다.

기쁘도다, 마음은 홍서弘誓의 불지佛地에 심고 생각은 난사難思의 법해法海에 띄운다. 여래의 긍애矜哀를 깊이 깨달으며 스승의 가르침의 두터운 은혜를 우러러본다. 기쁨은 더욱 지극해지고 지극한 효성은 더욱 중해진다. 이에 진종의 핵심을 발췌하여 정토의 요점을 모아 놓았다. 오직 부처님의 은혜만 생각할 뿐 사람들의 조롱은 부끄러워하지 않노라. 이 책을 보고 듣는 자, 믿고 따르는 것이 원인이 되든지, 또는 의심하고 비방하는 것이 계기가 되든지, 원력願力에 신락이 빛나며 안양安養에 [깨달음의] 묘과妙果가 드러나기를…95

신란은 『교행신증』 초고본을 완성한 후에도 계속해서 손질을 했다. 그것이 오늘날 우리에게 전해지고 있는 형태를 갖추게 된 것

---

94 『教行信證』, 『全書』 II, 1.

95 『全書』 II, 203.

은 늦어도 1247년 이전으로 추정된다. 왜냐하면 신란은 그해에 자기 제자에게 그 책을 서사하도록 허락했기 때문이다. 그의 나이 75세였으니, 이미 간토를 떠나 교토로 돌아온 지 한참 후였다.

비록 이 책이 기본적으로는 신란 자신의 글보다는 정토제가淨土諸家의 저술 가운데서 요긴하다고 판단되는 글들을 발췌하여 자신의 설명 내지 논평을 곁들여 엮은 것이지만, 우리는 거기서 간간이 인간 신란의 생생한 목소리를 들을 수 있다. 거기에는 한편으로는 아미타불의 은혜에 대한 무한한 감격과 감사, 넘치는 희열과 승리감이 있는가 하면, 다른 한편으로는 자신의 죄악에 대한 한없는 좌절과 절망이 숨김없이 표현되어 있다. 신권信卷에 나오는 다음 구절은 가장 좋은 예이다.

> 진실로 아노니, 슬프도다. 구토쿠 신란, 애욕의 넓은 바다에 침몰하고 명리의 거대한 산에 미혹되어 정정취正定聚의 무리에 든 것을 기뻐하지도 않고 참다운 깨달음을 깨닫는 데에 가까워짐을 즐거워하지도 않으니, 수치스럽고 애처롭구나.[96]

신란의 신앙생활에서 기쁨과 절망감은 동전의 양면처럼 떼려야 뗄 수 없는 관계를 지니고 있었다. 아미타불의 한없는 자비를 의식하면 할수록 그는 끝없는 자신의 죄악의 깊이를 의식하지 않을 수 없었으며, 자신의 숙명적 죄악성을 의식하면 할수록 그는 아미

---

96 『全書』 II, 80. 정정취(正定聚)는 진종에서 반드시 깨달음을 얻게끔 되어 있는 무리를 가리키는 말로서 사정취(邪定聚)나 부정취(不定聚)와 구별되는 말이다. 제3장에서 더 자세히 고찰할 것이다.

타불의 은총에 기뻐하지 않을 수 없었던 것이다. 신란은 평생을 이 두 상반되는 감정이 교차하는 가운데서 살았던 것 같다. 앞으로 고찰하겠지만, 신란에게는 우리가 아직 이 현세의 예토穢土에 몸담고 있는 한 구원이란 불가피하게 슬픔 가운데서의 기쁨, 절망 가운데서의 희망으로밖에는 경험될 수 없는 성질의 것이다. 이것이 그가 말한 "번뇌를 떠남이 없이 열반을 경험한다"는 것의 뜻이다.

교토로 돌아오다

신란은 1235년경 교토로 돌아왔다. 그때는 가마쿠라 막부가 염불행자들이 여자들과 불미스러운 짓을 하고 술을 마시며 고기를 먹는 등 부도덕한 일을 서슴지 않는다고 하여 가혹하게 탄압했던 시기였다.[97] 막부는 그들에게 추방령을 내려 가마쿠라에서 떠나게 했고 그들의 집을 파괴했다. 그들에게 제기된 비난이 전혀 터무니없는 것은 아니었다. 왜냐하면 신란이 세운 공동체에도 아무리 악한 일을 행해도 아미타불이 악인을 구하고자 발한 본원의 힘을 막을 만한 것은 없다고 하여 고의적으로 부도덕한 행위를 일삼는 사람들이 있었기 때문이다. 이것이 이른바 '본원 뽐내기'(本願誇り[혼간보코리])이다. 사실 신란의 가르침이 그와 같은 반도덕적 왜곡을 초래할 만한 요소를 가지고 있다는 점은 부인하기 어렵다. 예를 들어 『탄이초』에는 다음과 같은 말이 있다.

---

97 나는 신란이 교토로 돌아오는 시기와 이유에 관해서 赤松俊秀, 『親鸞』, 251-254을 따른다.

그런즉 본원을 믿는 데는 다른 선은 필요하지 않다. 염불을 능가하는 선은 없기 때문이다. 악도 두려워해서는 안 된다. 미타의 본원을 방해할 정도의 악은 없기 때문이다.[98]

그러나 염불행자들을 핍박하는 데는 이러한 도덕적 방종 외에 더 깊은 이유가 있었다. 보다 근본적인 이유는 신란의 공동체들이 농부를 중심으로 한 자발적 조직체를 형성하여 기존의 불교 사찰이나 신도 사원뿐만 아니라 지방의 관권에까지 위협적 요소로 등장하고 있었다는 점이다. 그들은 이전에는 알지 못했던 종교적 자유와 평등주의적 신앙 메시지에 고무된 자신감을 가지고서 더 이상 당국자들에게 맹목적으로 복종하지는 않았다. 그들 가운데 몇몇은 전통적으로 부과된 도덕적 금기들을 무시할 정도로 대담성을 보였던 것이다.[99]

간토를 떠나기로 한 신란의 결정이 만약 이러한 핍박에 관계된 것이었다면 그것은 신란이 핍박 자체가 두려워서라기보다는 자신의 가르침을 고의적으로 왜곡하여 부도덕한 삶에 탐닉하는 잘못된 제자들 때문이었을지 모른다. 60대 초반에 들어선 신란으로서 많은 가능성 못지않게 문제점들을 지닌 채 번창하고 있던 신앙공동체들을 지도하는 일은 그리 쉬운 일은 아니었을 것이다. 교토 이주는 어쩌면 그로서는 일종의 은퇴나 다름없었다. 그렇다고 그가 간토를 떠난 후 제자들과 아주 관계를 끊었다는 것은 아니다. 그러기는커녕 간토의 제자들은 계속해서 그를 방문하여 신앙의 중요한 문제

---

98 『全書』 II, 773.

99 赤松俊秀 · 笠原一男 篇, 『眞宗史槪說』, 60-63.

들에 대해 자문을 구하고 가르침을 받았다. 예를 들어, 신란은 이러한 제자들의 방문을 다음과 같이 말하고 있다.

> 그대들이 각각 십여 개국의 경계를 넘어 신명을 돌아보지 않고 나를 찾아 준 뜻은 오직 왕생극락의 길을 묻기 위해서이다. 그러나 내가 염불 외에 왕생의 길을 알고 있다거나 또는 법문 등을 안다고 생각하면 그리고 나에게 무언가 깊은 것이 있다고 생각한다면 그것은 큰 잘못이다. 만약 그렇다면 남도南都와 북령北嶺에도 뛰어난 학자들이 많이 있은즉 그 사람들을 만나서 왕생의 요要를 잘 물어보아야 한다. 신란으로서는 단지 염불하여 미타에 의해 구원받는다고 하신 좋으신 분[호넨]의 가르침을 받아 믿는 것 외에는 별것이 없다.[100]

간토의 제자들은 또한 서신을 통해서 신란과 통교했다. 서신 속에서 그들은 자기들이 존경해 마지않는 스승에 대한 변함없는 애정과 충성심을 보였으며 중요한 교리적 문제에 관해 그의 권위 있는 가르침을 구했다. 신란 역시 답신을 통해 그들에 대한 따듯한 관심을 표시하고 교리적 문제들에 대해 그의 단호한 입장을 천명했다.

지금까지 전해지는 43편에 달하는 그의 서간문은 신란 개인의 인격과 신앙뿐만 아니라 그 제자들의 신앙생활에 관해서도 중요한 정보를 제공해 주는 귀중한 원천이 되고 있다. 아카마츠 도시히데는 이 서신들의 의의를 다음과 같이 말한다.

---

100 『全集』 II, 773-774.

나중에 씌어진 37개의 서신은 모두 제자들에게 보낸 것이다. 신란과 제자들 사이에 위치해 있던 도량의 지도자들은 그에게 교리상의 불분명한 점들을 묻거나 긴박한 사회적 관계들에 대해 보고했다. 신란은 그들의 가르침에 대한 요구에 응하여 부드럽게 가르쳐 주었다. 이 서신들은 신란의 근본적인 종교 사상을 분명하고 구체적으로 서술해 주고 있다. 그것들을 통해서 지도자들과 제자들의 신앙의 성격이 그들이 바라는 대로 해명되었다. 신란의 종교를 교리 또는 하나의 체계와 전통으로 알기 위해서는 『교행신증』을 연구하는 것이 좋다. 그것을 한마디로 알기 위해서는 『탄이초』를 계속해서 읽어도 된다. 그러나 절대 타력의 복음이 그것을 받아들인 자들에게 어떤 역작용을 초래했는지를 알고 그것이 신란의 행위와 사상에 어떤 영향을 주었는지를 알기 위해서는, 다시 말해 신란 종교의 성격을 역사적·사회적으로 분명히 하기 위해서는 무엇보다도 그의 서신들을 연구해야만 한다.[101]

신란의 서신들은 그의 제자들이 비록 불교 교리에 대한 전문적인 훈련이 없었음에도 불구하고 신란의 미묘하고 심오한 그리고 때로는 대담하고 파격적인 가르침을 놀라울 정도로 잘 이해하고 있었음을 보여 주고 있다. 물론 어떤 가르침은 큰 논란을 불러일으키기도 했다. 예를 들어 신란은 그들의 신심과 왕생이 일단 확정되면─이 개념에 대해서는 제3장에서 다룰 것이다─ 다음 생에서 깨달음을 얻을 것이 확실한 존재들이기 때문에 그들은 실제로 미륵불과 동등한 자라는 놀라운 가르침을 주었다. 이러한 믿기 어려울 정도의 대담한 가르침이 신란의 제자들 사이에 상당한 혼란을 야

---

101 Bloom, "The Life of Shinran Shonin," 39에서 재인용.

기한 것은 결코 놀랄 일이 아니다. 이 문제는 신란과 제자들이 주고 받은 서간에서 가장 많이 논의된 문제 중 하나였다. 신란의 서신들은 오직 아미타불의 본원으로만 구원받는다는 메시지가 그가 미처 예견하지 못했던 많은 심각한 오해와 문제점을 낳기는 했어도 출가승과 재가자 사이의 장벽을 허무는 데 상당히 성공적이었음을 보여 주고 있다.

간간이 간토의 제자들에게서 오는 물질적 도움은 신란이 생계를 유지하는 데 큰 도움을 주었던 것으로 보이며, 이것이 또한 그가 간토를 떠난 이후에도 그곳에 있는 신앙공동체들에 대해 지속적인 관심을 가지게 된 이유 중 하나였을 것이다. 신란은 이 공동체들에서 일어나는 일들을 비교적 소상히 알고 있었을 뿐만 아니라 필요하면 직접 개입하여 문제를 해결하기도 했다. 그 가장 유명한 예는 1256년 자기 아들 젠란(善鸞)과 부자의 연을 끊는 비극적인 사건이었다.[102] 신란 생애의 말년에 일어난 이 충격적인 사건을 이해하려면, 신란이 간토에 있을 당시부터 공동체들을 괴롭혀 왔던 몇 가지 심각한 문제들에 눈을 돌려야 한다. 이 문제들은 신란이 떠난 후 더욱 악화되어 드디어는 가마쿠라 막부가 개입하여 재판할 정도였다.

특히 두 가지 문제가 신란 공동체들의 골칫거리였다. 하나는 앞에서 간단히 언급했던 반도덕주의적 성향이며, 다른 하나는 신도들 가운데 일부가 신도神道의 신들을 비방하고 아미타불 이외의 다른 부처들을 헐뜯는 일이었다.

전자는 인간의 구원이 도덕적 공과에 상관없이 순전히 아미타

---

102 이 충격적인 사건을 둘러싼 당시 상황에 대한 논의는 赤松俊秀, 『親鸞』, 281-306에 주로 의존했다.

불의 본원에 의한 것이므로 마음대로 죄를 지어도 구원에 아무런 장애가 되지 않는다는 이른바 '본원本願 뽐내기'에 근거한 것이었다. 신란은 그의 서신에서 정토 신앙에 대한 이와 같은 왜곡된 해석을 누누이 경계했다. 그는 진정으로 정토를 사모하는 자는 결코 감각적 탐닉을 일삼는 부도덕한 행동을 하지 않을 것이며 해독제가 있다 하여 마음대로 독약을 먹어서는 안 된다고 지적했다.

전통적으로 숭배해온 신도의 신들이나 다른 부처에 대한 비방 역시 어느 정도는 신란이 가르친 배타주의적 신앙에 기인하는 것으로, 지방의 당국자들과 밀접히 연계되어 있던 기성 종교 집단들과 상당한 마찰을 자아낼 수밖에 없었다. 소수이기는 하지만 신란의 추종자들 가운데는 이러한 반사회적 행동을 서슴지 않은 사람들이 있었으며, 이러한 과격한 행동은 결국 막부의 개입을 초래하여 법정에서 문제를 해결해야 할 형편에 이르게 되었다. 신란의 서신에 의하면, 그의 제자 가운데 하나인 쇼신(性信)은 법정에서 막부에 대해 염불행자들을 옹호해야만 했다. 그는 염불을 행하는 것은 '조가朝家를 위하고 국민을 위해서'라고 주장했다. 신란은 쇼신의 이러한 변호를 칭찬하며 "세상이 평온하고 불법이 퍼지기 위하여" 부처님에 대한 보은의 행위로 염불을 하는 것은 좋은 일이라고 했다.[103]

비록 재판이 신란의 공동체들에게 유리하게 끝났지만, 문제들은 사라지지 않고 계속해서 공동체들을 괴롭혔다. 우리는 신란의 아들 젠란이 언제 무슨 이유로 간토에 가게 되었는지 확실히 알 수는 없으나, 아마도 신란이 그를 간토에 보내 이러한 문제들을 해결하려고 했던 것으로 보인다. 그러나 불행하게도 젠란은 이와 같은

---

103 赤松俊秀, 『親鸞』, 286-288.

중대한 사명을 감당할 만한 사람이 못 되었다. 그는 간토의 신앙공동체들이 당면하고 있는 문제들을 해결하기는커녕 강압적인 태도와 공동체들을 지배하려는 개인적인 야심으로 사태를 더욱 악화시켰다.[104]

신란은 간토의 제자들이 보낸 서신을 통해 자기 아들이 임무를 잘 수행하지 못하고 오히려 배신적 행위를 했다는 사실을 알게 되자 젠란과 쇼신에게 서신을 보내 아들과 연을 끊겠다고 통보했다. 당시 그의 나이가 84세였던 점을 감안하면 이러한 극단적 조처를 취하며 겪었을 신란의 정신적 고통을 상상하기 어렵지 않다. 그러나 그만큼 신앙의 문제를 대하는 신란의 태도는 강렬하고 진지했으며 신앙공동체를 향한 그의 애정 또한 그만큼 강했던 것이다. 폭풍이 지나간 후 간토의 공동체들은 신란의 마지막 서신들이 보여주듯 어느 정도 평온을 되찾았으며 계속해서 번창했다.[105]

신란의 추종자들이 보인 반사회적 행동과 이로 인한 막부의 개입은 신란에게 매우 민감하고 어려운 문제를 제기했다. 대체로 신란은 염불 집단을 향한 당국자들의 불공정한 처사에 비판적이었고, 다른 한편으로는 잘못에 책임이 있는 자들은 벌을 받는 것이 마땅하다고 생각했다. 불의한 핍박을 받는다고 해도 신란은 신자들에게 당국자들을 비판하지 말고 그들도 구원에 이르도록 동정을 가지고 그들을 위해 염불할 것을 가르쳤다.[106] 그는 또한 말법 시대에

---

104 가사하라 가즈오는 신란이 공동체들을 자기 수하에 넣기 위해, 당시 기성 불교와 신도(神道)의 이익을 대변하면서 염불행자들 일부에서 나타난 반도덕주의적인 행위를 염불 운동 전체를 탄압하는 구실로 삼고 있던 당국자들과 손을 잡았다고 지적한다. 笠原一男, 『眞宗における異端の系譜』, 34-36.

105 Bloom, "The Life of Shinran Shonin," 53.

는 핍박이 당연한 것이기에 신자들이 감수해야 하며, 견딜 수 없을 정도로 가혹한 핍박이 일어날 경우에는 피하여 다른 곳으로 가도록 가르쳤다.[107]

교토로 돌아온 후 신란이 시간과 정력을 가장 많이 쏟았던 일은 간토에 남겨 둔 신자들을 돌보는 행위보다는 지칠 줄 모르는 저술 행위였을 것이다. 『교행신증』이 지금과 같은 형태로 완성된 것은 교토에서였고, 그의 저서 대부분이 놀랍게도 70·80대의 고령에 교토에서 쓰인 것들이다.[108]

1248년 『정토화찬淨土和讚』, 『고승화찬高僧和讚』

1250년 『유신초문의唯信抄文意』

1251년 『말등초末燈鈔』(1333년 편찬). 가장 이른 신란의 서신

1252년 『정토문류취초淨土文類聚鈔』

1255년 『존호진상명문尊號眞像銘文』, 『정토삼경왕생문류淨土三經往生文類』, 『구토쿠초』(愚禿鈔), 『황태자쇼토쿠봉찬』(皇太子聖德奉讚)

1256년 『입출이문게송入出二門偈頌』

1257년 『서방지남초西方指南抄』, 『일념다념문의一念多念文意』, 『대일본국율산왕쇼토쿠태자봉찬』(大日本國栗散王聖德太子奉讚), 『여래이중회향如來二重廻向』

1258년 『정상말화찬正像末和讚』, 『자연법이초自然法爾抄』

1260년 『미타여래명호덕彌陀如來名號德』[109]

---

106 赤松俊秀 · 笠原一男 篇, 『眞宗史槪說』, 63-65; Bloom, "The Life of Shinran Shonin," 57.

107 赤松俊秀 · 笠原一男 篇, 『眞宗史槪說』, 65.

108 본문의 저술 목록은 Ueda and Hirota, *Shinran*, 322-324에서 재인용.

109 이때 신란은 88세였다.

신란은 삶의 마지막 날들을 동생이자 천태종 승려였던 젠호보(善法坊) 진우(尋有)와 함께 보냈으며 과부였던 딸 가쿠신니(覺信尼)의 돌봄을 받았다. 그는 입적하기 전 가난한 자기 딸을 많이 걱정했으며 간토의 제자들에게 서신을 보내 자기가 죽은 후에도 딸을 돌보아 줄 것을 청했다.[110] 그의 아내 에신니(惠信尼)는 무슨 이유인지는 모르나 당시 에치고쿠니(신란의 유배지이자 에신니의 고향)에 살고 있다가 가쿠신니에게 신란의 죽음을 통보 받았다. 화장을 한 후 그의 유골은 교토 히가시야마(東山)에 있는 오타니(大谷)에 묻혔으며 그곳에 묘당廟堂을 세웠다. 이 묘당은 가쿠신니가 관리하다가 그녀가 죽은 후 모든 신도의 공동 소유로 되었으며 가쿠신니의 손자 가쿠뇨(覺如, 1270~1351)에 의해 혼간지(本願寺)라는 사찰로 바뀌어 오늘에 이르기까지 진종의 본거지가 되고 있다.

1295년 가쿠뇨가 펴낸 신란에 대한 가장 오래된 전기인『신란전회親鸞傳繪』는 신란의 마지막 날들을 다음과 같이 묘사하고 있다.

성인은 코쵸(弘長) 2년(1262) 중동仲冬 하순경부터 약간 불편한 기운을 보이기 시작했다. 그 후 그는 입에 세상사를 담지 않으셨고 불은佛恩의 깊이만을 말씀하셨다. 그의 목소리는 다른 말은 하지 않으셨고 오직 부처님의 이름만 끊임없이 부르셨다. 그러다가 같은 달 제 이십팔일 정오에 머리를 북쪽으로 두시고 얼굴은 서쪽을 향해 오른쪽으로 누우셔서 마침내 염불의 숨을 거두셨다. 그때 노령 구순九旬을 꽉 채우셨다. … 수도의 히가시야마 서쪽 기슭 도리베노(鳥部野)의 남쪽 엔인지(延仁寺)에서 화장을 했다. 유골을 추려서 같은 산기슭 도리베노 북쪽 오타니에 묻었다. 그의 임

---

110 이 문제에 관한 아카마츠 도시히데의 논의 참조. 赤松俊秀,『親鸞』, 328-345.

종에 있던 제자들, 그의 가르침을 받았던 나이 많은 사람이나 젊은이들은 각기 [성인] 재세시의 옛날을 회상하고 돌아가신 후의 지금을 슬퍼하면서 연모의 눈물을 흘리지 않는 자가 없었다.[111]

일생을 통해 번뇌구족의 범부 이상이 되지 못하는 자신의 모습에 절망하던 한 인간 그러나 바로 이러한 절망으로부터 죄악심중한 자신을 있는 그대로 받아 주는 새로운 구원의 길을 깨달은 한 인간 신란의 삶은 이렇게 끝났다.

---

111 赤松俊秀, 『親鸞』, 342; 『全集』 III, 653.

제3장

신심信心

우리는 제2장에서 신란의 정토 구원론이 지니는 가장 혁신적인 면은 그가 염불을 '비행非行' · '비선非善' · '비회향非廻向'으로 이해하는 데 있었음을 보았다. 인간의 죄악성에 대한 깊은 자각을 통해 신란은 아무리 쉬운 수행이라 할지라도 인간이 스스로의 구원을 위해 할 수 있는 행위는 아무것도 없다는 결론에 이르렀다.

신란에게 염불이란 인간의 구원을 위한 또 하나의 조건이 아니었다. 만약 염불이 또 하나의 조건이라면 그것은 다른 어떤 수행과 마찬가지로 어려울 것이며, 성도문에서 요구하는 전통적인 수행을 해야 하는 경우와 마찬가지로 인간은 절망에 빠질 수밖에 없다. 신란은 인간 심리에 대한 예리한 통찰을 통해 염불이라는 '이행易行'에 또 다른 형태의 자력이 도사리고 있음을 간파했던 것이다. 구원은 결코 믿지 못할 우리 자신의 수행이나 불순한 행위에 의존해서는 안 된다는 것이다.

신란에 의하면 구원은 이미 주어져 있는 것이며, 단지 신심信心과 감사의 마음으로 받아들여야 할 선물이지 결코 우리의 어떤 행위에 의해 보장될 수 있는 것이 아니다. 이것은 아미타불에 의해 선택된 염불의 이행이라 해도 마찬가지이다. 우리의 구원을 가능하게 하는 것은 염불행 그 자체가 아니라 본원에 나타난 아미타불의 무한한 지혜와 자비이다. 우리가 해야 할 일은 단지 이 같은 사실을 인정하고 기쁨으로 본원에 자신을 맡기는 일뿐이다. 그러므로 신란은 신심이야말로 정토왕생의 정인正因이라고 한다.

물론 신란은 호넨의 충실한 제자였기에 염불이 정토왕생의 정인이라고도 말한다. 그러나 신란이 이해하는 염불은 정토왕생을 위해 우리가 회향하는 공덕으로서의 염불이 아니다. 염불의 중요성을 강조하는 정토가들의 문구들을 인용한 후 신란은 『교행신증』에서 다음과 같이 결론짓는다.

우리는 염불이 범부나 성인이 자력으로 하는 행이 아님을 분명히 안다. 그런고로 그것을 불회향지행不廻向之行이라고 부르는 것이다. 대승과 소승의 성인들이나 중하고 가벼운 [죄업의] 악인들 모두 하나같이 선택된 본원의 커다란 보배의 바다에 귀의하여 염불을 통해 성불해야만 한다.[1]

신란에게 신심과 염불은 불가분의 관계를 지닌 것으로, 하나를 생각하면 다른 하나도 생각할 수밖에 없다. 둘 다 아미타불의 본원에 근거하고 있기 때문이다. 양자의 불가분성을 설명하면서 신란은 그의 서신에서 다음과 같이 말하고 있다.

당신이 제기한 문제에 관해서 말하자면, 신信의 일념一念과 행行의 일념은 둘이지만 신을 떠난 행은 없고 행의 일념을 떠난 신의 일념도 없다. 그 까

---

1 『教行信證』, 『全集』 II, 33.

닦은 행이라는 것은 본원의 명호를 일성一聲 창唱하여 왕생한다 함을 듣고서 일성 창하든지 또는 십념十念을 하는 것이기 때문이다. 이 원을 듣고 조금도 의심하는 마음이 없는 것이 신의 일념이라면 신과 행이 둘이라 해도 [신이란 행을 일성하여 [왕생한다는 사실을] 듣고 의심하지 않는 것이기에 행을 떠난 신은 없다는 것이 내가 받은 가르침이다. 또 신을 떠난 행도 없다는 것을 알아야 한다. 둘 다 아미타의 원이라는 것을 이해해야 한다. 행과 신이라는 것은 원이 나타나는 것이다.2

이 구절은 언뜻 신심과 염불행의 불가분리성 또는 등가성을 강조하는 것처럼 보이지만 사실은 그 마지막 문장, 즉 "행과 신이라는 것은 원이 나타나는 것이다"라는 말은 결국 신의 우선성을 말하고 있는 셈이다. 왜냐하면 염불이 원의 나타남이라는 것을 신을 떠나서 어떻게 알겠으며, 어떻게 염불을 우리의 행이 아닌 '대행大行'으로서 할 수 있겠는가?

신란에게 신심 없는 염불은 참된 염불이 될 수 없다. 신심은 염불의 진수요 핵심이다. 우리는 신란이 이해하는 신심과 염불의 관계를 다음과 같이 표현할 수도 있다. 즉, 신심은 반드시 염불의 행으로 나타나기 때문에 그 안에 염불을 포섭하지만 염불행은 반드시 신심을 수반하는 것은 아니라는 뜻에서 신심은 염불에 우선한다. 실제로 신란은 염불이 신심 속에 포섭됨을 암시하는 듯한 말을 한다. 예를 들어 신란은 "이 염불왕생의 원을 전심으로 믿어 의심이 없는 것을 [염불의] 일향전수一向專修라고 한다"라고 말한다.3

---

2 『末燈鈔』, 『全集』 II, 672.

3 『末燈鈔』, 『全集』 II, 693.

하지만 이것은 신란이 외적으로 드러나는 행위로서의 염불이 필요 없다거나 하지 않아도 무방하다고 생각했다는 뜻은 아니다. 반대로, 신심은 반드시 염불행으로 이어져야만 하고 그럴 수밖에 없다. 염불은 신심의 깊은 곳으로부터 자연스러운 표현 또는 표출로서 흘러나온다고 신란은 생각했다. 따라서 신란은 신심은 반드시 염불을 수반하지만, 염불은 반드시 신심을 수반하는 것이 아니라고 말한다.[4]

신란이 『교행신증』에서 아미타불의 48원 가운데서 가장 중요한 원인 제18원을 행권行卷이 아니라 신권信卷에 배치하고 있다는 사실은 매우 의미심장하다. 그에 의해 이 원에 붙여진 다섯 가지 이름 가운데서 둘—염불왕생지원念佛往生之願(선도), 선택본원選擇本願(호넨) —은 호넨이나 선도로부터 전수 받은 전통적인 이름이다. 선도나 호넨에 의하면 이 제18원의 핵심은 어디까지나 중생의 정토왕생 조건인 염불행에 있다. 비록 그들이 아미타불의 원 자체나 신심을 도외시한 것은 결코 아니지만 염불이야말로 제18원의 핵심이다. 그러나 신란에서는 초점이 신심, 즉 그 원에 언급되고 있는 삼심三心에 모아진다. 따라서 신란이 부여한 나머지 세 이름은 본원삼심지원本願三心之願 · 지심신락지원至心信樂之願 · 왕상신심지원往相信心之願[5]이라 하여 모두 신심을 강조하고 있다.

그러나 이렇게 초점을 겉으로 드러난 염불행에서 보이지 않는 내면적 신앙으로 옮김으로써 신란의 구원론은 깊이와 미묘함을 더하는 것은 사실이나 다른 한편으로는 호넨의 구원론과는 전혀 다

---

4 『教行信證』, 『全集』 II, 68.

5 『教行信證』, 『全集』 II, 48.

른 문제들을 낳게 된다. 이제 신심은 무엇이며, 어떻게 발생하며, 어떻게 그것을 알 수 있으며, 그 자체가 또 하나의 왕생의 조건은 아닌지, 우리의 삶과 행위는 관계없이 신심만이 왕생의 유일한 길인지 그리고 그것이 현세의 삶에 가져다주는 실제 이익은 무엇인지 하는 것들이 중요한 문제로 등장하게 되는 것이다.

신심에 대한 신란의 개념을 논할 때 우리는 무엇보다도 신란이 이해하는 신심이 다양한 측면과 차원을 지니고 있음에 유의해야 한다. 비록 이러한 측면들이 상호 밀접하게 연결되어 있으며 신란 자신은 그것들은 세밀하게 구별하지 않고 함께 논하고 있지만—따라서 우리가 '신심'이라는 하나의 단어를 사용하는 것은 정당한 일이다6— 신란 사상에서 결정적으로 중요한 위치를 점하고 있는 이 개념을 정확하게 이해하기 위해서는 그 다양한 측면을 세밀하게 분석적으로 고찰하는 노력이 필요하다. 그렇지 않으면 신심에 대한 일방적이고 왜곡된 이해를 갖기 쉬우며 불필요한 혼란이나 신비화를 초래할 수 있다.

앞으로 살펴보겠지만 신란에게는 신심도 아미타불의 선물이다. '대행大行'으로서의 진정한 염불행이 오직 아미타불에 의해 주어지듯, 신심 역시 우리의 부정하고 거짓된 마음의 산물일 수 없다. 행과 신 모두 신란에게는 아미타불에 의해 우리에게 '회향'된 것으로 이해되고 있다. 신심은 아미타불이 그의 진실된 마음을 거짓되고 이기적 욕망으로 가득 찬 우리의 마음에 회향함으로써 생긴다. 그러한 한 신심은 신란에게 확실히 하나의 신비임이 틀림없다. 신심은 그 초월적 기원과 성격 때문에 인간의 가능성과 계산과 이해

---

6 앞으로 살펴보겠지만, 신심은 마음의 상태이자 동시에 믿는 행위를 뜻한다.

를 넘어서는 어떤 것이다. 신심을 정의하려거나 그것을 획득할 수 있는 방법을 규정하려는 것은 아미타불로부터 거저 오는 선물로서의 근본적 성격을 유린하여 또 하나의 자력적 산물로 만들 위험을 안고 있다. 우에다 요시후미는 다음과 같이 말한다.

> 신란은 그의 추종자들에게 "단순히 그대 자신을 여래에게 맡겨라" 또는 "단순히 본원의 힘에 그대 자신을 맡겨라"라고 충고하지만, 그의 저술에는 어떻게 우리가 이것을 해야 하는지에 대해 아무런 가르침이 없으며, 신심의 실현으로 가는 일반적인 과정에 대한 묘사도 없다. 이것은 당연한 일이다. 신심에 도달하기 위해 따라야 할 어떤 행위의 과정이 있다고 할 것 같으면, 신심은 우리의 숙고와 계획에 종속된 우리 자신의 행이 될 것이다. '신락信樂'이 아미타불의 마음이 아니라 우리가 이룩한 또 하나의 의식 상태가 될 것이다.[7]

그렇다면 이것은 신란의 신심 개념에 대한 우리의 모든 논의가 부질없으며 그 신심에 대해 분명한 이해에 도달하려는 모든 노력이 처음부터 포기되어야 한다는 말인가? 결코 그렇지는 않다. 앞의 진술은 타당하기는 하지만 신란의 신심 개념을 불필요하게 신비화할 위험을 안고 있다.[8] 신심이 초월적 기원을 가졌다고 해서 반드시 그

---

7 Ueda and Hirota, *Shinran*, 158.

8 이 진술의 저자들은 신란의 전 저작을 영어로 번역하는 Shin Buddhism Translation Series에 종사하고 있는 사람들로서 그들은 신심을 'faith'으로 번역하지 않고 그 대신 'shinjin'이라고 일본어 발음 그대로 사용하고 있다. 이것은 마치 신심이 너무나 독특하고 신비적이기 때문에 세계 종교에서 일반적으로 사용되는 신앙이라는 보편 개념에 포함될 수 없다는 생각을 나타낸다.

것이 우리의 정신 현상, 즉 의식적이든 무의식적이든 '우리'의 마음 속에 발생하는 현상이 아니라는 말은 아니다. 신심이 아미타불로부터 주어지는 선물이라 해서 반드시 우리 인간의 편에서 할 수 있는 것이 아무것도 없다는 것을 뜻하지는 않는다. 만약 그렇다면 신란은 사람들에게 포교하지도 않았을 것이고 그들을 개종시키지도 않았을 것이며, 회심廻心에 대해서도 말하지 않았을 것이다. 사실 한 곳에서 신란은 아주 분명하게 신심을 '업식業識', 즉 이 생사의 세계에 처해 있는 우리에게 속한 정신적 현상으로 언급하고 있다.[9]

그렇다. 신심에 관계되는 모든 정신적 현상이 궁극적으로는 우리가 관여할 수 없는 어떤 초월적 힘으로부터 오는 것일지 몰라도, 이 현상들은 어디까지나 우리의 마음속에서 일어나는 것이며 어느 정도 우리의 의식에 접근 가능한 현상이라는 사실은 부인할 수 없다. 그렇지 않다면 어떻게 신란이 신심에 대해 그토록 많은 언급을 할 수 있었겠는가? 마치 선사들이 깨달음의 체험이 불가언설적不可言說的임을 강조하면서도 그렇게도 많은 언설로써 그 세계를 이야기했듯이 신란도 신심의 세계에 대해 많은 언설을 남겼다. 그러므로 우리는 신란 자신의 말에 의거하여 신심에 대한 일종의 '현상학적' 기술記述, 즉 그것이 어떤 성격과 종류의 정신적 현상인지를 기술할 수 있다.

다음으로 우리는 신심이 어떻게 발생하는지를 고찰할 수 있다. 여기서도 신심의 초월적 기원이 아니라 그것이 우리 의식의 일부

---

9 『敎行信證』, 『全集』 II, 34. Ryukoku Translation Series에 속한 『교행신증』의 번역자들이 '업식 (業識)'이라는 말을 단지 하나의 은유 정도로 간주하는 것은 매우 의미 있는 현상이다. *The Kyō Gyō Shin Shō: The Teaching, Practice, Faith and Enlightenment* (Kyoto: Ryukoku University Translation Center, 1966; Ryukoku Translation Series V), 56(note 2).

분으로 나타나는 한 현상학적 차원에서 고찰할 수 있다는 것이다. 신란이 이해하고 있는 신심을 놓고서 전에는 없던 신심이 어떤 사람에게 생겼다고 말할 수 있는 한 그리고 그의 신심이 전보다 강해졌다고 말할 수 있는 한, 그 신심은 분명히 하나의 심리 현상으로서 다른 심적 현상과 마찬가지로 발생이나 확정 등 변화와 움직임이 존재하는 것이다.

우리의 해석이 정토진종의 정통 사상에 부합할지는 의문의 여지가 있겠으나, 신심에 관한 신란의 글을 자세히 살펴보면 신심은 초월적 차원에 있지만, 우리가 의식할 수 있는—적어도 신란이 그것에 관해 말할 수 있을 정도의— 어떤 경험적 '과정'을 통해 우리의 현실이 된다는 것이 분명하게 드러난다. 따라서 이러한 신심의 역동성과 과정에 대한 검토는 그것을 탈신비화하고 이른바 '신앙의 서클' 내에 속하지 않는 사람들에게도 어느 정도 접근 가능하게 만드는 데 상당히 기여할 수 있을 것이다.

신심의 신비, 타력으로서의 순수한 은총을 소중히 간직하려는 진종의 뜻은 마땅히 존중되어야 한다. 그러나 신란은 신심을 소수의 사람들에게만 주어지는 어떤 비의적秘儀的 실재로 만드는 일을 누구보다도 반대했을 것이다. 그가 신심에 대해 그렇게 많이 이야기한 것은 결국 다른 사람들도 자기가 체험한 기쁨과 감사를 함께 체험할 수 있도록 하기 위함이었을 것이다.

그러면 이제 신란이 말하는 신심이 어떠한 종류의 정신적 현상인지를 살펴보자.

심적 현상으로서의 신심

정토 삼부경에는 본원을 통해 나타난 아미타불의 중생 구제 활동에 대해 우리가 취할 마음의 자세 또는 신앙을 언급하는 구절들이 많이 있다. 우선 『관무량수경』은 지성심至誠心·심심深心·회향발원심廻向發願心을 말하고 있으며, 『아미타경』은 일심一心을 말하고 있다.[10] 『대무량수경』은 삼종三種의 삼심三心을 들고 있는데, 그중 제18원에 언급된 지심至心·신락信樂·욕생欲生은, 신란에 의하면 중생 구제를 위한 최고의 진리이자 아미타불의 참뜻을 담고 있다. 제18원은 다음과 같다.

만약 제가 부처가 되어서도 시방(十方)의 중생이 지극한 마음(至心)으로 믿고 원해(信樂) 저의 나라에 태어나려고(欲生) 십념十念을 해도 태어날 수 없다면 저는 부처가 되지 않겠습니다. 오역죄인五逆罪人이나 정법正法을 비방하는 사람들은 제외합니다.[11]

신란은 여기에 언급된 세 가지 마음 태도를 다음과 같이 설명한다.

'지심신락至心信樂'이라는 것은 지심은 진실이라는 것이고 진실이라는 것은 여래의 원이 진실함을 말하는 것이니, 이것을 지심이라 한다. 번뇌구족의 중생은 본래부터 진실한 마음이 없고 청정한 마음이 없다. 탁악사견

---

10 제19원은 발보리심(菩提心)·지심발원(至心發願)·욕생아국(欲生我國)의 삼심(三心)을 말하고, 제20원은 계념아국(係念我國)·지심회향(至心廻向)·욕생아국의 삼심을 말한다.
11 『教行信證』, 『全集』 II, 48-49.

濁惡邪見 때문이다. 신락이라는 것은 여래의 본원이 진실임을 두 마음 없이 깊이 믿어 의심하지 않는 것이니, 이것을 신락이라고 한다. 이 지심신락은 곧 시방 중생에게 내[아미타불]의 진실한 서원을 신락하도록 촉구하는 [나의] 원의 지심신락이다. 범부의 자력의 마음에는 없다. '욕생아국欲生我國'이라는 것은 타력의 지심신락의 마음을 가지고서 안락정토에 태어나려고 생각하는 것이다.[12]

이제 이 세 가지 마음을 좀 더 자세히 살펴보자.

1) 지심(至心)

제18원의 문자적 의미와는 달리 신란은 지심至心 또는 지성심을 아미타불이 중생 구제를 위해 원을 발한 마음이라고 해석한다. '지至'라는 말을 진실이라고 새기면서 그는 이것이 아미타불의 원이 지니는 성품이지 번뇌구족의 중생, 진실한 마음과 청정한 마음이란 조금도 없는 중생의 성품이 될 수 없다고 한다. 인간의 마음에 도사리고 있는 죄악과 거짓을 깊이 의식하는 신란은 지심이 중생이 지니는 마음의 속성이 아니라 본원의 힘에 의해 비로소 가능해지는 마음이라는 결론에 도달한다. 따라서 우리가 본원에 응답해야 할 지심으로서의 신심은 신란에 의하면 그 자체가 본원의 산물이다. 결국 신란에게는 신심의 주체와 대상이 궁극적으로 일치하는 셈이다.

---

12 『尊號眞像銘文』, 『全集』 II, 577.

이것은 신심의 역설이다. 인간 존재와 부처 사이의 무한한 거리 때문에 요구되는 신심이 이제 우리 자신의 행위가 아니라 저쪽으로부터 오는 것이기에 그 거리 자체를 없애는 요인이 되고 있는 것이다. 이러한 신심에도 불구하고 그 거리가 아직 남아 있는지 그리고 타력의 '타자성' 의미가 아직도 남아 있는지의 문제는 앞으로 신심의 삶을 논하는 제4장에서 고찰될 것이다.

제18원에 언급된 '지심'의 해석에서 신란은 선도의 『관경소觀經疏』에 나오는 지성심의 해석에 많은 영향을 받았다. 선도는 거기서 중생의 더러운 마음과 법장보살, 즉 아미타불이 부처가 되기 전 보살로서 지녔던 마음을 대비하고 있다.

경에 이르기를, 첫째는 지성심至誠心이다. '지至'라는 것은 '진眞'이고 '성誠'이라는 것은 '실實'로서, 일체중생의 신구의身口意 업이 닦는 해解와 행行은 반드시 [아미타불이] 진실한 마음 가운데 행한 것을 핵심으로 한다는 것을 보여 주기 위함이다. 우리는 밖으로 현명하고 착하고 부지런한 모습을 보여서는 안 된다. 왜냐하면 우리는 안으로는 허가虛假를 품고 있기 때문이다. 우리는 온갖 탐욕과 노여움과 사악과 거짓과 간악과 사기로 [가득 차서] 악한 성품을 제거하기 어렵다. 마치 뱀과 전갈과도 같다. 비록 삼업三業을 행한다 해도 잡독雜毒의 선善이라 이름하고 또 허가의 행이라 이름하며 진실업眞實業이라고 말할 수 없는 것이다. … 이러한 잡독의 행을 회향하여 저 부처님의 정토에 태어나기를 구하는 것은 절대로 불가능하다. 왜 그런가? 저 아미타불이 [성불의] 인因으로서 보살행을 행하셨을 때는 일념 일찰나에 이르기까지 삼업에 의해 닦는 바가 모두 진실한 마음 가운데서 행한 것이었다.[13]

중생의 마음이 악하다는 사실은 아미타불이 중생 구제를 위해 자비의 원을 발하고 정토의 실현을 위해 수행한 마음에 비교할 때 더욱 선명하게 부각된다. 그리하여 선도는 사람들에게 아미타불이 '진실한 마음 가운데 행한 것을 핵심으로 삼도록' 권한다. 그러나 선도는 결코 아미타불이 자기의 진실한 마음을 중생에게 '회향'해 준다고까지는 말하지 않는다. 그는 중생도 아미타불의 마음을 본받아 진실된 마음으로 염불할 수 있음을 믿었던 것이다. 그러나 신란은 이보다 한 걸음 더 나아가서 아주 과격한 결론을 내렸다. 그가 그러한 결론을 내리게 된 것은 결국 그가 선도보다 한층 더 깊게 인간의 죄악성을 자각하고 있었기 때문일 것이다. 신란에게는 염불행뿐만 아니라 신심도 아미타불이 우리에게 회향해 주는 것이다.

> 그러나 가만히 이 [세 가지] 마음에 대해 생각해 보건대 바다와 같은 일체 군생이 시작도 없는 과거로부터 오늘에 이르기까지 그리고 지금 이 순간에도 더럽고 악하고 오염되어 청정심이 없다. 그들은 헛되고 거짓되어 진실한 마음이 없다. 그러므로 여래께서는 고통 속에 있는 일체 중생의 바다를 불쌍히 여기시어 생각도 할 수 없고 헤아릴 수도 없는 무수한 겁(행) 동안 보살행을 행하실 때 삼업으로 닦은 바가 일념이나 일찰나도 청정하지 않음이 없었고 진심 아님이 없었다. 여래께서는 청정한 진심으로 원융무애하고 불가사의하고 불가칭·불가설의 지극한 덕을 성취하셔서 여래의 지극한 마음을 번뇌와 악업과 사지邪智로 가득 찬 일체 군생의 바다에 회향하여 베풀어 주신다. 그것은 곧 타인을 이롭게 하는 진심인 고로 의심의 장애로 더럽혀지지 않은 것이다. 이 지심은 곧 지덕至德의 존호를 체體

---

13 『教行信證』, 『全集』 II, 51-52.

로 삼는 것이다.[14]

여기에는 지심에 관해 세 가지 중요한 점이 언급되어 있다. 곧 지심은 아미타불에 의해 중생에게 주어진다는 것, 지심은 의심의 장애로 더럽혀지지 않은 마음이라는 것 그리고 지심의 체는 아미타불의 존호라는 것이다. 이 가운데 마지막 것은 나중에 다시 고찰할 기회가 있을 것이다. 여기서는 우선 진실한 마음인 지심은 아미타불로부터 오는 것으로서 의심의 장애로 더럽혀지지 않은 마음이라는 신란의 견해를 확인하는 것으로 족하다.

2) 신락(信樂)

신란은 신락과 지심을 합쳐 지심신락至心信樂이라는 표현을 사용한다. 제18원을 신란은 지심신락지원至心信樂之願이라고도 부른다. 이것은 지심이 신락이라는 행위를 부사적으로 수식하고 있음을 암시한다. 지심은 곧 신락의 행위에 따르는 마음의 상태라고 말할 수 있다. 지심이 신심의 성격에 대한 것이라면, 신락은 행위로서의 신심이 무엇인지 그 실제 내용을 말하고 있다. 지심이 소극적으로 의심 없는 마음의 상태를 가리킨다면, 신락은 의심 없이 믿는 행위 그 자체를 가리키는 적극적인 개념이다. 신란은 지심의 신락을 선도가 『관경소』에서 해석하고 있는 심심深心과 동일시한다.

선도에 의하면 심심은 '깊이 믿는 마음深信之心', 신란의 표현으로

---

14 『敎行信證』, 『全集』 II, 59-60.

는 '의심이나 두 마음 없이 깊이 믿는 마음'이다. 그렇다면 무엇을 깊게 믿는 마음이란 말인가? 신란은 심신지심深信之心에 대한 선도의 해석을 좇는다.

> 심심이란 곧 심신지심으로 두 가지 면이 있다. 하나는 자신이 생사의 세계에 [빠져 있는] 죄악의 범부로서 무수한 겁 이래 항상 [생사에] 빠져서 유전하며 출리出離의 연緣을 만나지 못했다는 것을 깊이 믿는 것이며, 둘째는 저 아미타불의 48원은 중생을 섭수攝受하여 [중생이] 의심이나 걱정 없이 저 원력願力을 타면 틀림없이 왕생을 얻는다는 것을 결정적으로 깊이 믿는 것이다.[15]

이것이 이른바 '이종심신二種深信'이다. 여기에는 몇 가지 특히 유의할 점들이 있다.

첫째로, '믿는다'(信)는 말이 동사라는 점이다. 심심深心으로서의 신심은 깊이 믿는 마음이다. 신심은 믿는 행위이다. 그것은 '무엇에 대한 믿음'(believe in)이라기보다 '무엇이라고 믿는 믿음'(believe that)이다. 이 점에서 신락으로서의 신심은 믿는 행위의 대상으로서 인식적 내용을 가지고 있다. 신란은 '본원을 믿는다'라는 등의 표현도 사용하고 있으므로 그가 생각하는 신의 개념에는 헌신이나 신뢰 같은 마음의 태도가 포함되는 것도 사실이나, 동시에 그것은 분명히 어떤 인식적 내용을 가지고 있음을 유의해야 한다. 신란이 선도의 심신지심에 관한 해석을 따르고 있는 한, 그의 신심 개념은 확실히 인식적 내용 특히 앞에 언급한 두 가지 사항을 깊이 믿는다는 내용

---

15 『教行信證』, 『全集』 II, 52.

을 포함하고 있는 것이다.

둘째로, 이 두 믿음의 내용 사이의 관계가 올바로 이해되어야 한다. 앞에서 인용한 '심심'에 관한 설명을 보면 신란은 다만 이종 심신의 두 번째 요소, 즉 '여래의 본원이 진실임을 두 마음 없이 깊이 믿어 의심하지 않는 것'만 언급하고 있다. 그러나 신란에게 이 본원의 진실을 깊이 믿는 마음은 자신의 죄악과 거짓 그리고 자신의 어떠한 노력에 의해서도 이러한 자신의 모습에서 벗어날 수 없음을 깊이 자각하는 마음과 불가분적으로 얽혀 있다.

그러나 이러한 자신의 참 모습을 자각하는 일은 결코 단순한 자기 성찰에 근거하여 일어나는 현상은 아니다. 철저히 타락하고 거짓으로 가득 찬 인간에게는 그러한 자기성찰이라는 것도 단지 하나의 자기 위장일 뿐이며 결코 진실을 드러내지 못하기 때문이다. 따라서 신란에게는 인간이 자신의 죄악성을 진실로 안다는 것은 역설적으로 그가 이미 은총과 진리의 빛 아래 서 있다는 것을 뜻한다. 자신의 진실을 안다는 것은 이미 진실에 의해 붙잡혔음을 의미하는 것이다. 다음과 같은 신란의 말은 다시 한번 음미해 볼 만하다.

나는 선과 악 둘 다 전혀 알지 못한다. 만약 내가 아미타불의 마음이 선을 아는 정도로 안다면 나는 선을 알 것이다. 만약 내가 아미타불이 악을 알 듯이 안다면 나는 악을 알 것이다. 그러나 번뇌구족의 범부, 화택무상火宅無常의 세계는 모든 일이 하나같이 거짓이고 부질없으며 진실이 없다. 다만 염불만이 진실이다.[16]

---

16 『歎異抄』, 『全集』 II, 792-793.

마치 소크라테스가 앎의 추구를 무지를 앎으로 해서 시작하듯, 신란도 선과 악을 모른다는 생각 자체가 아미타불의 자비로운 본원의 빛 아래서만 가능한 특별한 형태의 앎인 것이다. 우리의 일상적인 도덕적 성찰은 결코 우리를 이러한 '무지'의 고백으로 인도하지 못하며, 우리의 일상적인 앎은 깊게 감추어진 '무지'의 진리를 드러내기는커녕 오히려 '도덕'이라 일컫는 세계의 허위의식과 위선, 독선과 자기중심성으로 이끌 뿐이다. 신란에 의하면, 이것이 왜 중생이 아무리 자신의 도덕적 비참함을 심각하게 성찰한다 해도 진정한 신심에 도달할 수 없는지에 대한 이유이다.[17]

그러나 가장 진실된 자기 이해가 자기 자신으로부터 오는 것이 아니라 타력과의 만남으로 비로소 가능해지는 것이 사실이라 해도, 자력을 포기하고 타력에 귀의하고자 하는 회심廻心은 역시 생사의 바다에 빠져 스스로의 힘으로는 도저히 헤어날 길이 없는 자기 자신의 모습에 대한 깊은 자각을 계기로 일어나는 것이다. 『탄이초』에서는 다음과 같이 말하고 있다.

이 회심은 보통 때 본원타력本願他力의 진종을 모르던 사람이 아미타의 지혜를 받아서 보통 때의 마음으로는 왕생을 얻을 수 없다고 생각하여 이전의 마음을 바꾸어 본원을 의지하는 것을 회심이라고 한다.[18]

---

17 전통적인 진종의 해석에 의하면, 이종심신의 두 면은 같은 것은 아니지만 불가분적이다. 구제받을 길 없는 자신의 비참함을 깊게 믿는 행위(信機)가 아미타불의 본원을 깊게 믿는 행위(信法)로 이끈다는 생각은 이단적인 견해로 간주된다. 桐溪順忍, 「二種信心」, 『講座眞宗の安心論題』(東京: 教育新潮社, 1983), 73-88 참조.

18 『全集』 II, 788.

이종심신은 곧 이러한 회심의 구조를 밝히고 있는 것이다. 신락으로서의 신심은 곧 자력으로부터 타력으로 향하는 마음의 전향이다. 그것은 자신과 아미타불의 본원에 관해 어떠한 사실을 믿는 단순한 인지적 행위만이 아니라 자력에 의지해온 지금까지의 마음을 버리고 아미타불의 본원에 자신을 맡기는 새로운 마음 자세를 뜻한다.

"회심이란 자력의 마음을 뒤집어서 버리는 것을 뜻한다"고 신란은 말한다.[19] 또 "본원타력을 의지하고 자력을 떠나는 것을 오직 신심(唯信)이라 한다"고 말한다.[20] 정토왕생은 바로 이러한 철저한 회심을 통해 얻어진다. "그러나 자력의 마음을 뒤집어 타력을 의지하면 진실보토眞實報土의 왕생을 성취한다."[21]

신란은 다음과 같이 더 자세하게 말한다.

자력이라는 것은 행자가 각자의 연에 따라 다른 부처님의 이름을 부르고 다른 선근을 수행하여 나 자신을 믿고 나의 타산적인 마음을 가지고서 신구의身口意의 난잡한 마음을 바로잡아 정토에 왕생하려고 생각하는 것을 말한다. 타력이라는 것은 미타여래가 서원 가운데 선택 섭취하신 제18 '염불왕생의 본원'을 신락하는 것을 말한다. 이것이 여래의 서원인즉 "타력은 이유(義) 없음을 [참] 이유로 한다"고 성인[호넨]은 가르치셨다. 이유라는 것은 타산이라는 말이다. 행자의 타산은 자력인즉 이유라고 하는 것이다. 타력은 본원을 신락함으로써 왕생이 반드시 정해진 것이기에 전혀

19 『唯信抄文意』, 『全集』 II, 628.
20 『唯信抄文意』, 『全集』 II, 621.
21 『歎異抄』, 『全集』 II, 775.

이유가 없는 것이다.[22]

결론적으로 말해, 신락으로서의 신심은 자력을 포기하고 타력을 의지하는 전향을 수반하는 이종심선이다.[23]

지심으로서의 신심과 마찬가지로 신락과 심신으로서의 신심 역시 의심의 장애를 완전히 벗어나는 것이며 전적으로 아미타의 회향으로 주어진다. 그것은 결코 인간의 거짓되고 오만한 마음으로부터 일어날 수 있는 것이 아니다. 신란은 말한다.

다음으로 신락이라는 것은 곧 여래의 대비가 가득 찬 원융무애한 신심의 바다이다. 그런고로 의심의 장애가 섞임이 없다. 그러므로 신락이라 이름하는 것이다. 곧 이타회향利他廻向의 지심이 신락의 체體인 것이다. 그러나 무시 이래 일체 군생의 바다는 무명의 바다에 유전하면서 온갖 존재의 윤회에 빠져 온갖 고통의 윤회에 얽매여 청정한 신락이 없다. 당연히 진실한 신락이 없는 것이다. 따라서 무상공덕無上功德을 만나기 어렵고 최상의 정신을 얻기 어렵다. … 여래께서는 고뇌하는 군생의 바다를 불쌍히 여기시어 무량광대의 정신淨信으로써 모든 존재의 바다에 회향하여 베풀어 주신다. 이것을 이름하여 이타진실利他眞實의 신심이라고 한다.[24]

신란은 지심과 신락을 함께 논하면서 결론짓는다.

---

22 『末燈鈔』, 『全集』 II, 658-659.

23 Dennis Gira는 *Le Sens de la conversion dans l'enseignement de Shinran*(Paris: Editions Maisonneuve et Larose, 1985)에서 신란의 회심 개념을 자세히 고찰하고 있다. 그는 회심의 체험을 "신심이라는 근본적 체험을 주관적으로 음미하고 긍정하는 것"이라고 말한다(121).

24 『教行信證』, 『全集』 II, 62.

이 지심신락은 곧 시방의 중생에게 나의 진실한 서원을 신락해야 한다고 촉구하시는 서원으로부터 오는 지심신락이다. 그것은 범부의 자력의 마음에는 생기지 않는다.[25]

아미타의 본원은 우리가 정토에 왕생하기 위해 충족해야 하는 '쉬운 조건'인 염불과 신심을 요구할 뿐만 아니라, 신란에 의하면 모든 중생을 신심으로 불러서 그들의 마음 가운데 신심을 일으켜주는 역동적인 실재이다. 따라서 신란은 제18원을 왕상회향지원이라고 부르는 것이다.[26]

여기서도 우리는 제18원은 물론이요 『무량수경』 그 어느 곳에서도 중생의 신심이 아미타불의 회향에 의해 주어진다는 생각은 발견되지 않는다는 사실에 유의해야만 한다. 신란으로 하여금 그와 같은 생각을 경전의 본문 속으로 읽어 들어가게 한 것은 순전히 그의 신앙적 논리이다.[27]

결국 신란에게 신심은 단순히 자력으로부터 타력으로 옮겨 가는 우리의 행위가 아니다. 그것은 궁극적으로 타력에서 타력으로

---

25 『尊號眞像銘文』, 『全集』 II, 577.

26 왕상신심지원(往相信心之願), 즉 아미타불이 중생의 왕생을 위해 자신의 공덕을 회향하여 신심을 베풀어 주는 원이라는 뜻이다. 『教行信證』, 『全集』 II, 48.

27 신란은 자신의 이러한 철저한 타력 본위의 사상을 뒷받침하기 위해 종종 경전의 평범한 의미를 무시하고 무리하게 특이한 해석을 가할 수밖에 없었다. 그 가장 유명한 예는 『대무량수경』에 나오는 제18원의 성취문에 관한 해석이다. 본문의 평범한 뜻과는 달리 신란은 거기서 회향의 주체를 중생이 아니라 아미타불로 보아 신심이 그에 의해 중생에게 회향된다는 뜻으로 읽어 내고 있다. 『一念多念文意』, 『全集』 II, 604-605. 다음에 계속되는 논의를 참조. 특히 아미타불의 명호를 듣는다는 개념에 대한 논의에 유념할 필요가 있다. Alfred Bloom은 *Shinran's Gospel of Pure Grace* (Tucson, Arizona: The University of Arizona Press, 1965), 48-49 에서 이 문제를 논하고 있다.

의 운동인 것이다. 중생의 구제에 관한 한 모든 것이 아미타불의 본원력에 의해 성취되는 것이기 때문이다. 절대는 오직 절대에 의해서만 도달할 수 있다.

그렇다면 신심이 과연 얼마만큼 그리고 어떤 의미에서 아직도 중생 자신의 행위이며 결단으로 간주될 수 있는가 하는 문제가 앞으로 더 논의해야 할 문제로 남는다. 그리고 신심이 전제로 하는 중생과 부처의 거리와 긴장이 신심이 실현되는 순간에도 여전히 남아 있는 것인지도 숙고되어야 할 문제이다.

3) 욕생(欲生)

삼심에 관한 앞의 인용문에서 신란은 "타력의 지심신락의 마음으로 안락정토에 태어나기 원한다"는 간단한 말로써 '욕생'의 마음을 설명한다. 그것이 타력에 의한 지심신락의 마음에 근거한 것이라는 말 외에는 별다른 설명이 없다. 그러나 『교행신증』에서 우리는 다음과 같은 설명을 발견한다.

다음으로, 욕생이라는 것은 여래가 여러 종류 존재들의 군생群生을 소환하는 칙명이다. 곧 진실의 신락을 욕생의 체體로 삼는다. 실로 이것은 대·소승의 범부나 성인들이 정선定善과 산선散善의 자력으로써 회향하는 것이 아니다. 그러므로 '불회향'이라 부르는 것이다.[28]

---

28 『敎行信證』, 『全集』II, 65.

본문의 평범한 의미에 반하여 신란은 과감하게 욕생이 '여래가 제유군생諸有群生을 소환하는 칙명'이라고 선언한다. 다시 말해, 그것은 정토에 태어나기를 갈구하는 우리 자신의 종교적 마음이 아니라 여래가 지심신락의 마음―역시 여래에 의해 주어진―을 통해 우리를 부르는 칙명이라는 것이다.

전통적인 해석에 의하면 욕생이란 중생이 자기가 쌓아온 공덕―선정禪定의 공덕인 정선이든 아니면 기타 여러 가지 선행을 통해 축적된 산선이든 또는 염불행의 공덕이든―을 정토왕생을 위해 회향하는 마음을 뜻한다. 바로 이러한 해석을 신란은 단호히 거부하고 있는 것이다. 청정한 마음이라고는 하나도 없는 우리가 왕생에 기여할 공덕이란 있을 수 없으며, 설령 있다 해도 현세에 대한 집착을 끊지 못하는 우리로서는 진정으로 정토에 왕생하고자 하는 마음이 없기 때문이다. 따라서 신란은 욕생을 '불회향'이라 부른다. 지심이나 신락과 마찬가지로 욕생 또한 법장보살의 마음으로, 그가 자비로써 그 마음을 중생에게 심어 줄 뿐 결코 우리 자신의 마음일 수는 없다는 것이다. 신란은 계속해서 말한다.

그러나 미진계微塵界의 유정有情들은 번뇌의 바다에 유전하며 생사의 바다에 표류하고 빠져서 진실한 회향심이 없으며 청정한 회향심이 없다. 그러므로 여래는 일체의 고뇌하는 군생의 바다를 궁휼이 여기시어 보살행을 행하실 때에 삼업을 닦으신 바가 일념 일찰나까지 회향심을 으뜸으로 삼으시고 대비심大悲心을 성취하셨다. 그런고로 그는 이타진실의 욕생심을 여러 종류의 중생의 바다에 회향하여 베풀어 주신 것이다. 욕생은 곧 회향심이며 이것은 곧 대비심이다. 그런고로 그것은 의심의 장애에 의해 더

렵혀지지 않는다.[29]

　지금까지 우리는 제18원에 언급된 지심·신락·욕생의 삼심에 대한 신란의 해석을 각각 살펴보았다. 이것은 자칫하면 삼심을 각기 독립된 것으로 보게 하는 또는 신심에 마치 세 가지 마음이 있는 것 같은 오해를 불러일으킬 우려가 있다. 그러나 이것은 사실이 아니다. 우리가 강조하고자 하는 바는, 신란에게 신심이란 적어도 '현상학적' 시각에서 보면 매우 복잡하고 복합적인 정신 현상이라는 점이다. 그러나 본질적으로 신심은 완전히 통합된 한 마음(一心), 진실심이다. 신란은 때때로 삼심 가운데서 단지 신락만으로 신심을 지칭하기도 한다. 여하튼 삼심 모두 '의심의 장애'가 없는 것을 그 본질로 삼는다. 삼심에 대한 문자적 고찰을 마친 후 신란은 다음과 같이 결론짓는다.

　분명히 아노니, 지심은 진眞과 실實과 성誠의 씨앗이 되는 마음이다. 그런고로 그것은 의심의 장애에 의해 더럽혀지지 않는다. 신락은 곧 진과 실과 성이 가득 찬 마음, 궁극성과 성취와 의존과 존중의 마음, 식별과 뚜렷함과 명료함과 충성의 마음, 갈망과 원함과 사랑과 기쁨의 마음, 환희와 경하의 마음이다. 그런고로 그것은 의심의 장애에 의해 더럽혀지지 않는다. 욕생은 곧 원함과 즐거움과 깨어남과 앎의 마음, 성취와 이룸과 행함과 확립의 마음이다. 그것은 대비회향의 마음인 고로 의심의 장애에 의해 더럽혀지지 않는다. 지금 이 삼심의 문자적 의미를 살펴본즉 그것은 진실심으로서 허가虛假에 의해 더럽혀지지 않고, 정직심으로서 거짓에 의

---

29 『教行信證』, 『全集』 II, 65-66.

해 더럽혀지지 않는다. 실로 아노니 그것은 의심의 장애에 의해 더럽혀지지 않는다. 그런고로 신락이라 이름한다. 신락은 곧 일심이며, 일심은 곧 진실신심이다.[30]

신란은 또 이렇게 말하기도 한다.

진실로 아노니, 지심과 신락과 욕생은 말은 비록 다르나 그 뜻은 오직 하나이다. 왜 그런가? 삼심은 이미 의심의 장애에 의해 더럽혀지지 않았기 때문이다. 그런고로 진실의 일심이다. 이름하여 금강진심金剛眞心이라 한다. 금강진심은 진실신심이라 한다.[31]

그러므로 부정적으로 정의하면 신심은 의심이 없는 마음, 즉 본원에 나타난 아미타불의 중생 구제의 뜻과 능력을 의심하지 않는 마음이다. 신란이 보기에 두 부류의 사람이 특히 의심하는 마음을 지니고 있다. 블룸은 다음과 같이 지적한다.

신란이 의심의 심각성을 강조하는 것은 두 가지 유형의 사람들에 대한 관심 때문이었다. 그는 자기가 구원받을 정도로 선하지 않다고 믿는 사람들에게 그리고 자기 자신의 선함에 대해 자신감을 가지고 있는 사람들에게 호소하고자 했다.[32]

---

30 『教行信證』, 『全集』 II, 59.
31 『教行信證』, 『全集』 II, 68.
32 Bloom, *Shinran's Gospel of Pure Grace*, 41.

그리하여 신란은 다음과 같이 권고한다.

> 그런즉 나는 악하다 해서 여래가 받아들이지 않을 것이라 생각해서는 안
> 된다. 범부는 본래부터 번뇌로 가득 차 있기 때문에 악한 자라고 생각해
> 야 한다. 또 나는 마음이 선하다 해서 왕생할 수 있다고 생각해서도 안 된
> 다. 자력의 타산으로는 진실보토에 태어날 수 없다.[33]

한 부류의 사람에게는 의심이 자신에 대한 절망감으로 표출되
며, 다른 부류의 사람에게는 교만으로 표출되는 것이다. 따라서 의
심이란 어떤 것을 단순히 지적으로 믿지 않는다는 것만을 뜻하지
않는다. 의심은 전 인격에 관계된 현상이다. 그리고 신심이란 결국
이러한 절망이나 교만을 모두 버리고 타력의 본원에 자신을 전적
으로 내맡기는 지심신락의 마음인 것이다.

신심의 역동성

지금까지 신란이 정신 현상으로서의 신심을 어떻게 이해하며
그 심적 속성과 행위를 어떻게 묘사하고 있는지 살펴보았다. 신란
의 설명을 살펴보면서 우리는 그가 거듭 신심을 타력의 작용으로
돌리고 있는 것을 보았다. 자기 자신과 부처 사이에 가로놓여 있는
건너뛸 수 없는 간격을 항시 의식했던 신란으로서는 신심마저도

---

33 『末燈鈔』, 『全集』 II, 659.

거짓으로 가득 차 있는 우리 자신의 마음으로부터는 생길 수 없는 것이다. 진실한 신심은 아미타불이 원을 발하고 그 원을 성취하기 위해 행한 수행의 마음 그 자체로부터 올 수밖에 없다. 그런데 신심의 초월적 근거가 되는 이 타력은 물론 하나의 보편적 힘으로서 언제 어디서나 모든 사람의 구제를 위해 작용하고 있다.

그렇다면 어찌하여 신심이 어떤 사람에게는 발생하고 어떤 사람에게는 발생하지 않는 것일까? 무엇이 사람의 마음에 신심을 불러일으키도록 하는 것이며, 신심의 체험에서 발견되는 사람들 사이의 경험적 차이를 우리는 어떻게 설명해야 할 것인가?

이러한 물음들에 만족할 만한 대답은 쉽지 않지만 적어도 논의를 위해서 우리는 신심의 다른 측면, 즉 신심의 '역동성' 문제로 눈을 돌려야 한다. 비록 신심이 초월적으로 주어지는 것임을 강조하지만 그렇다고 신란이 우리 마음의 경험적 현실로서의 신심에 대해 침묵을 지키고 있는 것은 아니다. 우리는 이 문제를 한편으로는 매우 신중하게 다른 한편으로는 대담하게 다룰 필요가 있다. 왜냐하면 우리는 정토진종 신앙인들에게는 매우 민감한 문제를, 그러면서도 진종 내외의 학자들로부터는 그다지 주의를 끌지 못했던 문제를 다루고 있기 때문이다.

신란에 의하면 신심은 아미타불에 의해서 우리에게 주어진다. 이것은 구체적으로 무엇을 뜻하며, 신심은 어떻게 '우리의' 마음 상태로서 생기는 것일까? 다시 한번 다음과 같은 사실을 지적하지 않을 수 없다. 즉, 신란에 의하면 신심의 발생에서 그 단초 또는 주도권은 명호名號와 광명光明의 형태로 아미타불로부터 온다는 사실이다. 아미타불의 위대한 명호와 무한한 광명이야말로 항시 중생을 향해 다가오고 있으며 그들의 마음 안에서 신심이 일깨워지도록 작용하고 있는 힘인 것이다.

신란은 명호와 광명을 중생 구제를 이루기 위해 함께 일하는 자비로운 아버지와 어머니에 비유하고 있다.

> 실로 우리는 아노니, 덕호德號의 자부慈父가 없으면 우리는 능히 [왕생의] 인因이 결여되고, 광명의 비모悲母가 없이는 [왕생의] 연으로부터 멀어진다. 비록 인과 연이 화합한다 하더라도 신심의 업식業識 없이는 광명토에 도달하지 못한다. 진실신眞實信의 업식은 곧 '왕생의' 내적 원인이며 광명과 명호의 부모는 곧 외적 조건인 것이다. 내외의 인연이 합해야 보토의 진신眞身을 증득하는 것이다.[34]

여기서 신란은 우리의 마음에 일어나는 '경험적 의식'(業識)으로서의 신심이 정토왕생의 내인이 되고 여래의 명호와 광명이 그 외연이 됨을 말하고 있다.

그러나 문제는 아직 남는다. 어찌하여 어떤 사람은 광명을 보고 명호를 들어 신심이 생기는데, 다른 사람은 이와 같은 우주적 실재를 전혀 망각하고 사는가? 외연으로서의 명호와 광명은 정녕 중생 간에 아무런 차별을 두지 않을 터인데, 내인으로서의 신심의 경험적 차이는 어디서부터 오는 것일까?

이것은 궁극적으로 신심의 '신비'에 속한 문제이기에 신란에게서 만족할 만한 대답을 기대하기는 어렵다. 다만 신란이 말하는 명

---

34 『教行信證』, 『全集』 II, 33-34.

호의 개념과 그 명호를 듣는다는 개념에 대해 좀 더 살펴봄으로써
약간의 도움을 받을 수 있지 않을까 생각한다.

　신심은 타력과의 만남을 통해 일어나며, 이 만남은 경험적으로
우리가 아미타불의 명호를 들을 때 이루어진다. 다시 말해서 타력
은 명호의 형태로서 우리에게 다가온다. 신란에 의하면 신심이 듣
는 행위를 통해 발생하는 것은 근본적으로『무량수경』에 나오는 제
18원의 성취문에 근거하고 있다.

　　모든 중생이 그 명호를 듣고 신심과 환희로써 일념一念만이라도 해서 지
　　극한 마음으로 [자신의 공덕을 왕생을 위해] 회향하여 저 나라에 태어나
　　기 원하면 왕생을 얻을 것이며 불퇴전不退轉의 지위에 머무를 것이다.

　　신란은 이 구절을 그의 특유한 독법에 따라 다음과 같이 읽고 있다.
　　모든 중생이 명호를 듣고 [아미타불의] 지극한 마음이 회향된 신심과 환
　　희의 일념이라도 이루어서 저 나라에 태어나기 원하면 곧 왕생을 얻을 것
　　이며 불퇴전의 지위에 머무를 것이다.35

　여기서 '명호를 듣고', '회향된', '일념', '곧'이라는 개념에 유의해
야 한다. 우선 '명호를 듣고'와 '일념'에 대해 좀 더 자세히 살펴보자.

---

35 『教行信證』,『全集』II, 49. 이 구절에 대한 신란의 해석은『一念多念文意』,『全集』II, 604-605
　에 있다.

1) 들음을 통한 신심

신란은 신심을 들음(聞)과 동일시한다. 오히려 들음을 신심과 동일시한다고 해야 더 정확할 말이 될 것이다.[36] 신란은 "듣는다는 것은 본원을 듣고서 의심하는 마음이 없는 것을 듣는다고 한다"고 말한다.[37] 좀 더 구체적으로 말해 듣는다는 것은 "부처님의 원이 일어나게 된 본말을 듣고 의심이 없는 것"이라고 한다.[38] 또 신란은 말하기를 "신심은 여래의 서원을 듣고 의심하는 마음이 없는 것"이라 한다.[39] 들음은 중생으로 하여금 아미타불의 이름과 이야기를 들음으로써 그의 서원과 명호에 나타난 타력에 대한 믿음을 갖게 만든다는 것이다.

신란에게 명호란 단순히 염불하는 소리 가운데서 들리는 아미타불의 이름 이상이다. 명호는 타력을 대표하는 것으로서 중생의 마음에 신심을 불러일으키는 우주적 힘이다. 이러한 사실은 법장보살이 발한 제17원, 즉 신란이 '제불자차지원諸佛咨嗟之願'또는 '제불칭양지원諸佛稱揚之願'이라 부르는 원의 성취문에 근거한다. 제17원과 그 성취문은 다음과 같다.

만약 제가 부처가 되어서도 시방세계에 헤아릴 수 없는 모든 부처님이 저의 이름을 찬탄하지 않는다면 저는 부처가 되지 않겠습니다.

---

36 이 미묘한 문제에 대한 진종의 교의는 桐溪順忍,「二種信心」,『講座眞宗の安心論題』, 18-34 참조
37 『一念多念文意』,『全集』II, 604-605.
38 『教行信證』,『全集』II, 72.
39 『一念多念文意』,『全集』II, 605.

시방의 갠지스 강의 모래 수같이 많은 여래가 모두 함께 무량수불의 위신과 공덕의 불가사의함을 찬탄한다.[40]

또 신란은 제17원의 게송도 인용하고 있다.

제가 불도佛道를 이루게 될 때 [저의] 명성이 시방에 퍼질 것입니다. 만약 한 곳이라도 들리지 않는 곳이 있다면 정각을 이루지 않을 것을 서원하나이다.[41]

이와 같이 온 우주의 무수한 부처들에 의해 찬탄을 받고 있는 아미타불의 명호는 지상의 인간에게 신심을 일으키고 그들로 하여금 아미타불의 이름을 부르는 염불을 하게 만드는 것이다. 우에다 요시후미는 명호와 신심과 염불의 관계를 다음과 같이 진술하고 있다.

신란에게는 진정으로 명호를 부르는 행위와 신심은 인간의 의지로부터 발생하는 것이 아니라 부처님 활동의 현현으로서 함께 발생하는 것이다. 그들은 언제나 융합되어 있다. 명호가 주어져 있기 때문에−모든 부처에 의해 온 우주에 퍼져 있기 때문에− 중생이 그것을 들을 수 있고 아미타불의 본원을 알게 된다. 명호를 들음으로 인해−단지 지적으로 파악하는 것이 아니라 그것이 육화하고 있는 자비라는 역동적 실재에 의해 침투되어− 신심이 그들 안에 일깨워지는 것이다. 따라서 이 신심은 '주어진' 것이며 그 자체가 부처의 지혜·자비가 중생에게 회향된 것이다. 나아가 이

---

40 『教行信證』, 『全集』 II, 5-6.
41 『教行信證』, 『全集』 II, 5.

신심은 명호를 부르는 행위로 표현된다. 이것이 곧 진실한 행이며 따라서 왕생이라는 결과로 이어진다.[42]

이것이 신란이 명호를 '신락과 지심의 체'라고 하는 까닭이다. 아미타불의 본원과 그 성취의 힘을 육화하고 있는 명호는 우주에 있는 부처들의 세계와 땅 위의 중생이 듣고 신심을 일으키는 행위 사이를 매개해 주는 연결고리와 같다. 따라서 다음과 같은 블룸의 지적은 옳다.

신란은 그 이전의 사상가들이 놓쳤던 제17원의 깊은 영적 의미를 보았다. 그에게는 이 원은 아미타불의 서원들이 성취됨으로써 이상적 세계에서 이룩된 결과와 그 가르침이 중생이 살고 있는 시간과 공간의 세계에서 역사적으로 나타나는 것의 연결고리를 알려주는 것이었다. 그것은 역사적 전통을 위한 하나의 절대적 근거를 제공하는 것이었다.[43]

우주적 명호를 듣는 것은 정토 종사로 대표되는 염불의 역사적 전통에 의해 중생의 세계로 구체적으로 매개된다. 신란이 참다운 의미에서 아미타불의 명호를 '들은' 것은 그의 스승 호넨을 통해서였다. 다케우치 요시노리(武內義範)가 지적하듯 명호를 듣고 만나게 되는 데에는 우연성과 필연성이 공존하며 따라서 놀람, 경이로움, 흥분과 기쁨이 있다.[44] 신란은 그 감격을 다음과 같이 표현하고 있다.

---

42 Ueda and Hirota, *Shinran*, 149-150.

43 Bloom, *Shinran's Gospel of Pure Grace*, 52.

44 다케우치 요시노리의 '조우(遭遇)' 개념 분석 참조. 武內義範, 『教行信證の哲學』(東京: 隆文

아! [왕생의] 확실한 조건인 아미타불의 홍서弘誓는 여러 생을 거쳐도 만나기 어렵고, 진실한 정신淨信은 억겁이 지나도 얻기 어렵다. 이 행行과 신信을 얻게 되면 먼 과거의 업을 기뻐할지어다. … 석가모니의 제자 구토쿠 신란은 기뻐하노라. 서역 인도의 성전聖典과 중국과 일본의 스승들의 만나기 어려운 주석들을 지금 만났도다. 듣기 어려우나 들었도다.45

2) 일념으로서의 신심

신란에 의하면 듣는 행위를 통해 일어나는 신심은 한순간의 생각(一念)에 갑자기 발생한다. 여기서 일념이란 말은 신란 이전의 정토 사상가들에게는 아미타불의 이름을 한 번 부르는 염불행을 의미했지만,46 한 번 부르는 것이나 여러 번 부르는 것이 더 이상 문제가 되지 않는 신란에게는 전혀 다른 의미로 다가왔다. 그것은 곧 신심이 열리는 결정적인 순간, 중생이 불퇴전의 위치에 들어가서 왕생이 확실하게 보장되는 순간을 뜻하게 된다. 신란은 이 결정적인 순간을 '신심을 얻는 시간의 극한', 즉 극도의 짧은 순간을 뜻한다고 한다.47 그러나 동시에 '한순간의 생각'으로서의 일념은 단지 신심이 일어나는 극도의 짧은 시간만을 의미하는 것이 아니라 '한 마음'(一心), 곧 딴 생각이 없는 순수한 신심 그 자체를 가리키기도 한다.

館, 1987), 142-148.

45 『教行信證』, 『全集』 II, 1.

46 *Notes on Once-calling and Many-calling: A Translation of Shinran's Ichinentanen mon'i* (Kyoto: Hongwanji International Center, 1980), 14-15 참조.

47 『一念多念文意』, 『全集』 II, 605.

신심은 두 마음이 없기 때문에 일념이라 한다. 이것을 일심이라 이름한다. 일심은 곧 청정한 보토[에 왕생하게 하는] 참된 원인이다.[48]

신란은 또 다음과 같이 말한다.

그렇다면 원[제18원] 성취문의 일념은 곧 전심專心이며, 전심은 곧 심심深心이며, 심심은 곧 심신深信이며, 심신은 곧 견고심신堅固深信이며, 견고심신은 곧 결정심決定心이며, 결정심은 곧 무상상심無上上心이며, 무상상심은 곧 진심眞心이며 … 진실일심眞實一心은 곧 대경희심大慶喜心이며, 대경희심은 진실신심眞實信心이며, 진실신심은 곧 금강심金剛心이며, 금강심은 곧 원작불심願作佛心이며, 원작불심은 곧 도중생심度衆生心이며 … 이 마음은 곧 대보리심大菩提心이며 이 마음은 곧 대자비심大慈悲心이다. 이 마음은 곧 무량광명의 지혜로부터 생기기 때문이다.[49]

여기서 우리는 신심의 많은 동의어를 접하게 되는데, 그중에서 깨달음을 성취하고자 하는 대보리심(bodhicitta)은 특별한 주목을 요한다. 전통적으로 대보리심은 대승에서 보살이 수행의 계위를 밟아 나가기 전에 지녀야 할 마음의 자세를 가리키는 것으로, 기본적으로 성도문적聖道門的 개념이다. 호넨의 전수염불은 바로 이러한 보리심을 불필요한 것으로 여겼기에 기성 불교 지도자들로부터 강한 비난을 받았던 것이다.

신란은 이 전통적인 개념을 대담하게 재도입한다. 신란은 물론

---

48 『教行信證』, 『全集』 II, 72.
49 『教行信證』, 『全集』 II, 72.

그것을 정토 신앙의 관점에서 재해석하여 '신심이 곧 대보리심'이라고 해석한다. 그리고 이 마음은 물론 아미타불에 의해 주어지는 것이다. 인간이 진정으로 깨달음을 위한 마음을 낼 수 있다는 데 회의를 느낀 신란으로서는 신심이야말로 깨달음을 얻을 수 있는 유일한 길이었던 것이다. 신란은 이 보리심으로서의 신심을 대승의 또 다른 핵심 개념인 불성佛性과 동일시하고 있다.[50]

자력 구원을 도저히 인정할 수 없는 신란으로서는 아미타불의 '본원력에 의해 회향되는'[51] 금강석과도 같이 견고한 흔들림 없는 신심이야말로 우리가 가질 수 있는 참다운 불성일 수밖에 없었던 것이다. 다시 말해 부처가 될 수 있는 그 어떤 가능성이 우리 안에 존재한다면 그것은 결국 우리 자신 안에 있는 내재적 가능성이 아니라 우리 밖에서 오는 아미타불의 선물로서의 가능성일 뿐이다.

여기서 우리는 신란이 그의 스승에 의해 거부되었던 보리심이나 불성 같은 개념을 다시 도입함으로써 애당초 그로 하여금 타력 앞에 무릎 꿇게 했던 중생과 부처의 무한한 거리감을 희석시켜버리는 것은 아닌지 하는 의문을 제기하게 된다. 그러나 이 문제에 대한 논의는 잠시 유보하고 신심의 또 다른 중요한 측면, 신심의 '과정'이라고도 부를 수 있는 측면을 살펴보기로 하자.

진종의 전통적 견해—확실히 신란의 저술들을 통해 충분히 입증되는—에 의하면, 신심은 '한순간의 생각'(一念)에 일어나며, 신심이 일어나자마자 우리는 아미타불의 광명에 감싸여 버림받지 않고 (攝取不捨) 즉시 정정취正定聚의 무리, 즉 틀림없이 깨달음(신란에 의하면

---

50 『敎行信證』, 『全集』 II, 62-63.
51 『敎行信證』, 『全集』 II, 72.

곧 정토왕생)을 얻게끔 되어 있는 무리에 들게 된다. 그러므로 이 견해에 의하면 신심이 발생하는 순간이 곧 우리의 정토왕생이 확실히 보장되는 순간이다.

그러나 신란의 저술들을 자세히 살펴보면, 신심의 발생과 신심의 확정이 구별되는 현상임을 암시하는 구절들이 발견된다. 두 현상은 시간적 격차 없이 같은 순간에 이루어지는 것일지는 몰라도 분명히 신심 체험의 상이한 두 계기를 형성한다. 이 신심의 확정이라는 측면은 지금까지 신란의 신심 이해에서 별로 주목받지 못했지만, 만약 우리의 해석이 타당성을 지닌다면 매우 의미심장한 현상이다. 이제 이 점을 좀 더 자세히 고찰해 보자.

신심은 실로 한순간에 발생하며 그 순간에 아미타불의 광명에 섭취되어 중생의 구원이 보장된다고 한다. 그러나 인간의 실제 체험은 신심이 그리 확고한 것이 아님을 말해 준다. 아미타불로부터 주어진다는 초월적 기원에도 불구하고 신심은 역시 인간의 심적 상태이기에 번뇌와 의심 등 온갖 인간적 약함을 가지기 마련이다.

따라서 신란은 신심의 발기뿐만 아니라 신심의 확정에 대해서도 말하고 있다. 그 누구보다도 신란은 우리의 신심이 번뇌로 가득 찬 중생의 마음이기에 현실적으로 그렇게 튼튼하고 믿음직스러운 것이 아님을 잘 알고 있었다. 신심도 무상無常이라는 존재의 일반적 성격을 면하기 어려우므로 신심이 확정되지 않는 한 우리의 정토왕생 또한 불확실하게 될 수밖에 없다. 신심이 확정됨으로써 비로소 우리는 정토왕생과 깨달음이 보장된 정정취에 속하게 되는 것이다. 신란은 한 서신에서 제자들에게 다음과 같이 권면하고 있다.

그대들은 사람들에 의해 미혹되지 않고 신심이 퇴보하지 않아 왕생해야
한다. 그러나 사람들에 의해 미혹되지 않는다 해도 신심이 확정되지 않은
사람은 정정취에 머물지 못하고 표류하는 사람이다.[52]

여기서 신란은 분명히 신심이 '확정'되지 않아 퇴보할 수 있는
가능성을 언급하고 있으며, 그런 사람은 정정취에 들지 못하고 계
속해서 방황하는 사람이라고 말한다. 이러한 신심의 확정 문제는
신란의 신심 개념에 생동적인 경험적·심리적 차원을 더해 줌에도
불구하고 신란 사상의 논의에서 거의 전적으로 간과되어 왔다.[53]
그 까닭은 전통적인 신심 해석이 신심의 발생이 지닌 순간적이고
기적적이며 초월적인 측면만을 부각시켜 왔기 때문이다.

신심이 확정되어야 한다는 생각은 신란이 신도들과 제자들의
신앙 문제에 대해 자상하게 목회자적 관심을 보이는 그의 서신들
에 주로 등장한다.[54] 이 서신들을 자세히 살펴보면 신심이 확정되
어 우리가 정정취에 들어가려면 아미타불의 특별한 은총을 필요로
한다. 바로 이러한 신심의 확정과 왕생의 확정 관계가 지금까지 충
분히 밝혀지지 않았던 것이다.

신심의 발생이 아미타불로부터 오듯 신심의 확정도 아미타불의
특별한 은총으로부터 온다. 곧 아미타불의 광명에 의한 '섭취불사

---

52 『末燈鈔』, 『全集』 II, 665.

53 예컨대 Ueda and Hirota, *Shinran*이나 Bloom, *Shinran's Gospel of Pure Grace*에는 이러한 측면
에 대한 언급이 전혀 없다.

54 신란의 저술들에서 신심의 확정(또는 決定)이라는 관념은 20여 곳에서 발견된다. 그중 『말등
초』에서 7곳, 『탄이초』에서 4곳 발견된다. 『親鸞聖人著作用語索引: 和漢撰述의 部』(京都:
龍谷大學眞宗學硏究室, 1971), 「信心」, 「決定」 항목 참조.

攝取不捨'이다. 섭취불사란 단순히 신심이 생긴 자를 아미타불이 감싸 주고 버리지 않는다는 막연한 개념이 아니라, 흔들릴지도 모를 우리의 신심이 아미타불의 광명에 의해 확정되게 되어 왕생 또한 확정된다는 뜻을 포함하고 있는 개념이다. 비록 신심의 발기와 확정이 모두 아미타불에 의한 것이며 양자 사이에는 시간적 간격이 없는 것처럼 신란이 자주 말하고 있지만, 이 신심의 확정이라는 것은 신란에게서 신심의 발기와는 구별되어야 할 신앙 체험의 한 계기요 국면이다. 다소 복잡하게 된 이 모든 문제를 정확하게 다시 한번 순서에 따라 정리해 보면 다음과 같다. 먼저 신심이 발생하면 우리는 아미타불의 섭취불사의 이익을 얻게 되고 우리의 신심은 확정되며, 이에 따라 정토왕생이 확정된 정정취에 들게 된다. 신란의 말을 들어보자.

여래의 서원을 믿는 마음이 확정되는 것은 섭취불사의 이익을 입음으로써 불퇴不退의 위位에 확정되는 것임을 이해해야 한다. 진실신심眞實信心이 확정된다고 하는 것이나 금강의 신심이 확정된다고 하는 것이나 섭취불사 때문이다. 그리하여 무상각無上覺에 이르는 마음이 일어나는 것이다. 이것을 불퇴의 위라고 하며 정정취의 위에 이르는 것이라고 하며 등정각等正覺에 이르는 것이라고 한다.[55]

물어보신 섭취불사라는 것은 [선도善導의] 『반주삼매행도왕생찬般舟三昧行道往生讚』이라는 책에 말하고 있는 것을 보면, 석가여래와 아미타불은 우리의 자비로운 부모로서 여러 가지 방편으로 우리의 무상의 신심을

---

55 『末燈鈔』, 『全集』 II, 666-667.

열어 일으키신다. 그런즉 진실한 신심이 확정되는 것은 석가·미타의 작용이다. 왕생에 대한 의심이 없게 되는 것은 섭취되기 때문이다. 일단 섭취되면 어떠한 행자의 타산도 있어서는 안 된다. 정토에 왕생하기까지는 불퇴의 위에 머무는즉 정정취의 위라 부르는 것이다. 진실한 신심은 석가여래·미타여래 두 분의 작용으로 발기되는 것인즉 신심이 확정되는 것은 섭취를 입을 때이다. 그 후는 정정취의 위로서 진실로 정토에 태어나기까지 그러하다.[56]

여기서 한 가지 분명한 것은 섭취불사와 신심의 확정과 불퇴의 위인 정정취에 드는 것은 분리될 수 없이 동시적으로 일어나는 현상이라는 점이다. 첫 번째 인용문에서 신란은 심지어 '불퇴의 위에 확정된다'는 표현마저 사용하고 있다. 그것은 곧 아미타불의 섭취불사의 은총으로 인해 신심이 확정된다는 뜻이며, 신심이 확정된 사람은 왕생이 확실히 보장되는 정정취에 속한다는 뜻이다.

또 한 가지 분명히 드러나는 점은 신란이 신심의 발기(열어 일으킴)와 확정을 구별하고 있다는 사실이다. 이 둘은 불가분리이며 동시에 일어나는 현상일지 모르나—신란은 시간적 차이를 말하지는 않는다— 적어도 심적으로 또는 경험적으로는 구별되는 현상이다. 둘 다 아미타불에 의해 주어지는 것이기는 하나, 신심의 확정은 섭취불사라는 아미타불의 독특한 은총을 필요로 하는 것이다.

섭취불사의 관념은 무량수불이 무수히 많은 광명을 발하고 있는데 "하나하나의 광명은 시방세계를 두루 비추어 염불 중생을 섭취하여 버리지 않는다"는 『관무량수경』의 구절에 근거하고 있다.[57]

---

56 『末燈鈔』, 『全集』 II, 673-674.

신란은 이 섭취불사를 신자가 현세에서 받을 수 있는 10종의 이익 중 하나로 간주하고 있으며, 그것으로 인해 신심이 확정되며 왕생에 대해 의심이 없게 된다고 한다.

그렇다면 신란은 왜 신심의 발생과 구별하여 신심의 확정이라는 개념을 사용하지 않으면 안 되었는가? 이에 대한 대답은 간단하다. 흔들리는 신심은 정토왕생의 확신을 줄 수 없기 때문이다. 신심의 확정은 정토왕생의 확정을 보장한다. 신심의 확실성은 곧 구원의 확실성인 것이다. 구원은 신심이 의심 없이 확정되는 순간 보장된다. 신심이 확정되면 왕생도 확정되며 왕생은 임종을 기다릴 필요 없이 지금 여기서 주어지는 현실이 된다. 신심의 확정 없이는 정토왕생은 불확실할 뿐만 아니라 막연하고 추상적이 되어 버린다. 그렇기 때문에 신란은 비록 자주는 아니지만, 신심의 확정이라는 관념을 생각하지 않을 수 없었던 것이다.

신심이 확정된 자는 구원의 가능성에 대해 노심초사하지 않는다. 그는 자신의 미래 운명에 대해 불안해하지 않는다. 좀 더 구체적으로 말해, 그는 구원의 확실성을 위해 생의 마지막 순간까지 기다릴 필요가 없다. 신란 이전의 전통적인 정토 신앙에 의하면 그는 임종 시 보살에 둘러싸인 아미타불의 내영來迎을 받아 정토로 인도되며 그 순간 왕생이 확정된다. 그러나 신란은 신심의 확정과 이에 따른 왕생의 확정이라는 관념으로써 이와 같은 전통적 정토 신앙의 미래 지향적 구원론에 종지부를 찍었다.

미래 지향적 구원론은 아미타불의 제19원과『아미타경』에 나오는 한 구절에 근거하고 있는데,[58] 신란 당시 염불행자들로 하여금

57『觀無量壽經』,『全集』I, 57.

생의 마지막 순간에 관해 많은 불안감을 갖게 했다. 왜냐하면 아무도 자기가 언제 임종을 맞을지 모르기 때문이며, 만약 아무런 준비도 하지 못하고 죽음을 맞으면 아미타불의 내영을 받지 못하기 때문이다. 더욱이 『관무량수경』에 근거한 또 하나의 전통적 견해에 의하면, 신자들은 임종 시 한 마디 염불마다 팔십억 겁 동안이나 생사의 세계를 윤회하게 하는 죄악을 제거할 수 있다고 한다.[59] 따라서 그들은 임종의 순간에 올바른 마음을 갖추고 있어야 하며 그래야만 그 순간까지 축적된 모든 죄악을 멸할 수 있는 것이다.

이와 같은 관념이 신자들로 하여금 자신의 임종에 대해 많은 불안감을 갖게 하는 원천이 되었다는 것은 당연한 일이다. 그러나 이제 신란은 이 모든 걱정이 부질없는 것임을 말한다. 일단 우리의 신앙이 확정되면 그 순간 우리의 정토왕생도 확정되기 때문이다. 신란은 다음과 같이 말한다.

진실신심의 행인行人은 섭취불사 때문에 정정취의 위에 주住하기 때문에 임종을 기다릴 필요가 없으며 [아미타불의] 내영에 의지할 필요도 없다. 신심이 확정되는 때 왕생도 확정된다. 내영을 [맞을 준비를 하는] 의식도 필요 없다. [임종 시에 지닐] 정념正念이란 본홍서원本弘誓願의 신락이 확정되는 것을 뜻한다.[60]

신심이 진실하게 된 사람—이것은 서원의 이익이다—은 섭취되어 버림

---

58 『阿彌陀經』, 『全集』 I, 69.

59 『觀無量壽經』, 『全集』 I, 65.

60 『末燈鈔』, 『全集』 II, 656.

받지 않은즉 내영의 임종에 의존하지 않는다. 아직 신심이 확정되지 않은 사람은 임종에 의존하여 내영을 기다린다.[61]

신란은 임종의 순간이 아니라 신심이 확정되어 있느냐 아니냐가 결정적이라고 말한다. 확정된 신심을 가진 자에게는 모든 순간이 이미 임종의 '종말적'(eschatological) 순간인 것이다. 그러한 사람은 비록 이 세상에 살고 있지만 왕생이 이미 확보되어 있기 때문에 초월적 삶을 살 수 있다. 미래의 어느 때가 될지 모를 내영의 불확실한 순간을 초조하게 기다리는 대신 그는 이미 지금 여기서 아미타불의 광명에 의해 섭취불사되는 것이다. 신란은 아미타불이 임종의 순간에 성중聖衆과 더불어 신자들을 영접하러 온다는 전통적인 관념을 탈신화화(demythologization)한 셈이다. 아미타불의 광명에 감싸여 이미 신심이 확정된 사람에게는 그러한 생각은 전혀 의미 없는 일이 되어 버린 것이다. 신심이 확정되면 모든 순간이 종말적 순간이며 모든 시간이 특별한 시간이다. 신란은 다음과 같이 말한다.

'원력섭득왕생願力攝得往生'이라는 것은 대원大願의 업력業力에 의해 섭취되어 왕생을 얻는다는 말이다. 이것은 이미 평상시에 신심을 얻은 사람을 말한다. 임종 때 비로소 신락이 확정되어 섭취를 입는 사람이 아니다. 평상시부터 [아미타불의] 심광心光에 섭호攝護되기 때문에 금강심을 얻은 사람은 정정취에 주하는 고로, 임종 시가 아니라 평상시부터 항시 섭호되어 버림을 받지 않은즉 섭득왕생攝得往生이라 하는 것이다. … 실로 보통 때에 신심이 결여된 사람은 평상시 칭념稱念의 공功에 의해 최후 임종 시

61『末燈鈔』,『全集』II, 684-685.

비로소 선지식善知識의 권고를 접해 신심을 얻을 때 원력顚力에 감싸여 왕생을 얻는 사람도 있다. 임종 시 내영을 기다리는 사람은 아직 신심을 얻지 못한 사람인즉 임종을 마음에 두면서 불안해한다.[62]

전통적으로는 불퇴전(avinivartinīya)의 위, 즉 틀림없이 깨달음을 얻도록 정해진 정정취의 위란, 깨달음을 위한 수행의 조건들이 좋은 정토에 왕생한 연후에야 얻는 것으로 이해되었다. 제11원에서 법장보살은 다음과 같이 서원하고 있다.

만약 내가 얻은 불국에서 사람들과 신들이 정정취에 주하여 반드시 열반에 이르지 않는다면 나는 정각을 이루지 않겠습니다.[63]

신란은 바로 이 왕생과 깨달음이 확정되는 정정正定의 순간을 앞당겨 현세에서 신심이 확정되는 순간과 동일시함으로써 전통적 구원론에 일대 혁명적 변화를 가져온 것이다.

정토왕생의 구원은 미래적 사건이 아니라 신심이 확정되는 지금 여기서 확정된다는 의미에서 현재적 사실이 되는 것이다. 신심의 소유자에게 남은 일이란 과거의 업의 소산인 현재의 몸이 종말을 맞을 때까지 이미 확보된 구원을 기쁨과 기대 속에서 기다리는 것뿐이다(앞으로 제4장에서 신란의 구원관, 특히 이미 확보되기는 했으나 아직 실현되지는 않은 현재적 구원의 체험에 관한 신란의 견해를 자세히 살펴볼 것이다). 다만 여기서 강조해야 할 점은 신란에 의하면 신심이 확정된 사

---

62 『尊號眞像銘文』, 『全集』 II, 589-590.
63 『無量壽經』, 『全集』 I, 9.

람은 사후 정토에서가 아니라 지금 여기서 이미 '실현된 종말'(realized eschatology)을 어느 정도 누릴 수 있다는 사실이다.

이 같은 전통적 구원론의 변화에 필연적으로 수반되는 또 하나의 의미 있는 변화는 신란이 정토왕생을 깨달음 그 자체와 동일시했다는 점이다. 깨달음 역시 앞당겨져서 더 이상 정토왕생 후에 불퇴전의 위에 들어가서 얻어지는 것이 아니다. 불퇴전의 위는 이미 신심이 확정되는 순간 얻어졌기 때문에, 신란에 의하면 사후 정토왕생의 순간 그 자체가 깨달음의 순간이다.

전통적 구원론에 또 하나의 의미심장한 새로운 해석이 내려진 것이다. 이것은 결국 정토왕생을 문자 그대로 몸이 정토에 다시 태어나는 것으로 이해했던 개념을 탈신화화한 것이나 다름없다. 이러한 재해석을 가능하게 만든 것이 곧 신심의 확정이라는 개념인 것이다.

신심과 타력

지금까지 신란의 신심 개념을 두 가지 측면에서 고찰했다. 한편으로는 제18원에 나오는 삼심三心을 중심으로 하여 신심이 어떠한 성격을 지닌 정신적 현상인가 하는 점을 고찰했고, 다른 한편으로는 신심의 발생과 확정이라는 측면에서 신심의 역동성을 고찰해 보았다. 지금까지의 논의를 요약하면, 신심은 아미타불의 본원을 아무런 의심 없이 신락하는 행위로서, 이것은 자력으로부터 타력으로의 전환을 의미한다. 신심은 우리가 아미타불의 명호를 듣고 타력과 만남으로써 발생하며 아미타불의 섭취불사로 인해 확정된다. 발생이든 확정이든 신락의 행위는 아미타불의 회향에 의해 우리에게 주어지는 것이므로 전적인 타력의 작용으로 간주된다.

이렇게 볼 때, 신란에게는 신심은 궁극적으로 하나의 신비이다. 우리는 왜 그것이 어떤 사람에게는 생기고 다른 사람들에는 생기지 않는지 알 수 없다. 비록 신심이 명호를 들음으로써 생긴다고는 하나 똑같이 명호를 들어도 어떤 사람에게는 신심이 생기는가 하면 다른 사람에게는 신심이 전혀 생기지 않는다. 신심은 실로 우리 자신의 노력과 결단에 의한 것이 아니고 그야말로 '선물'인 것이다.

그런데 신심을 이렇게 선물로 이해할 때 생기는 어려운 문제가 있다. 만약 신심이 궁극적으로 아미타불의 선물이라면, 이러한 사실을 받아들이는 또 다른 신심이 필요하지 않겠는가 하는 문제이다. 즉, 선물로서의 신심과 신심이 아미타불의 선물로 주어지는 것임을 받아들이는 또 다른 신심이 요구되는 것은 아닐까? 그리고 이 두 번째의 신심도 역시 타력에서 오는 것이라면 무한 소급의 난관에 봉착하고 만다. 사실, 신란의 글 가운데 이렇게 '신심의 신심'이라 할까 또는 이중신심二重信心을 연상케 하는 구절들이 발견되는 것은 놀라운 사실이 아니다. 예를 들어 다음과 같은 구절이 있다.

여래가 서원을 베풀어 주셨기 때문에 임종을 기다릴 필요 없이 평상시를 택해 칭념을 할 수 있다. 단지 여래의 지심신락을 깊이 의지해야 한다. 이 진실신심을 얻을 때 섭취불사의 심광心光에 들어가 정정취의 위에 확정된다.[64]

---

64 『尊號眞像銘文』, 『全集』II, 578.

'오직 믿음'(唯信)이라는 말은 곧 이 진실신락을 오로지 취하는 마음을 말한다.[65]

이 구절들에서 '깊이 의지한다'나 '오로지 취한다'라는 표현은 모두 신심을 나타내는 말이나 다름없다. 따라서 문자 그대로 취하면 이 구절들은 이중신심, 즉 '여래의 지심신락' 또는 '진실신락'을 대상으로 하여 그것을 깊이 믿고 받아들이는 '신심의 신심'을 말하고 있다고 할 수 있다.

물론 우리는 이러한 다소 느슨하게 사용된 표현들을 문자 그대로 취하여 신란의 참뜻을 왜곡하여 그가 절대로 승낙하지 못할 입장을 그에게 돌려서는 안 될 것이다.[66] 분명히 신란에게는 신심의 대상은 타력 또는 본원의 힘이지 신심 그 자체가 될 수는 없다. 그럼에도 불구하고 왜 그러한 느슨한 표현들이 생겨나게 되었는지는 이해하기 어렵지 않다. 그것은 무엇보다도 신심이 우리 자신의 결단이 아니라 아미타불에 의해 주어진 것이라는 생각 때문이다. 이러한 사실을 인정하고 받아들이기 위해서는 또 다른 신심이 요청되는 것이다.

그렇다면 왜 신란은 신심이 주어지는 것임을 그토록 강조하는 것일까? 신란은 인간을 깨달음을 위해 수행은커녕 진실한 신심조차도 낼 수 없는 극도로 타락한 죄악의 존재라고 보았다. 중생의 마음 어느 한구석에서도 진실된 신심은 찾아볼 수 없다. 타력에 절대

---

65 『尊號眞像銘文』, 『全集』 II, 578.

66 우에다와 히로타는 놀랍게도 이 이중신심을 신란 사상의 자연스러운 면으로 간주하는 듯하다. *Monumenta Nipponica*, 38/4(Winter, 1983), 416-417 참조. 그렇다면 신란이 정말로 두 종류의 신심을 인정했다는 말인가?

적으로 의존한다는 신심의 개념 자체가 신란에게는 신심이 우리 스스로가 일으킬 수 있는 마음이라기보다는 타력에 의해 주어져야 한다는 진리를 함축하고 있는 것이다. 자력에 의한 신심은 신심이 아니다. 만약 우리가 어떤 수행이나 체계적인 방법을 동원해서 신심을 일으킬 수 있다면, 그 순간 그것은 신심이 아니라 또 하나의 자력행으로 변하고 만다. 우리의 깊은 자기 성찰이나 정토왕생을 간절히 바라는 경건한 마음조차도 신란에게는 진정한 신심을 일으키지 못한다.

신심은 애당초 우리의 의식이나 종교적 체험─그것이 제아무리 순수하고 진지한 것이라 해도─에서 시작되는 것이 아니다. 신심은 또한 구원을 위한 또 하나의 조건이 되어서도 안 된다. 왜냐하면 제아무리 쉬운 조건이라 해도 인간이 순수하게 충족시킬 수 있는 것이란 없기 때문이다. 지식, 지혜, 선행, 계율, 선정, 열불 그리고 신심마저도 구원의 조건이 되어서는 안 된다. 그리고 아무런 조건도 필요 없다. 아미타불의 자비의 원이 모든 조건을 완전히 불필요하게 만들어 버렸기 때문이다.

우리가 해야 할 유일한 행위는 오로지 이러한 사실을 깨닫고 아미타불의 본원의 바다에 몸을 던져 '원선顯船'을 타고 항해하는 일뿐이다. 그리고 이러한 신앙의 행위 자체가 구원을 위한 또 하나의 조건이 되어서도 안 된다. 신심은 또 하나의 공이나 선업이 될 수 없다. 그렇지 않으면 은총이 은총이 아니고 타력이 타력이 아니다. 신란에게 구원이란 우리의 어떠한 노력이나 타산 없이 순전히 저절로(自然法爾) 주어지는 것이다. 신심 그 자체가 그것이 우리의 마지막 자력의 행위가 아니라 타력에 의해 주어져야 함을 요청하고 있는 것이다.

신란의 이러한 심오한 신앙과 은총의 논리에도 불구하고 우리에게는 한 가닥 의심이 남는다. 만약 신심이 전적으로 인간의 노력과 행위, 의지와 결단 밖에 있는 것이라면, 이것은 신심을 오히려 매우 어렵게 만드는 일이 아닐까? 신심이 우리로서는 도저히 도달할 수 없는 난도難道가 되어 버리는 것은 아닌가?

신심은 비록 '우리가' 도달할 수 있는 어떤 것이 아닐지라도, 분명히 원선을 타고 구원의 즐거움을 맛보기 위해서는 우리가 소유해야 하는 어떤 것임에 틀림없다. 그런데 이것이 전혀 우리의 노력과 조정 밖에 있는 것이라면 신심이야말로 성도문보다도 더 어려운 길이 될지 모른다. 칼뱅(Jean Calvin)의 '구원 예정론'(predestination)과도 같은 신란의 타력 결정론적인 신심 이해는 인간의 노력과는 전혀 무관한, 순전히 우발적인 구원 개념을 낳을 수밖에 없다. 이러한 의미에서 신심은 실로 난도이며 신란은 신심이 실로 얻기 어려운 것, 깨달음보다도 어려운 것임을 계속 강조하고 있다. 이것은 물론 수사학적 과장으로 보이지만, 결코 우연적인 현상은 아니다. 신란은 다음과 같이 말한다.

[생사의 세계에] 항시 함몰되어 있는 어리석은 범부들, 윤회하는 군생들에게는 무상의 [깨달음의] 묘과가 이루기 어려운 것이 아니라 진실의 신락이 실로 얻기 어렵다. 왜냐하면 여래의 가위력加威力으로부터 오는 것이기 때문이며, 널리 [여래의] 대비大悲와 광혜廣慧의 힘으로 인한 것이기 때문이다.[67]

---

67 『教行信證』, 『全集』 II, 48.

호넨에 의하면, 염불은 중생이 누구나 할 수 있는 가장 쉬운 이행이며, 바로 이 때문에 아미타불이 본원을 통해 염불을 왕생의 조건으로 선택한 것이다. 그러나 이제 신란에 와서 강조점이 염불이라는 외적 행위로부터 신심이라는 내적 마음의 태도로 옮겨짐에 따라 정토왕생의 구원이 호넨의 가르침에서보다 오히려 더 어렵게 되었다는 인상을 지우기 어렵다. 신란 자신도 이 점을 예리하게 의식하고 있었기에 신심이 무상묘과無上妙果보다도 더 얻기 어렵다고까지 극언을 하는 것이다. 신심을 얻기 어려운 것은 우리의 교만과 자력에 대한 집착을 뿌리 뽑기 어렵기 때문이다.[68] 순수한 타력의 길은 아미타불이 모든 것을 해 주었음에도 불구하고 자력으로 구원의 길을 모색하고자 하는 타산의 습성에 젖어 있는 중생으로서는 실로 좇기 어려운 길인 것이다.

사실을 말할 것 같으면, 호넨의 염불관과 신심에 관한 이해와는 달리 신란의 염불관과 신심관은 처음부터 매우 '순수주의적'(puristic)이었다는 점을 간과해서는 안 된다. 그 배후에는 순수한 것은 순수한 것을 통해서만 도달될 수 있고 절대적인 것은 절대적인 것을 통해서만 얻을 수 있다는 가정이 깔려 있다. 『교행신증』의 증권證卷에 나오는 다음과 같은 말은 문제의 핵심을 드러내 주고 있다.

> 진종의 교敎와 행行과 신信과 증證이라는 것을 살펴보건대, [모두] 여래의 대비에 의한 회향의 이익이다. 그러므로 인因이든 과果이든 하나도 아미타여래의 청정한 원심願心의 회향에 의해 성취되지 않은 것이 없다. 인이 깨끗한 고로 과 역시 깨끗한 것이다. [이 점을] 마땅히 알지어다.[69]

---

68 『淨土文類聚鈔』, 『全集』 II, 445; 『唯信抄文意』, 『全集』 II, 633; 『教行信證』, 『全集』 II, 48.

깨끗한 인因, 즉 순수한 행行(염불)과 신信이 아미타불에 의해 주어지지 않는 한 번뇌심중煩惱深重한 범부로서는 도달하기 어려운 것은 자명한 일이다. 그러나 호넨은 이러한 순수주의적 신행관信行觀으로 시작하지 않았다. 우리가 바로 이러한 순수한 행과 신을 갖추지 못하기 때문에 아미타불이 자비심으로 원을 발해 염불이라는 쉬운 정토왕생의 길을 열어 준 것이 아닌가? 호넨은 다음과 같이 말한 것으로 전해진다.

> 쇼코보(聖光房)가 자기는 왕생에 대해서 조금도 의심이 없다고 말하자, 호넨은 그에게 이렇게 말했다. "조그마한 잘못이 왕생을 얻는 데 지장이 된다고 생각하지 마라. 외부자들을 위해 한마디 해야 할 것이 있는데, 그것은 곧 그들의 신심이 눈물을 흘릴 정도로 열렬하지 않아도 염불을 하면 왕생을 얻을 수 있다는 점이다."[70]

이와는 대조적으로 신란은 절대적인 것은 절대적인 것을 통해서만 얻을 수 있다는 논리에 따라 염불과 신심에 대해 높은 순수주의적 이상을 세워 놓았기 때문에─혹자는 그가 인간의 죄악성과 구원의 확실성에 대해 일종의 강박관념을 지녔다고 말할지도 모르지만─ 이 이상에 도달하는 유일한 길로서 그는 염불과 신심 모두 중생이 할 수 있는 것이 아니라 아미타불에 의해 주어져야만 된다는 결론을 내릴 수밖에 없었던 것이다.

하지만 이것이 과연 문제의 해결책이 될 수 있을까? 신란은 해

---

69 『教行信證』, 『全集』 II, 106. 67 · 111도 참조.
70 Coates and Ishizuka, *Hōnen*, vol. II, 449-450.

결을 위해 너무 높은 대가를 치른 것같이 보인다. 신란의 신심 개념은 일반 사람들에게 구체적으로 와닿는 경험이 되기에는, 또는 일상적 삶 가운데서 의미 있는 것이 되기에는 너무나 추상적일 뿐만 아니라 그가 예기하지 못했던 심각한 문제들을 낳았다.

무엇보다도 신란의 신심 개념은 그것이 해결하고자 했던 문제, 즉 구원의 확실성이라는 문제마저도 만족스럽게 해결하지 못한 것 같다. 왜냐하면 신심의 발생과 확정이 제아무리 초월적으로 정초된다고 하지만 신자들의 실제 경험은 그들이 신심에 관해 교리적으로 무엇이라고 믿든 신심이 결코 의심이나 동요로부터 자유로울 수 없음을 말해 주기 때문이다. 이미 앞에서 인용했던『탄이초』제9장은 아미타불에 의해 주어지는 금강과 같이 단단하고 진실된 신심에 관한 신란의 많은 가르침에도 불구하고, 그 자신이 제자들 못지않게 흔들리는 신심 때문에 괴로워했다는 사실을 생동적으로 보여 주고 있다.

신심은 타력에 의해 주어진다는 점을 특히 강조한 신란의 관점은 신심의 전파 문제와 관련해 또 다른 어려운 문제를 야기했다. 신심의 초월적 기원은 사람들로 하여금 자기가 과연 신심이 있는지 없는지에 대해—따라서 확실히 정토왕생을 하는 것인지 아닌지에 대해— 불확실하게 만들었을 뿐만 아니라, 자기는 신심의 선물을 받았다고 생각하지도 않고 이것에 대해 자기가 할 수 있는 것은 아무것도 없다고 생각하는 사람들에게 구원의 문을 완전히 닫아버리는 결과를 낳게 만들었다. 중세의 염불성(聖, hijiri)이자 시종時宗의 창시자인 잇펜(一遍, 1239~1289)의 포교 활동에 관해 전해지는 다음의 이야기는 이 점을 극적으로 보여 주고 있다.

한 스님이 있었다. 잇펜은 말했다. "이 쪽지[염불찰念佛札]를 받으시고 신信의 일념一念을 내어 나무아미타불을 외우시오."

스님이 대답했다. "지금 나에게는 일념의 신이 일어나지 않소. 만약 내가 당신이 주는 쪽지를 받는다면 나는 불망어不妄語의 계戒를 범하게 될 것이오."

잇펜은 말했다. "부처님의 가르침을 믿지 않는다는 말이요? 왜 이 쪽지를 받지 않습니까?"

스님이 대답했다. "부처님의 가르침을 의심하지는 않지만, 신심이 일어나지 않는 것에 대해서 나는 아무것도 할 수 없소."[71]

잇펜은 매우 당황해했다. 그가 말한 '일념'이란 '단 한 번만이라도'라는 뜻으로, 한순간의 신심으로 한 번만이라도 염불을 하면 된다는 뜻으로 말했던 것이다. 그러나 그 스님은 '일념'을 전혀 다른 뜻으로 취했다. 그는 그것을 일심一心, 즉 온 마음을 다한 전적인 믿음으로 이해했던 것이다. 이야기는 계속된다.

그때 많은 무리의 참배객들이 몰려왔다. 만약 그 스님이 쪽지를 받지 않으면 다른 사람들도 받지 않을 것이라는 생각에 잇펜은 하는 수 없이 "신심이 일어나지 않아도 받으시오"라고 말하고는 쪽지를 주었다. 이것을 보고 다른 참배객들도 모두 받았고 그 스님은 자기 길을 갔다.[72]

---

71 Dennis Hirota trans., *No Abode: The Record of Ippen*(Kyoto: Ryukoku University Translation Center, 1986), 18.

72 Hirota trans., *No Abode*, 19.

염불에 대한 신심을 당연시했던 잇펜에게 이것은 매우 당혹스러운 경험이었을 뿐만 아니라 그의 포교활동에 하나의 큰 위기를 초래했다. 이러한 상황에서 신심이 아미타불에 의해 주어지는 것이라는 신란의 생각이 잇펜에게 무슨 도움을 줄 수 있었을까? "당신이 옳소. 신심은 오직 아미타불의 본원력으로부터 오는 것이기 때문에 신심이 일어나지 않는 것에 대해 당신이 할 수 있는 것은 아무것도 없소"라고 말해야 했을까? 아닐 것이다. 잇펜은 이 충격적 경험에 대해 고민하다가 드디어 전혀 다른 결론에 도달했다. 이야기를 더 들어보자.

이 사건에 대하여 곰곰이 생각하다가 잇펜은 그것이 의미 없는 일이 아니라는 결론에 이르렀고 포교에 대해 더 높은 인도가 필요하다는 생각에 그는 구마노(熊野) 본궁에 있는 증성전證誠殿에서 소원을 아뢰었다. 그가 눈은 감았으나 아직 잠은 들지 않았을 때 성전의 문이 열리면서 백발에 긴 두건을 쓴 산 수행자(山伏, 야마부시)가 나타났다. 복도에 있는 300명의 다른 산 수행자들이 그에게 머리를 조아렸다. 그 순간 잇펜은 그가 곧 [부처님의] 권화權化임에 틀림없음을 깨닫고 전적으로 자신을 맡겼다. 산 수행자는 잇펜에게 다가와서 말했다. "융통염불融通念佛을 전파하는 염불성(聖)이여, 왜 그릇된 방식으로 전파하고 다니는가? 그대의 포교로 인해 중생이 왕생하게 되는 것이 아니다. 아미타불이 십겁十劫 전에 이룬 정각正覺에서 모든 중생의 왕생은 나무아미타불로서 확정된 것이다. 그들이 신심이 있든 없든, 또는 정淨하든 부정不淨하든 가리지 말고 쪽지를 나눠 주어라."[73]

---

73 Hirota trans., *No Abode*, 19-20.

나중에 잇펜은 이 경험을 다음과 같이 해석했다.

구마노에 물러나 있을 때 나는 "그대의 심성에 대해 아무런 판단을 하지 마라. 이 마음이란 선하든 악하든 헛된 것이니 해탈에 필수적이지 않다. 나무아미타불 자체가 왕생하는 것이다"라는 계시를 받았다. 그때 나는 내 스스로의 자력적 의도와 갈망을 처음이자 마지막으로 포기했다.[74]

신심이 타력에 의해 주어짐을 강조한 신란과는 달리 잇펜은 관심의 초점을 신심이라는 신뢰할 수 없는 인간의 주관적인 심적 상태로부터 그가 나무아미타불이라는 명호 자체가 지닌 구원의 객관적인 힘(德)—우리의 주관적 태도 여하에 관계 없이 이미 아미타불에 의해 성취되어 있는 구원—으로 돌린 것이다. 그는 말한다.

사람들은 모두 자기의 왕생이 확정되어 있다는 신심이 일어나지 않음을 한탄한다. 이것은 전적으로 불합리하다. 범부의 마음에 확정이란 있을 수 없다. 확정된 것은 명호뿐이다. 따라서 그대들이 왕생이 확정되어 있다는 신심이 결여되었다 해도 모든 것을 그대들의 입술에 맡기고 명호를 부르면 그대들은 왕생할 것이다. 그런즉 왕생은 마음의 태도에 달린 것이 아니다. 그대들이 왕생하는 것은 명호를 통해서이다.[75]
나는 그대들이 어떠한 사이비 교리를 입으로 설하거나 마음으로 받아들인다 해도 명호는 교리나 마음에 달려 있는 법(法)이 아니라는 것을 믿게 되었다. 그러므로 명호를 부르면 틀림없이 왕생할 것이다. 어떤 것이 불

---

74 Hirota trans., *No Abode*, 38.
75 Hirota trans., *No Abode*, 141-142.

길에 휩싸였을 때 그대들은 마음속으로 '불길아 타지 말라'고 바라면서 큰 소리로 말할 것이다. 그러나 불은 그러한 말이나 생각의 힘에 달려 있는 것이 아니다. 그 자체의 힘에 의해 타고 있을 뿐이다. 어떤 것이 젖는 것도 마찬가지다. 이와 마찬가지로 명호는 본성상 왕생을 가져오는 덕德을 지니고 있어서 그것을 외우면 교리와는 아무런 관계없이, 마음과는 아무런 관계없이, 말과는 아무런 관계없이, 왕생하는 것이다. 내가 믿기로는 이것이 불가사의한 타력의 행行이다.[76]

여기서 잇펜을 상당 부분 인용한 것은 그가 신심의 순수성을 강조함으로 인해 야기된 이른바 이도易道의 역설을 해결했다고 믿기 때문이 아니라―그가 말하는 명호 역시 신심이 있어야 외울 것이고, 그렇게 되면 문제는 원점으로 되돌아갈 것이다― 문제를 극명하게 보여 주기 때문이다.

신란은 인간의 신심이 피할 수 없이 지닌 불순수성과 불확실성의 문제를 신심의 초월적 기원, 즉 그것이 타력에 의해 주어지는 것이라는 생각을 통해 해결하고자 했다. 그러나 신란은 그럼으로써 신심을 신자들의 구체적이고 살아 있는 체험에서 유리시키는 비싼 대가를 치렀다. 아무리 불완전하고 순수하지 못하다 해도 우리가 실제로 경험할 수 있는 신심이 신란이 가르친 잡히지 않는 추상적 신심보다 신자들에게 훨씬 더 의미 있는 것이 아니었을까?

진종이 역사상 신심과 구원에 대해 보다 가시적 징표를 찾을 수밖에 없었던 것은 필시 이와 같은 이유에서였을 것이며, 이로 인해 진종은 창시자가 생각했던 신앙과는 어긋난 길들을 걸었다. 와인

---

76 Hirota trans., *No Abode*, 169.

스타인(Stanley Weinstein)은 이 문제와 관련해 다음과 같은 예리한 관찰을 하고 있다.

단순한 생각을 지닌 문도들에게 신란의 가르침에서 가장 이해하기 어려운 것은 우리가 아미타불의 은총을 수락하는 순간 구원이 보장된다는 추상적인 관념이었다. 다른 정토계 종파들의 신도들은 염불을 한다든지, 정토 경전을 암송한다든지, 아미타불상을 숭배한다든지 하는 구체적인 방식으로 자신의 구원에 공헌한다는 사실에서 어떤 만족감을 얻을 수 있었다. 그러나 진종에서는 염불을 한다든지 경전을 암송하든지 하는 행위는 정토에 들어가는 수단으로 간주되지 않았으며, 아미타불상을 예배의 대상으로 사용하는 것도 꺼렸다. 그러니 결정적인 신심의 발생(信의 一念)이 그토록 만질 수 없는 것이다 보니, 어떻게 소박한 정토 신앙의 소유자들이 자신의 궁극적인 구원을 확신할 수 있었겠는가?[77]

진종의 교리사를 보면 어떤 종교적 체험을 신심의 확실한 징표로 간주하려는 여러 시도들이 있었으나 모두 정통 신학자들에 의해서 거부되었다. 그 이유는 그러한 경험이 신자들로 하여금 신심에 대한 그릇된 자력적 이해, 말하자면 신심을 우리가 어떤 마음의 준비나 훈련을 통해 발생시킬 수 있다는 잘못된 생각을 초래할지 모른다는 염려 때문이었다.[78]

신심이란 신란에게는 인간 주체와 신심의 대상 사이에 일어나

---

77 Stanley Weinstein, "Rennyo and the Shinshu Revival," John W. Hall and Toyoda Takeshi eds., *Japan in the Muromachi Age*, (Berkeley: University of California Press, 1977), 341-342.

78 예를 들어, 桐溪順忍, 「信願交際」, 「歡喜初後」, 『講座眞宗の安心論題』 참조.

는 일반적인 종교적 경험으로 이해되어서는 안 된다. 신심이 수시로 변하는 별로 믿을 만한 것이 못 되는 우리의 주관적인 마음 상태에 의존하게 되면 우리의 구원 또한 불확실하게 되기 때문이다. 우리와 아미타불 사이의 간격은 언제나 크고 넓으며 우리의 구원 또한 멀 수밖에 없는 것이다. 우리와 아미타불 사이에 무조건적이고 끊을 수 없는 하나의 절대적 관계가 성립되지 않는 한, 그리하여 우리와 타력의 관계가 타력 그 자체에 기초하지 않는 한, 우리의 구원은 언제나 의심과 불확실성을 면하기 어렵다는 것이다.

신란의 타력 결정론적인 신앙관의 배후에는 구원의 절대적 객관성과 소여성所與性, 그 확실성에 대한 갈망이 놓여 있다. 그리하여 신심의 주체와 대상이 분리되어서는 안 되고 하나가 되어야 한다. 진종의 교리적 술어로는 이것을 '기법일체機法一體'라 부른다. 즉, 신심의 소유자와 그 대상인 아미타불의 본원력이 하나라는 뜻이다.

정토종 성산파聖山派에 속하는 문헌으로 추정되며 신란 이후의 진종 사상에 큰 영향을 미친 『안심결정초安心決定鈔』[79]는 신앙과 수행에서의 이러한 절대 타력의 논리를 다음과 같이 표현하고 있다.

> 자력에 의존하는 사람의 염불은 부처님을 저 서방에 둔다. 그러한 사람은 자신을 단지 범부라 생각하여 가끔 타력에 대해 마음으로 생각하고 염불을 하되 부처와 중생 사이에 친밀함이 없다. 마음에 약간 보리심이 일어날 때는 왕생이 가까운 것으로 느껴지지만 염불이 식고 보리심이 시들면 왕생은 지극히 불확실하게 된다. 범부의 마음이 보리심을 내는 일은 드물기 때문에 그러한 사람은 항시 왕생에 대해 확신을 갖지 못한

79 Dobbins, *Jōdo Shinshū*, 106-107.

다. 이제인가 저제인가 기다리지만 죽을 때까지 왕생이 확정되지 않는다. 그리하여 가끔 입으로 명호를 부르지만 왕생은 의지하기 어렵다. 이것은 마치 누구를 섬기러 가는 사람과도 같다. 왕생의 은혜를 기대하면서 부처님의 마음을 기쁘게 하려고 그를 따르면 따를수록 그 사람의 마음의 평안과 부처님의 대자비는 서로 분리되어 언제나 부처님으로부터 멀어지는 것이다. 이러한 상황에서는 왕생은 실로 매우 불확실하게 된다.[80]

이것은 신란의 말은 아니지만 그의 타력 결정론적 신앙관의 배후에 있는 종교적 동기를 잘 나타내주고 있다. 단적으로 말해, 구원은 결코 우리의 믿을 수 없는 주관적인 심리상태에 의존해서는 안 된다는 것이다. 이 주관적 상태가 제아무리 경건한 종교적 경험이라 해도 결코 구원의 기초가 될 수 없다. 인간의 마음은 항시 변하는 것이며 거짓과 위선, 번뇌와 죄악으로 가득 차 있기에 결코 믿을만한 것이 못 되기 때문이다. 구원은 오직 죄악 중생에게 항시 지혜와 자비의 빛을 비추어 그들을 대신大信과 대행大行으로 이끌어 주는 변치 않는 타력에 의존할 수밖에 없다. 자력의 자취가 조금이라도 남아 있으면 순수한 타력의 은총에 대한 반역이며 우리와 타력의 관계는 위태롭게 된다고 생각하는 것이다.

그러나 신란 자신이 고백하고 있듯이, 중생이 지닌 신앙의 약함이야말로 바로 우리가 아미타불의 자비에 귀의해야 하는 이유가 되는 것은 아닐까? 우리의 신앙을 그 모든 연약함과 결함을 지닌

---

80 『全集』 III, 624. Suzuki Daisetz Teitaro, *Collected Writings on Shin Buddhism* (Kyoto: Shinshu Otaniha, 1973), 52의 번역 참조.

채 솔직히 '인간적' 신앙으로 그냥 남아 있게 해서는 안 되는 것일까? 신란의 타력 결정론적 신앙관은 신앙에서 인간의 주관적·체험적 요소를 완전히 제거해 버림으로써 너무나 큰 대가를 치른 것은 아닐까? 우리가 신란에게서 그의 스승에게는 보기 어려웠던 일종의 '신앙 율법주의'의 모습을 발견한다면 큰 오해일까?

'이중신앙' 문제와 신심의 추상적 순수성에 대한 집착 외에도 신심을 아미타불의 선물로 보는 견해는 또 다른 문제를 야기한다. 처음에는 부처와 중생 사이에 존재하는 무한한 거리를 자각하기 때문에 성립된 신앙이 그것이 실현되는 순간, 즉 신앙의 주체와 대상이 일치되는 순간 결국 역설적으로 그 거리가 해체되어 버리는 것은 아닌지 하는 의문이다.

신앙의 행위에서 인간 주체가 완전히 사라지고 대상에 의해 완전히 삼켜질 때 과연 부처와 중생 사이의 거리와 긴장 그리고 부처의 초월성이 아직도 남게 될 것인가? 우리는 아미타불에 의해 금강과도 같은 신심과 불성의 선물을 받는 순간 이미 구원받은 존재인가? 신란은 여기서 행여 전통적인 대승의 성도문으로 되돌아가고 있는 것은 아닌가? 우리는 다음 장에서 이러한 문제들을 다루게 될 것이다.

제4장

신심에 근거한 삶

종교는 구원을 약속한다. 이 구원은 인간 실존의 근본적인 문제들이 완전히 극복되고 삶의 질적 전환이 일어나는 세계이다. 종교적 메시지가 약속하는 구원은 인식적으로 또는 존재론적으로 초월적 세계이다. 인식적으로 초월적이라 함은 그것이 모든 사람에게 경험적 지식의 대상으로 주어지는 것이 아니라 특정한 부류의 신앙인들에게만 감지되는 세계라는 뜻이며, 존재론적으로 초월적이라 함은 그것이 우리가 일상적으로 접하는 현실 세계와는 전혀 다른 차원에 속하는 실재라는 뜻이다. 초월이 존재론적인 경우 종교가 말하는 구원은 우리가 현세를 살고 있는 동안 어느 정도는 미리 맛볼 수 있을지 몰라도 결코 완전히 성취되기는 어렵다. 초월이 인식적이라고 할 것 같으면 우리가 감추어진 실재를 가리는 무지를 제거하기만 하면 지금 여기서도 완전한 구원의 경험이 가능하다. 물론 이 경우에도 인간의 유한성으로 인해 실재에 대한 완전한 앎과 합일은 실제로 불가능할지 모른다.

인식적이든 존재론적이든 초월적 세계는 현세를 사는 유한한 인간에게는 결코 그 모호성을 벗기 어려울 것이다. 종교인들이 습관적으로 하는 확신에 찬 말과는 달리 초월의 세계는 현실 세계에서 살아야 하는 인간에게는 언제나 불완전한 모습으로밖에는 주어지지 않는다. 이것은 모든 종교가 해결해야 할 근본적인 문제이다. 죄악과 무지로 인해 끊임없이 괴로워하며 사는 범부에게는 피안의 세계란 결코 일상적인 현실처럼 명백한 세계가 아니기 때문이다. 그러나 이 초월의 세계가 제아무리 멀다 해도 인간의 삶을 좌절시키고 무의미하게 만드는 일이 항구적으로 사라진 완전한 세계에 대한 갈망은 여전히 우리를 떠나지 않는다.

대승 불교의 전통, 특히 화엄華嚴과 선禪은 생사와 열반, 중생과 부처가 하나임을 말한다. 색즉시공色卽是空ㆍ공즉시색空卽是色의 세계이다. 공空(śūnyatā)을 관하는 반야般若(prajñā)의 지智에서 보면, 인간의 삶을 괴롭히는 모든 이원적 대립은 사라지고 평온한 불이不二(advaya)의 세계만 있을 뿐이다. 그러나 감당하기 어려운 업의 짐을 지고서 평생 죄악 범부라는 의식 속에서 살았던 신란으로서는 인간의 죄악 현실을 무시하고 그러한 불이의 세계를 깨닫는다는 것은 도저히 도달하기 어려운 경지였다. 그에게는 부처와 중생, 열반과 생사, 깨달음과 무명 사이에는 건너뛰기 어려운 심연이 가로놓여 있었다. 모든 중생이 불성을 갖추고 있다는 사상이나 생사와 열반이 하나라는 생각, 정토란 오직 마음뿐이라는 가르침(唯心淨土) 또는 현재의 이 몸 그대로 성불한다는 즉신성불卽身成佛의 사상 등 신란 당시 일반적으로 알려진 모든 가르침이 그에게는 전혀 현실감 없는 공허한 이야기로밖에 들리지 않았다.

한순간의 진정한 보리심도 낼 수 없는 자신, 자신의 죄악을 진정으로 뉘우치는 마음조차 낼 수 없는 자신, 염불이나 신앙 행위에서조차 끊임없이 자력의 유혹을 물리치기 어려운 자신을 발견하는 그로서는 살아날 길은 오직 단 하나뿐이었다. 그것은 자신의 죄악에도 불구하고, 아니 역설적으로 바로 자신의 죄악 때문에 구원받을 수 있다는 순수 타력과 은총의 길뿐이었다. 신란은 아미타불의 자비로운 본원이 바로 자기와 같은 죄인을 위한 것이었음을 뼈에 사무치도록 깊이 느꼈다. 죄인임에도 불구하고 가능한 구원, 이것이 그가 찾은 구원이었다.

따라서 이 구원은 인간의 죄악성을 부정하거나 은폐하지 않고 그대로 인정하고 용납하는 형태의 구원, 곧 '생사를 끊지 않고 얻는 열반'이었다. 단적으로 말해, 그가 찾은 구원은 구원 아닌 구원, 곧 역설적 구원이었다. 그리고 바로 이러한 구원이야말로 신란에 의하면 우리가 정토에 왕생하기 전 현세에서 누릴 수 있는 유일한 형태의 구원이다. 아미타불의 자비는 바로 이러한 구원을 가능케 해 준 것이다.

역설적 구원

신란의 글들은 여기저기서 구원 체험의 양극이 변증법적 긴장을 이루면서 병존하는 역설적 구원에 대해 증언하고 있다. 그의 저술들은 또한 현재적 구원의 체험이 지니고 있는 이 역설적 성격이 그의 제자들은 물론이요 때로는 자기 자신에게조차도 감당하기 어려웠다는 사실을 말해 주고 있다. 그리하여 그는 때로는 구원 체험의 한 극을 강조하는가 하면 또 다른 경우에는 그 반대의 극을 강조하기도 한다. 이렇게 그는 글을 쓸 당시 자신의 기분에 따라 양극 사이를 오가는 면을 보이고 있다.

우리는 이미 신란의 신심 이해에서 이종심신二種深信의 두 측면, 즉 중생 자신에 대한 것과 아미타불에 관한 것이 불가분적으로 연결되어 있음을 보았다. 이러한 신심의 구조는 이미 그 안에 신심에 근거한 삶의 양면을 담고 있다. 이 두 측면은 구조적으로 연결되어 있지만 신란을 비롯하여 신도들의 삶에서 언제나 동일한 강도를 가지고 나타나는 것은 아니다. 신심에 근거한 삶은 때로는 절망의 구덩이로 빠지는가 하면, 때로는 자신의 죄악에도 불구하고 아무런 조건 없이 주어진 구원에 기뻐 날뛰기도 한다.

따라서 우리는 신심에 근거한 삶과 구원의 체험을 논할 때 한 측면만 지나치게 강조하는 일은 피해야 한다. 주의할 점은 신란이 어떤 때는 자기가 이미 구원받은 존재라고 느꼈고 또 다른 때는 지옥에 떨어질 존재라고 느꼈던 것이 아니라는 사실이다. 정확하게 말해서, 신란은 신심 가운데서 자신이 한편으로는 전적으로 구원받은 존재이나 다른 한편으로는 전적으로 희망이 없는 존재임을 '동시에' 그리고 '언제나' 느꼈던 것이다. 바로 이 점이 신란의 구원 체험이 갖는 진정한 역설성이다. 루터의 '의인이자 동시에 죄인'(simul justus et peccator)이라는 개념에 대해 오즈먼트(Steven E. Ozment)가 한 말은 그대로 신란의 구원 체험에도 들어맞는 말이다.

'언제나'(semper)와 '아직 아님'(nondum)이 '동시'(simul)의 기초가 된다. 언제나 죄 가운데 있으며 언제나 '아직 의롭지 못한' 자는 오직 죄 많은 자로서만 동시에 의로운 자가 될 수 있는 것이다. 그는 '부분적으로 의롭고 부분적으로 죄 많은' 자가 될 수 없으며, 의롭든가 아니면 죄가 많든가 하

는 자가 될 수도 없다. 그는 의로운 동시에 죄 많은 자가 되어야 한다.[1]

이와 같은 구원의 역설성은 신란에게 구원이란 '이미' 확보된 것이나 '아직'은 실현된 것이 아니라는 사실에서부터 온다. 다시 말해서 신자들의 현세적 삶에 관한 한 구원은 신심 속에서 오직 미래의 사후 왕생에 대한 현재적 확신의 형태로만 주어진다. 그리하여 구원은 어떤 면에서는 이미 현재 신자들의 삶 속에 와 있는 것이지만 또 다른 면에서는 아직 현실화되지 않은 미래의 것이기도 하다. 문제의 핵심은 '번뇌를 끊음이 없이 들어갈 수 있는 열반'이 과연 어떠한 열반이며 언제 실현되는가 하는 것이다. 현재인가? 미래인가? 현재라면 어떤 의미에서인가? 이제부터 이와 같은 문제들을 고찰해 보자.

이미 신심에 관한 신란의 독특한 해석이 전통적 정토 사상의 미래적 구원론에 심오한 변화를 가져왔음을 밝힌 바 있다. 전통적 구원론은 우리가 삶의 최종 순간, 즉 임종의 순간 일성一聲의 염불이라도 하여 그때까지 쌓아 온 모든 악업을 씻어 버리고 관세음보살을 위시한 성중에 둘러싸인 아미타불의 내영을 받아 극락왕생하는 데 초점이 맞추어져 있었다. 그러나 신란은 신심이 발생하고 확정되는 바로 그 순간이 구원의 결정적인 순간임을 강조함으로써 그와 같은 전통적인 신앙을 완전히 무의미하게 만들었다. 따라서 임종의 순간을 아무런 마음의 준비 없이 맞을지 모른다는 불안감은 말끔히 사라지게 된 것이다. 『탄이초』는 말한다.

---

1 John Ishihara, "Luther and Shinran: Simul Justus et Peccator and Nishu Jinshin," *Japanese Religions*, 14/4(1987), 38에서 재인용.

[아미타불의] 명호를 부를 때마다 죄업이 소멸된다고 믿는 것은 자신의 죄업을 제거함으로써 왕생을 얻으려고 노력하는 것에 지나지 않는다. 그렇게 되면 우리는 죽을 때까지 염불을 열심히 해야만 한다. 왜냐하면 일평생을 통해 우리가 발하는 생각 모두 우리를 생사에 얽매는 속박이 되기 때문이다. 그러나 [우리의 현세를 지탱해 주는] 업보에는 한계가 있기 때문에 우리는 온갖 예기치 못한 일들을 만나게 되며 병고에 시달리기도 하여 정념正念의 상태에 들지 못하고 임종을 맞을지 모른다. 그렇게 되면 염불을 하는 일은 어렵게 된다. 그렇다면 그 사이에 지은 죄업은 어떻게 멸할 수 있겠는가? 죄업을 멸할 수 없다면 왕생을 얻을 수 있겠는가?

[아미타불의] 섭취불사攝取不捨의 원을 의지하면 어떤 예기치 못한 죄업을 짓고 염불을 하지 못하고 임종을 맞아도 우리는 즉시 왕생을 얻는다. 더욱이 우리가 임종의 순간에 염불을 한다 해도 그것은 깨달음이 열리는 때가 가까이 옴에 더욱더 아미타불을 의지하여 그의 은혜에 보답하는 행위에 지나지 않는다. 죄업을 멸하려고 하는 것은 자력의 마음으로서, 임종 시에 정념을 기원하는 사람의 본뜻은 타력에 대한 신심이 없음을 말한다.[2]

신란에 의하면 우리의 삶에서 가장 결정적인 순간은 신심이 일어나서 아미타불의 광명에 의해 섭취불사되어 왕생이 결정되는 순간이다.[3] 바로 이 순간에, 다시 말해서 언제 찾아올지 모르는 불확실한 죽음의 순간이 아니라 신심을 얻는 그 순간에 우리는 그 후 무

---

2 『全集』 II, 786.

3 적어도 전통적인 해석에 따르면 그러하다. 그러나 제3장에서 우리는 다른 해석의 여지가 있음을 보았다.

슨 일이 일어난다 해도 반드시 왕생을 얻도록 되어 있는 정정취正定
聚의 무리에 속하게 된다. 따라서 신심을 얻는 그 순간 우리는 이미
초월적 삶을 살게 되는 것이며, '종말적 순간'(eschaton)이 이미 삶의
한복판에서 실현되는 것이다. 신란은 저술을 통해 이 점을 누누이
강조하면서 그것이 그의 구원론적 사고에서 지니고 있는 중요성을
역설하고 있다.

그러나 전통적 구원론을 이렇게 재해석함으로써 신란은 현세에
서의 성불 가능성을 주장하는 성도문적 대승 사상에 아주 가깝게
접근하고 있다는 점을 부인하기 어렵다. 신자들이 신심을 얻는 순
간 미륵불과 동등한 위치를 얻게 된다는 그의 대담한 선언이 그의
추종자들에게 상당한 놀라움과 혼란을 야기했다는 것은 조금도 놀
랄 일이 아니다.

그렇다면 신란은 불타의 초월성 그리고 중생과 불타 사이의 거
리를 전제로 하는 신심의 필요성을 부정하고 있는 것일까? 오직 신
심에 의해서만 정토왕생이 가능하고 신심을 얻는 순간 이미 우리
가 미륵불과 같은 존재가 된다면 신심은 이제 더 이상 신자들의 삶
에 필요 없는 것이 된다는 말인가?

아미타불의 섭취불사에 의해 정정취에 드는 것은 신란에 의하
면 신심이 가져다주는 10종 '현세이익' 중 하나이다. 나머지 9종도
여기서 열거해 볼 만하다.

첫째, 보이지 않는 존재들에 의해 보호받는 이익.

둘째, 지극한 덕을 갖추는 이익.

셋째, 악업이 변해서 선업이 되는 이익.

넷째, 모든 부처님에 의해 보호받고 돌봄을 받는 이익.

다섯째, 모든 부처님에 의해 칭찬을 받는 이익.

여섯째, 부처님의 마음의 빛에 의해 항시 보호받는 이익.

일곱째, 마음에 큰 기쁨이 있는 이익.

여덟째, [아미타불의] 은혜를 알고 그의 덕에 [감사로써] 응답하는 이익.

아홉째, 항시 커다란 자비를 행하는 이익.[4]

이 이익들은 어떤 구체적인 물질적 이익을 포함하고 있지는 않지만, 그것들이 현세에서 신심을 통해 얻어진다는 의미에서 '현세' 이익들이다. 신심으로 인해 신자들은 현세에서도 신심이 없는 자들과는 다른 축복을 누리면서 살게 된다는 것이다. 신심은 신자들이 기쁨, 감사, 자비 그리고 두려움으로부터의 자유 속에서 삶을 살 수 있도록 변화를 초래하기 때문이다. 그러나 10종 현세이익 가운데서 가장 중요한 것은 열 번째 것으로서, 신심은 신자들로 하여금 정정취에 들게 함으로써 구원의 확신을 가지고 살게 한다는 것이다.

그러나 신란이 비록 전통적인 미래 지향적 구원론을 근본적으로 바꾸었다고는 하나 신자들이 누리는 정정취 또는 불퇴전의 위라는 것은 결코 깨달음 그 자체의 성취는 아니다. 신란에 의하면, 깨달음은 정토왕생 이후에 또는 그것과 동시에 오는 것이며 이 왕생은 분명히 사후에 이루어지는 미래적 사건이다. 신란은 깨달음, 즉 성불의 순간과 정토왕생의 순간을 구별하지 않았다. 왕생 자체가 성불이다.

이미 앞에서 언급했듯이, 이것은 전통적인 정토 구원론에 있어

---

4 『敎行信證』, 『全集』 II, 72.

획기적이고 심오한 변화였다. 하지만 이 왕생은 현세에서 확신의 대상은 될지언정 결코 신심과 동시에 일어나는 것은 아니고 과거의 업보인 현재의 몸이 해체되는 죽음 이후에야 비로소 일어나는 사건이다. 따라서 신심을 깨달음과 동일시해서는 안 된다.

『탄이초』는 신자들이 현세에서 깨달음을 얻을 수 있다는 생각은 타력신앙에 반하는 것이라는 점을 분명히 하고 있다.

번뇌가 가득한 몸을 가지고서 벌써 깨달음을 얻는다고 하는 주장은 말도 안 된다. 즉신성불卽身成佛은 진언밀교의 본의本意이며 삼밀행업三密行業의 증과證果이다. 육근을 청정하게 하는 것은 『법화경』에서 말하는 일승一乘의 가르침이며 사안락행四安樂行을 통해 얻어지는 덕이다. 이와 같은 것들은 모두 난행難行으로서, 상근기上根機의 사람들이 힘쓰는 것이며 관행觀行을 통해 성취되는 깨달음이다. 내생에서 깨달음을 얻는다는 것이 타력 정토의 종지宗旨이며 신심결정信心決定의 길이다. 이것은 또 이행易行으로서, 하근기下根機의 사람들이 힘쓰는 것이며 선한 자나 악한 자를 가리지 않는 법法이다. 대체로 금생에서 번뇌와 악의 장애를 끊는다는 것은 지극히 어려운 일이다. 따라서 진언眞言·법화法華를 행하는 깨끗한 승려도 내생에서 깨달음을 얻기 기원하는 것이다. 하물며 [우리 같은 범부들이야] 말할 것 있겠는가? 비록 [우리에게] 계행戒行과 혜해慧解가 모두 없다 해도 아미타불의 원선願船을 타고 생사의 고해를 건너 보토報土의 언덕에 다다르면, 번뇌의 검은 구름은 즉시 개이고 법성法性의 각월覺月은 신속히 나타날 것이다. 시방十方을 채우는 무애광명無碍光明과 한 맛이 되어 일체의 중생을 이롭게 하려고 할 때에야 비로소 깨달음이 이루어지는 것이다.5

5 『全集』 II, 786-787.

확실히 신란의 저술에 신심이 확정되는 순간 즉시 생사의 세계를 벗어난다는 표현들이 있다. 다음과 같은 찬미는 전형적인 예이다.

> 금강과 같이 견고한 신심이
> 확정되는 때를 맞이하여
> 아미타의 심광心光이 [우리를] 감싸고 보호하여
> 영원히 생사를 떠난다.[6]

문자 그대로 취하면 이 찬가는 '금강과 같이 견고한 신심'이 확정되는 바로 그 순간 영원히 생사의 세계를 뛰어넘어 열반을 실현한다는 뜻을 담고 있다. 그러나 바로 이러한 오해를 해소하기 위해서 『탄이초』의 저자는 이 찬가를 인용하면서 그 의미를 다음과 같이 풀이하고 있는 것이다.

> 신심이 확정되는 때 [아미타불의 광명이] 일단 감싸고 버리지 아니함으로 그는 육도에 윤회하지 않을 것이다. 그래서 '영원히 생사를 떠난다'고 말하는 것이다. 이렇게 아는 것을 깨달음과 혼동해서 말할 수 있겠는가? 얼마나 가련한[오해인]가? 돌아가신 성인께서 말씀하시기를 "정토진종은 금생에 본원을 믿어 저 땅에서 깨달음을 얻는 것이라고 들었다"고 하셨다.[7]

여기서 '영원히 생사를 떠난다'는 표현은 '육도에 윤회하지 않을

---

6 『高僧和讃』, 『全集』 II, 510.
7 『全集』 II, 787.

것이다'라는 뜻으로 이해되고 있다. 심리적으로 볼 때, 신심의 확정과 더불어 주어지는 미래 왕생에 대한 확신 내지 보증은 신란에게는 왕생의 현재적 현실성과 별 다름없는 것으로 여겨졌다. 확신 자체는 지금 여기서 경험되는 현재적 현실이기 때문이다. 따라서 신란은 미래적 현실과 현재적 현실을 분명하게 구별하거나 표현상 미래적 시제와 현재적 시제를 명확하게 할 필요를 느끼지 않았을 것이다. 아마도 이러한 표현상의 애매성은 일본어 자체가 미래 시제를 확실하게 표현하는 방법이 없다는 사실에도 어느 정도 원인이 있었을 것이라는 추측도 가능하다. 여하튼 신란에게는 미래란 신심 속에서 이미 현재화되고 있다. 우리는 다음과 같은 스즈키 다이세츠(鈴木大拙)의 말에 동의할 수 있을 것이다.

> 보장은 일종의 약속이며 깨달음의 사실과 동일시되어서는 안 된다는 반론은 심각한 것이 못 된다. 왜냐하면 우리는 이 보장을, 그것이 아미타의 은총에 대한 우리의 영적 인정을 뜻하고 이 은총이 오직 아미타불이 성취한 깨달음의 결과로서만 작용한다는 것을 뜻하는 한, 실제상으로는 [깨달음의] 사실 그 자체로 간주할 수 있기 때문이다. 물론 논리적으로 말해 보장과 깨달음이라는 두 관념 사이에는 과정이 개입되는 것이 사실이나, 심리적으로 볼 때는 본원의 대상인 중생 쪽의 보장은 아미타불 쪽의 깨달음과 동일한 것이다.[8]

또 다른 예를 보자. 신심의 순간 즉시 왕생을 얻는다, 즉 열반을 실현한다는 주장을 뒷받침하는 구절로서 가장 잘 알려진 것은 다

---

8 Suzuki, *Collected Writings on Shin Buddhism*, 27.

음과 같은 신란의 말이다.

'즉득왕생卽得往生'이란 신심을 얻으면 곧 왕생한다는 것을 말한다. '곧 왕
생한다'는 것은 불퇴전[의 위에 머무는 것을 말한다. '불퇴전에 머문다'는
것은 곧 정정취의 위에 확정되는 것을 말하며 등정각을 이루는 것을 말한
다. 이것이 '즉득왕생'의 뜻이다. '즉'이란 '곧'이라는 말이며 '곧'이란 시간
이나 날이 경과하지 않음을 뜻한다.[9]

'즉득왕생'은 문자 그대로 즉시 왕생을 얻는다는 뜻이 아니라 더
이상 후퇴하지 않는 불퇴전의 위, 또는 사후에 반드시 깨달음을 성
취하도록 되어 있는 정정취의 무리에 든다는 것을 뜻한다.

우리는 이것을 다음과 같이 표현할 수 있다. 정토에 태어나기 위
해서는 반드시 정정취에 속해야 하지만 정정취에 속한다고 당장
정토에 왕생하는 것은 아니다. 현재 신자들이 알 수 있는 왕생은 오
직 신심이 확정되는 순간에 확실한 보장 또는 미래의 약속으로서
주어진 왕생뿐이기 때문이다.

이 보증은 결코 현실 그 자체가 아니다. 다만 심리적 효과라는
면에서 볼 때 정정취에 속한 사람들은 이미 정토에 왕생한 것이나
진배없다고 할 수 있는 것이다. 이런 뜻에서 왕생의 확실성은 지금
즉시 이루어지는 '즉득왕생'과 다름없다. 신란의 신심은 이 둘을 확
연히 구별할 필요를 느끼지 않았다. 신란의 언어는 '가슴의 언어'이
지 머리의 언어는 아니다. 신약성서의 히브리서 기자의 표현대로,

---

9 『唯信抄文意』, 『全集』 II, 604-606.

"믿음은 바라는 것들의 실상이다." 그렇지만 신란에 의하면 중생은 아직 부처가 아니며 이 세상도 아직은 정토가 아니다. 신심의 확정과 확신에도 불구하고 양자 사이의 거리는 여전히 남아 있는 것이다.

또 하나의 예를 살펴보자. 이미 인용한 신심의 10종 현세 이익을 언급하기 직전에 신란은 "금강의 신심을 획득하는 자는 오도팔난五道八難의 길을 횡초橫超하고 반드시 현세의 10종 이익을 얻는다"고 말한다.[10] 여기서 '횡초'란 생사의 세계를 한꺼번에 뛰어넘는다는 뜻으로 점차적인 길인 '수초'(堅超)에 대조되는 개념이다. 따라서 이 말은 문자 그대로 보면 금강의 신심을 얻은 자는 대번에 생사를 초월하여 열반을 얻는다는 뜻이다. 그러나 자세히 살펴보면 이 말은 현세에서 얻을 10종 이익과 대조적으로 하는 말임을 알 수 있다. 신심에 근거한 현세의 삶에서 우리가 바랄 수 있는 최고의 경지는 정정취에 들어서 기쁨과 감사와 안심의 복을 누리는 일이다. 이 말의 뜻은 신심을 얻은 자가 사후 정토에서 생사를 횡초하리라는 것이지 현세의 일을 말하는 것이 아니다. 신란은 말한다.

> '횡초'라는 것은 본원에 의해 성취된 일실원만一實圓滿의 진교진종眞敎眞宗을 말한다. … 대원大願에 의해 성립된 청정한 보토에는 등급이나 계위를 논하지 않는다. 한순간에 속히 초월하여 무상의 바르고 참된 깨달음을 실현한다. 따라서 '횡초'인 것이다.[11]

또한 자신의 '정신게正信偈'에 나오는 "신심을 얻어 [아미타불을] 보

---

10 『敎行信證』, 『全集』 II, 72.

11 『敎行信證』, 『全集』 II, 73.

고 경외하고 큰 기쁨을 얻으면 즉시 횡초하여 오악취를 끊는다"는 말을 설명하면서 신란은 다음과 같이 말한다.

'즉횡초卽橫超'란 '즉'은 '곧'을 의미하며 신심을 얻은 사람이 시간이나 날의 경과 없이 정정취의 위에 확정되는 것을 '즉'이라 한다. '횡'이란 옆으로라는 뜻으로, 여래의 원력이며 타력을 가리킨다. '초'란 뛰어넘는다는 말로서, 생사의 대해를 쉽게 옆으로 건너서 무상대열반의 깨달음을 여는 것이다. 신심이 정토종의 정의正意임을 알아야 한다.[12]

이상의 설명들을 통해 우리는 '즉'의 의미는 어떤 사람이 신심이 생겨 확정되면 그는 정토왕생 후 깨달음을 얻도록 되어 있는 정정취의 위에 즉시 들어간다는 것임을 확인할 수 있다. '횡초'의 개념은 대승의 일반적인 점진적이고 어려운 수행의 길과는 달리 타력에 의해 빨리 생사를 벗어나는 것을 의미하는데, 선 불교의 돈오頓悟를 연상하게 하는 개념이다. 그러나 그것은 정토왕생과 더불어 실현되는 미래적 해탈을 가리키는 말이지 선 불교에서와 같은 현재적 경험은 아니다. 신심은 바로 이 사후의 미래적 해탈에 대한 현재적 보장인 것이다. 지금 여기서 일어나는 갑작스러운 깨달음의 성취를 말하는 선 불교는 신란에 의하면 이른바 '수초'(竪超), 즉 성도문에 속한다.

마지막으로, 신란의 유명한 '자연법이'自然法爾(jinen hōni) 사상을 살펴볼 필요가 있다. 신심에 의해 가능해진 삶의 자연스러움과 자유로움을 나타내는 이 개념이 행여 선적禪的 깨달음의 경지를 가리

---

12 『尊號眞像銘文』, 『全集』 II, 602.

키는 것으로 잘못 인식될 가능성이 있기 때문이다. 스즈키 다이세츠는 자연법이의 삶을 다음과 같이 아름답게 묘사하고 있다.

우선, 신란에 의하면 아미타불의 본원은 인간의 이해를 완전히 뛰어넘는 신비한 행위로서 이제 우리에게 그것에 대한 신심이 일깨워졌는데 무슨 근심이 있어 우리를 괴롭히겠는가? 우리에게 무슨 꾀가 있기에 스스로를 죄악으로부터 완전히 건져 정토에 살 자격이 있게 하겠는가? 우리가 해야 할 일은 단지 본원의 신비한 작용에 자신을 절대적으로 맡기는 일뿐이며, 이 세상의 어떤 것에도 불안해하거나 속상해하지 않고 스스로에 만족하며 아미타불의 무애광명 속에서 부는 바람, 피는 꽃처럼 자유로울 뿐이다. 신란은 종종 우리에게 선도 악도 생각하지 말고 다만 자신을 신비한 본원에 맡기고 '자연스럽게' 되라고 한다.[13]

'자연自然'이라는 개념은 신란의 저작에서 여러 가지 다른 의미의 뉘앙스를 가지고 있다. 기본적으로 우리는 두 가지 뜻을 구별할 수 있다. 한편으로 그것은 궁극적 실재, 즉 무상無相의 법신불을 가리킨다. "무상불無相佛은 형상이 없고 형상이 없으므로 자연이라 부른다."[14] 다른 한편으로 '자연'은 지고의 무상불이 중생을 제도하기 위해 아미타불의 형상으로 나타나는 방식, 특히 그의 본원이 중생으로 하여금 무상불을 실현하도록 작용하는 방식을 가리킨다. "우리로 하여금 참 부처는 형상이 없음을 알게 하려고 아미타불이라고 부른다고 나는 들었다. 아미타불은 자연을 알게 하는 수단이

---

13 Suzuki, *Collected Writings on Shin Buddhism*, 55-56.
14 『末燈鈔』, 『全集』 II, 664.

다."15 달리 말해서, '자연'은 궁극적 실재를 가리킴과 동시에 이 실재가 중생의 구원, 즉 깨달음을 성취할 수 있도록 활동하는 방식을 가리킨다. 더 정확히 말하면, 하나는 명사로 사용되며 다른 하나는 부사로 사용된다. 그런데 후자가 신란에게는 구원론적 의미를 가지고 독특하게 사용되고 있는 것이다. 신란은 그것을 다음과 같이 설명하고 있다.

'자연'이라는 것은 '자自'는 저절로라는 뜻으로 수행자의 타산이 아니기 때문이다. '연然'은 그렇게 되도록 된다는 말이다. 그렇게 되도록 된다는 말은 수행자의 타산이 아니고 여래의 원에 의한 것이기 때문이다. '법이法爾'는 이 [여래의] 원에 의해 그렇게 되도록 되기 때문에 수행자의 타산이 없으므로 이 법의 덕에 의해 그렇게 되도록 된다는 말이다. 인간의 타산이 일체 없다. 때문에 [타력은] 의義[타산, 자기 노력] 없음이 의라는 것이다.16

따라서 '자연법이'란 인간의 어떠한 노력이나 계산이 개입할 여지가 없이 아미타불의 타력본원이 중생을 구제하기 위해 필연적인 도리에 따라 저절로 작용하는 방식을 말한다.

'자연법이'에 대한 인간 쪽에서의 반응은 자력을 포기하고 아무런 개입 없이 단지 타력을 타력이도록 내버려 두는 신심 이외에 아무것도 없다. 인간의 구원은 이미 신심에 의해, 아니 아미타불의 본

---

15 『末燈鈔』, 『全集』 II, 664.
16 『末燈鈔』, 『全集』 II, 663. 신란에게 '의(義)'는 뜻·이유·타산 등을 가리키는 말이다. 여기서는 인간이 자신의 구원을 위해 애쓰는 계산이나 노력을 말한다.

원력에 의해 확보되고 보장되었기 때문에 인간의 어떠한 인위적 노력도 필요 없고 어떠한 도덕적·종교적 고민 같은 것—신란이 '타산'이라 부르는 것—도 할 필요가 없다.

신심이란 '자연법이'로 작용하는 아미타불의 본원력에 모든 것을 맡겨 버리는 단순하고 순수한 행위이다. 이와 같이 아무런 걱정 근심 없이 아미타불의 은총의 세계에서 천진난만한 어린아이와 같이 뛰노는 경지야말로 아마도 신란이 현세에서 누릴 수 있었던 최고의 경지, 최고의 지혜와 통찰이었을 것이다. 그것은 실로 선 불교적 '깨달음'에 매우 가깝게 접근한 경지였다고 말할 수 있다.

그러나 유의해야 할 점은 '자연법이'는 일차적으로 결코 신란 자신의 마음 상태를 가리키는 말이 아니라 죄악 범부를 구원하기 위한 아미타불의 놀라운 활동을 가리키는 말이라는 사실이다. 그것은 결코 신란의 열반 체험을 묘사하는 말이 아니며, 설령 그가 그러한 경지를 체험했다 해도 이것이 그가 성도문적 깨달음을 얻었다는 것을 뜻하는 것도 아니다. 신란은 이 '자연'의 경지를 깨달음이 아니라 신심에 의해 도달한 것이다. 그것은 수행과 깨달음을 통해 얻는 자유의 경지가 아니라 모든 것을 아미타불에게 맡기는 신심 속에서 얻어지는 자유이다. 그렇기 때문에 신란은 이 단순하면서도 심오한 은총의 세계를 발견했음에도 불구하고 여전히 범부로 남아 있을 수밖에 없는 자신의 모습에 괴로워했던 것이다. 신심에 의해 실현되는 이 놀라운 은총의 세계에서는 중생의 악업도 즉시 선으로 전환된다. '없어지지 않고' 전환되는 것이다.

'자自'란 저절로라는 뜻으로서 저절로란 자연自然이란 뜻이다. 자연이라는 것은 그렇게 되도록 된다는 것을 말하는 것이며, 그렇게 되도록 된다는 말은 수행자의 어떠한 타산도 없이 그의 모든 과거·현재·미래의 죄가 선으로 전환된다는 말이다. 전환된다는 것은 죄가 없어지지 않고 선이 되는 것이다. 마치 강물들이 대해로 들어가면 즉시 대해가 되는 것과 같다. 미타의 원력을 믿음으로써 여래의 공덕을 얻는 까닭에 그렇게 되도록 된다는 말이다. 공덕을 얻으려는 타산이 없기 때문에 '자연'이라고 하는 것이다.[17]

이 '자연법이'의 경지야말로 신란이 도달한 최고의 경지였다는데에는 이론이 없다. 하지만 그것은 신심으로 도달한 경지였으며, '신信'은 결코 '증證'이 아니다. 신심 속에서 죄가 선으로 전환된다고 하나 '없어지는' 것은 아니며 범부 신란은 여전히 현실로 존재한다. 다만 아미타불의 본원력 때문에 죄악이 더 이상 정토왕생을 가로막는 힘을 상실했을 뿐이다. 죄악이 더 이상 문제가 되지 않는다는 말이다. 신심에 의해 일어나는 인간의 변화는 아직은 '실존적' 변화가 아니다. 그것은 중생을 있는 그대로 놔둔 채 자신의 공덕을 '그들의' 것으로 회향하는 아미타불의 은총의 세계에서 일어나는 '본질적' 변화 또는 '이상적' 변화일 뿐이다. 신심이 있다 해도 현세는 아직 정토가 아니며, 중생은 여전히 (중생 죄인은 여전히) 죄인이다. 다만 그는 자신의 노력 없이 '자연법이'로 거저 주어진 열반을 얻도록 확정되어 있을 뿐이다. 『안심결정초安心決定抄』에 나오는 다음과 같은 구절은 신심에 의해 얻어지는 '본질적' 변화가 어떤 것인지를 잘 보여 준다.

---

17 『唯信抄文意』, 『全集』 II, 623.

정토 삼부경 모두의 요지는 본원의 의의를 드러내는 것이다. 본원을 이해하는 것은 [아미타불의] 명호를 이해하는 것이고, 명호를 이해하는 것은 아미타불이 모든 중생을 대신해서 그의 원과 덕(또는 행위)을 성취시킴으로 인해 그들의 왕생을 그들이 실제로 얻기 전에 이루어 놓았다는 것을 이해하는 것이다. 그가 [이룬] 깨달음의 본질은 다름 아닌 시방세계 모든 중생의 왕생이다. 이와 같은 이유로 염불행자, 즉 타력의 행자는 아미타불의 명호를 들을 때마다 이 진리, 즉 그들의 왕생은 이미 이루어진 것이라는 진리를 깨달아야 한다. 왜냐하면 명호는 시방세계의 모든 중생이 정토왕생이 보장되지 않으면 깨달음을 성취하지 않겠다는 서원을 한 법장보살에 의해 얻어진 깨달음을 나타내기 때문이다. … 행자는 악만 행할 뿐이므로 그들의 본성에는 세간이든 출세간이든 어떠한 선도 행할 수 있도록 하는 것이 없다. 그러나 아미타불이 그의 성불의 본질인 무량공덕을 성취했으므로 무지하고 사견에 빠져 있는 우리조차도 이제 안락정토에 가도록 되어 있는 것이다. 그런즉 얼마나 우리 모두의 복인가![18]

다시 말해서, 아미타불의 본원과 명호를 믿는 신심 속에서는 우리는 더 이상 중생이 아니다. 왜냐하면 우리에게 회향된 그의 공덕으로 인해 우리의 왕생은 이미 본질적으로 성취되었기 때문이다. 아미타불을 향한 신심에 관한 한 우리는 이미 정토에 있는 것이나 다름없다. 다만 우리 자신의 상태를 보는 한 우리는 아직 실존적으로 범부의 상태를 벗어나지 못한 존재인 것이다.

이와 같은 역설적인 변화, 즉 '변화 없는 변화'야말로 아미타불에 대한 신심의 세계에서 일어나는 참다운 기적이다. 신란은 이것

---

18 Suzuki, *Collected Writings on Shin Buddhism*, 53.

을 다음과 같이 표현한다.

> [번뇌에] 얽힌 범부들, 사냥꾼이나 장사꾼 같은 천한 무리들이 무량광불
> 無量光佛의 불가사의 서원, 광대지혜廣大智慧의 명호를 신락信樂하면, 번뇌
> 를 다 갖추고 있으면서도 무상대열반無上大涅槃에 이른다. … 여래의 본
> 원을 믿으면 기왓장과 자갈 같은 우리가 황금으로 변하는 것이다.[19]

은총과 신심의 세계에서는 번뇌가 많을수록 더욱 많은 공덕을
갖게 된다. 아미타불의 은총은 우리의 상식적인 도덕주의 계산을
뛰어넘는 도덕적 역설의 세계이다.

> 무량광無量光의 이익에 의해
> 위덕광대威德廣大의 신신을 얻어
> 번뇌의 얼음 덩어리는
> 반드시 보리菩提의 물이 된다.
>
> 죄의 장애가 공덕의 체體가 된다.
> 얼음 덩어리와 물과 같아
> 얼음 덩어리가 크면 물도 크듯이
> 장애가 클수록 덕도 크도다.[20]

신란은 사실 "[아미타불의] 비원悲願의 신심과 행[염불念佛]을 얻게

---

19 『唯信抄文意』, 『全集』 II, 628-629.
20 『高僧和讚』, 『全集』 II, 505-506.

되면 생사가 곧 열반이다"라든가 "본원의 원돈일승圓頓一乘은 역악逆惡한 자를 포섭한다고 믿어 알면, 번뇌와 보리는 체體가 둘이 아님을 곧 깨닫는다"라고까지 말한다.[21] 그야말로 대승의 성도문적 깨달음의 세계 그대로인 것처럼 들리는 말들이다.

그러나 이제 우리는 이러한 표현들이 신란에게 어떤 의미였는지를 알 수 있다. 신란의 또 다른 표현을 사용하면, 그것은 중생이 '번뇌를 끊지 않고도 열반을 얻는다'는 역설적인 신앙의 진리를 증언하는 말이다. 본래 이 표현은 중국의 정토 사상가 담란曇鸞(476~542)이 사용했는데, 그가 말하는 열반이란 중생이 정토왕생한 후에 얻는 열반을 뜻한다.[22] 그리고 만약 이러한 미래적 열반이 신란이 뜻하는 것이라면, 우리는 그것을 이해하는 데 아무런 어려움이 없다. 왜냐하면 신란도 다른 모든 정토 신앙인들과 더불어 중생이 비록 이 예토에서 번뇌에 가득 찬 존재들이지만 그 모습 그대로 간직한 채 정토에 왕생하여 열반을 얻을 것이라고 믿기 때문이다.

그러나 이러한 미래적 열반 개념으로 신란의 말을 이해하는 것은 너무나 단순한 해석이며 그 표현이 지니고 있는 미묘함과 역설성을 제대로 포착한 것이라고는 보기 어렵다. 그렇다고 열반을 신앙인들의 현재적 삶에서 실현되는 현실로 이해해서도 안 된다. 그렇게 해석한다면 그것은 신란이 역설보다는 모순을 범했다고 해야

---

21 『高僧和讚』, 『全集』 II, 505.

22 이러한 뜻으로는 그 말은 아무런 역설성도 없는 평범한 말이다. 왜냐하면 모든 정토 신앙인들은 번뇌에도 불구하고 정토에 왕생하여 열반을 얻는다고 믿기 때문이다. 담란은 『정토론주(淨土論註)』에서 "범부가 번뇌로 차 있어도 역시 저 정토에 태어나면 삼계(三界)의 업에 속박되지 않은즉, 이것이 번뇌를 끊지 않고도 열반을 얻는다는 것이다. 가히 생각할 수 있겠는가"라고 말한다. 『教行信證』, 『全集』 II, 105에서 재인용.

할 것이다. 열반은 어디까지나 번뇌의 저편이며 번뇌와 함께 공존하는 열반, 말하자면 절반의 열반이라고나 할까 하는 것은 있을 수 없기 때문이다.

그렇다면 미래적 실재도 아니고 현재적 현실도 아닌 이 열반은 미래성과 현재성을 동시에 지닌 어떤 것이라고 이해해야 할 것이며, 바로 이것이 신란이 그의 신심 속에서 경험한 진실이며 그가 그러한 역설적 표현으로 뜻하고자 했던 것이다. 그리스도교에서 예수가 이해한 하느님나라(Kingdom of God)의 시간성에 관한 신학적 표현을 빌리면, 신심을 지닌 자들에게 열반은 '이미 그러나 아직 아니다'(already, but not yet)이다.

우리가 자신을 바라볼 때는 신심이 있다 해도 여전히 번뇌로 가득 찬 범부일 뿐이다. 그러나 우리가 신심으로 아미타불의 본원을 바라볼 때는 우리의 죄악은 힘을 잃게 되고 없는 것이나 다름없으며 우리의 왕생은 단지 시간문제일 뿐이다. 아미타불의 본원과 명호 속에서 우리에게는 이미 본질적인 변화가 일어났다. 아미타불은 그의 서원을 성취함으로써 우리의 존재론적 위상을 근본적으로 변화시켰기 때문이다. 우리의 눈에는 우리가 여전히 중생이나 아미타불의 눈으로 볼 때 우리는 이미 열반에 들어 있는 구원받은 존재들인 것이다. 그의 특이한 언어로써 스즈키 다이세츠는 이 신앙의 신비를 다음과 같이 표현하고 있다.

진종의 가르침에 의하면, 아미타불은 업의 작용에 간섭할 의도는 없다. 업은 이 세상에서 그 [힘이 소진될 때까지] 갈 길을 다 가야 하며 한 사람이 진 빚은 다른 사람이 갚을 수 없기 때문이다. 그러나 아미타불의 명호와 본원의 신비한 힘―이 신비는 아무리 모순적이라 해도 삶의 신비로서 그저 받아들여야 한다―은 업을 행한 자를 업의 저주로부터 들어 올려 안락정토에다 옮겨 놓아 거기서 무상정각無上正覺을 성취하게 한다. 업이 업대로 전개되는 동안 업의 영역 밖에 있는 것, 업에 반하는 [아미타] 불의 힘이라고 할 수 있는 것이 우리가 전혀 알지 못하는 사이에 업을 지고 가는 자에게 작용한다. 그러나 그는 아미타불에 대한 신심이 생기는 순간 이 사실을 깨닫기 시작한다. 신심은 이 같은 기적을 그의 의식 속에 이룩한다. 비록 그가 업의 법칙에 종속되어 있음을 알고 자기의 의사와는 상관없이 계속해서 업을 지어야 한다는 사실을 안다 해도, 일단 그의 신심이 확정되고 나면 그의 가장 내면의 의식은 그에게 이 세상에서의 업에 따른 삶이 마감될 때 그가 아미타불에 가도록 되어 있다는 것을 말해 준다. 회향의 진리가 입증되는 것은 바로 이러한 진종 신자들의 가장 내면에 있는 의식에 의해서이다. 마찬가지로 그리스도인들은 그들의 신앙이 그리스도 안에서 확인될 때 대속적 속죄를 확신하게 된다. 이러한 진리에 대해 어떠한 신학적 그리고 윤리적 해석을 하든, 심리적으로는 이 진리 또는 사실은 그리스도인들이나 불교 신자들에게 동일한 것이다. 곧 상대적 의식의 차원으로부터 무의식으로의 비약의 체험이다.23

선禪이 현세에서 업으로부터의 완전한 자유와 그에 따른 '자연'의 삶을 약속하는 반면, 범부 신란은 그러한 것을 인정할 수 없었다. 적어도 현세에서는 그러한 것을 바랄 수 없다는 것이다. 오직 아미타불만이 업의 세계를 완전히 벗어난 존재이며, 중생은 오직 그의 본원과 명호에 대한 신심으로써만 업의 힘으로부터 벗어날 수 있다.

---

23 Suzuki, *Collected Writings on Shin Buddhism*, 60.

그러나 이것도 단지 본질적인 해방이지 실존적 해방은 아니며, 구원의 현재적 확실성으로 주어지는 것이지 현재적 구원의 체험으로 주어지는 것은 아니다. 현세적 삶에 관한 한 우리가 기대할 수 있는 것은 미래적 구원, 즉 사후의 왕생과 성불에 대한 현재적 확신뿐이다. 왕생 후에야 우리는 비로소 실존적 변화를 경험하며 깨달은 자의 완전한 자유를 누릴 수 있는 것이다. 신자들이 현세에서 누릴 수 있는 구원의 체험은 불완전한 형태의 것, 미래의 완전한 구원에 대한 확신의 형태로 주어지는 것뿐이다. 구원은 '이미' 성취되었으나 '아직' 우리의 현실은 아니기 때문이다. 신심에 의한 구원은 아직도 애매한 구원, 역설적 구원이다. '신信'은 아직 '증證'이 아니기 때문이다.

우리가 고찰한 신란의 말들은 종종 현대 진종 학자들에 의해 마치 생사와 열반, 중생과 부처, 번뇌와 보리가 둘이 아니라는 대승적 깨달음의 세계를 뜻하는 것으로 해석되고 있다.[24] 외견상 신란의 말들은 불이不二의 진리를 말하는 대승의 공空 사상에 의해 가장 쉽게 풀이될 것처럼 보인다. 그러나 이것은 신란의 사상에 대한 완전한 오해에 지나지 않는다. 그러한 해석은 신자들이 현세에서 체험하는 구원의 역설성 그 자체를 완전히 해소해 버린다. 신란에게 신심은

---

24 Ueda and Hirota, *Shinran*은 전반적으로 이러한 경향을 보인다. 예를 들어 56, 83-89, 167-173 참조. 호시노 겐포(星野元豊)는 '부단번뇌득열반(不斷煩惱得涅槃)'을 장차 정토에서 얻는 미래의 이익이 아니라 현재적 '확신의 사태'를 가리키는 것으로 해석하고 있다. 그러나 그는 이 '확신의 사태'를 전통적인 대승의 존재론과 니시다(西田) 철학으로 해석하고 있다. 따라서 타력의 '타자성'이 사라지며, 아미타불과 중생 사이의 거리를 전제로 하는 신심은 궁극적으로 무의미하게 된다. 星野元豊, 「不斷煩惱得涅槃の論理」, 『親鸞と淨土』(東京: 三一書房, 1984), 75-90 참조. 호시노 겐포는 심지어 같은 논리를 정토 그 자체의 실재에도 적용하고 있다. 星野元豊, 『淨土の哲學 ― 續淨土』(京都: 法藏館, 1975), 42-44.

사물의 본성인 공의 진리 그리고 이에 따른 '즉(卽)'의 논리를 깨닫는 존재론적 통찰과는 아무런 상관이 없다. 오히려 그 반대로 신심은 오직 타력의 타자성 또는 초월성이 보존되고 중생과 부처의 거리가 극대화되어 중생으로서는 부처의 은총 이외에는 도저히 생사의 세계를 벗어날 방도가 없는 절망적인 경우에만 비로소 진정한 의미를 가지게 된다. 신란에게 생사와 열반이 '하나'(卽)라는 진리는 신심의 진리이지 반야 지혜로 깨닫는 진리가 아니다.

> 미혹되고 오염된 범부에게 신심이 발하면
> 생사가 곧 열반임을 깨달아 알아
> 반드시 무량광명토에 이르러
> 모든 중생을 널리 교화할 것이다.25

중생의 번뇌를 있는 그대로 받아들이는 은총의 논리는 죄악의 현실을 있는 그대로 심각하게 대하지 않는 '즉'의 논리와는 아무런 상관이 없다. 즉의 논리로는 은총의 기적을 알기 어렵다. 상(相)이 상이 아니기 때문에 상이라는 '즉'의 논리는 생사와 열반, 중생과 부처 사이에 가로놓여 있는 건너기 어려운 간격에 대한 심각한 현실적 감각을 무시하기 쉬우며, 신심의 전제가 되는 양자 사이의 긴장감과 단절감을 무시한다.

물론 '즉'의 논리는 오직 깨달음을 얻은 자만이 구사하는 논리이지 아무나 하는 것은 아니다. 그러나 바로 그렇기 때문에 그것은 깨

---

25 『教行信證』, 『全集』 II, 45. 이 구절은 신란의 '정신게(正信偈)' 또는 '정신염불게(正信念佛偈)'라는 글에 나온다. '정신게'는 『교행신증』의 일부이다.

달음을 얻지 못하고 괴로워하는 범부 신란의 논리는 아니다. 이미 깨달음을 얻은 자에게 신심이 무슨 소용이 있으며 정토왕생이 무슨 의미가 있겠는가? 업에 얽매인 중생과 절대적 자유를 누리는 부처 사이의 간격은 오직 아미타불 자신으로부터 오는 자비와 은총에 대한 신심으로써만 메워질 수 있다. 적어도 정토왕생 이전에 범부들이 경험하는 구원에 관한 한 그렇다는 것이다. 신심은 미래의 보다 완전한 구원을 향해 열려 있지만, '즉'의 세계를 깨닫는 초월적 지혜는 그렇지 않다. 거기서는 문자 그대로 중생이 이미 부처, 중생이 곧 부처이기 때문이다. 신은 증이 아니다. 후자는 정토왕생 후에야 비로소 성취된다.

> 여래는 곧 열반이며
> 열반은 불성이라 부른다.
> 범부의 지위로서는 깨닫지 못하고
> 안양에 이르러서 깨달을 것이다.[26]

이 같은 관점에서 보면, 신란이 『교행신증』의 '증권證券'조차 열반이 현재적 경험 세계가 아니라 미래의 왕생과 더불어 주어지는 것임을 말하는 구절들로 시작하고 있다는 사실은 매우 주목할 만한 현상이다. '증권'이 기초하고 있는 중심 되는 아미타불의 서원은 이른바 '필지멸도지원必至滅度之願'으로서 '중생이 정토에서 정정취에 들어 반드시 열반에 이르지 않는다면 정각을 취하지 않겠다'는 서원이다. 범부 중생으로서는 열반은 어디까지나 신심에 근거한 미

---

26 『淨土和讚』, 『全集』 II, 497.

래적 약속의 확실성이지 현재의 경험적 확실성은 아닌 것이다.

진종의 정통 교리는 신자들이 현세에서 깨달음을 성취할 수 있으며 정토가 이 세상에서 실현될 수 있다는 견해를 이단으로 간주함으로써 신란의 가르침에 충실하고 있다.[27] 그러나 이러한 정통 교리에도 불구하고 현대 진종 학자나 사상가들은 선 불교 또는 현대의 세속주의적 사상의 영향인지는 몰라도 정토를 단지 사후에 도달하는 세계로 보지 않고 지금 여기에서 실현되는 세계임을 강조하는 경향을 두드러지게 나타내고 있다. 이들은 정토가 지금 여기서 실현될 수 있는 것이 아니라면 현실 세계에 밀착해서 살고 있는 현대인에게 별 의미가 없다고 생각하는 것 같다.

하지만 이것이 과연 사실일까? 미래가 현재와는 무관하게 존재하는 것일까? 미래에 대한 확신을 결여한 사람에게는 그럴지 몰라도 적어도 신란에게는 결코 그렇지 않았다. 그는 우리가 신심을 소유하는 순간 미래적 구원이 확실히 보장되는 정정취에 드는 특권이 주어진다는 사실에 무한한 감격을 느꼈으며 그것을 구원의 메시지로 지칠 줄 모르게 강조하고 또 강조했다.

현대 그리스도교 신학의 가장 중요한 흐름 중 하나는 종말론이 지니는 의미와 중요성에 대한 새로운 자각이다(J. Moltmann 등). 그리스도교 신앙과 마찬가지로 정토 신앙의 구원론에서도 구원의 미래적 차원과 초월성을 무시하는 대가는 진정한 신앙의 포기일 수밖에 없다. 미래란 단순히 미래로서 있는 것이 아니라 언제나 현재에 새로운 의미를 던져 주면서, 아니 심지어 새로운 '현실'을 만들어 내면서 현재에 작용한다. 교토대학의 철학자 다케우치 요시노리는

---

27 『講座眞宗安心論題』, 제23조 「卽得往生」과 제25조 「正定滅度」 참조.

신란이 파악한 신과 증의 변증법적 관계를 명확히 인식하면서 다음과 같이 말하고 있다.

> 증證과 신信 사이의 절대적 단절을 무시하는 선가禪家의 '기심미타유심정토己心彌陀唯心淨土'의 내재주의적 입장은 본래부터 정토교의 진의眞意를 현창顯彰할 수 없다. 그러나 이에 대립하여 지방입상指方立相하는 정토가의 주장이 단순히 피안과 차안이 따로 존재한다는 것 정도로 잘못 해석된다면 이것 역시 정토교의 진의를 다하는 것이라고 할 수 없을 것이다. 지방입상이 가리키는 방향은 미래이며, 미래는 경험은 할 수 없다 해도 신信의 현재에서 이미 오고 있다고 생각해서는 아니 될까?[28]

신란에 의하면 신앙은 분명히 한 개인의 삶에 심오한 변화를 일으킨다. 신앙은 중생의 무지를 변화시켜 죄악 범부인 자신의 모습과 아미타불의 지혜와 자비의 진실한 세계에 대해 참다운 통찰을 가져다준다. 자력에 대한 집착과 자기중심적 삶으로부터 타력으로 전향하는 경험으로서의 신심은 우리의 아무런 개입 없이 '자연법이'로 이루어지는 구원을 겸손히 수용하는 지혜를 준다. 신심에는 기쁨과 감사가 따르며, 정토왕생이 확정되어 있다는 확신이 따른다. 신심은 현재 우리의 삶을 괴롭히고 있는 번뇌들이 우리가 열반을 얻는 데 더 이상 장애가 될 수 없음을 말해 주기 때문이다. 나아가서 신심은 중생으로 하여금 생사가 곧 열반이라는 진리를 터득하는 경지에까지 이르게 해 준다.

그러나 우리는 신란에 있어 신심이 초래하는 변화는 존재론적

---

28 武內義範, 『教行信證の哲學』 (東京: 隆文館, 1987), 159.

이기보다는 인식적이며 도덕적이기보다는 정서적이라고 결론지을 수밖에 없다. 왜냐하면 중생과 부처, 생사와 열반, 이 세상과 정토의 거리는 우리의 신심에도 불구하고 여전히 남아 있기 때문이다. 사실 그 거리는 신심 이전보다도, 다시 말해 아미타불의 은총을 알기 이전보다도 어쩌면 더 크다고 해야 할지 모른다. 구원은 확보되었으나 아직 도달된 것은 아니다. 결정적인 전투는 끝났으나 아직도 최종 승리를 기다려야만 한다. 이것이 신심을 가진 자들, '이미' 구원된 그러나 동시에 '아직' 구원되지 않은 자들의 상황이다. '정신게'의 유명한 구절은 이 점을 말하고 있는 것이다.

일념희애심一念喜愛心 능히 발하면
번뇌를 끊지 않고서 열반을 얻는다.
범부와 성인, 오역죄를 지은 자와
[불법을] 비방하는 자 모두 돌이켜 들어가니
냇물들이 바다로 흘러 하나의 맛이 되는 것 같도다.

[중생을] 섭취하는 심광心光이 항시 비추고 보호하니
비록 우리 무명의 어두움이 이미 파하나
탐욕과 애욕, 성냄과 미움의 운무
여전히 진실 신심의 하늘을 덮고 있다.
[그러나] 태양 빛이 운무로 가리어질지라도
운무 아래는 밝고 어둡지 않다.
신심을 얻어 큰 기쁨을 보고 경외하면
즉시 오악도五惡道를 횡으로 뛰어넘어 끊어 버린다.[29]

신심의 하늘에는 아미타불의 자비로운 본원의 태양과 중생의 번뇌가 공존한다. 신학자 루터의 표현대로 의인이자 동시에 죄인이며, 이미 구원받았으나 아직 구원받지 못했기 때문이다. 신란에 따르면, 이것이 신심을 가진 자들이 현세에서 처한 상황이다. '묘코닌'(妙好人, 염불행자)에 대한 스즈키 다이세츠의 표현을 빌리면, 그들은 '비록 얽매였으나 자유로운' 자들인 것이다.[30]

신심과 도덕적 책임

만약 신심이 반드시 신자들의 삶에 도덕적 변화를 초래하는 것이 아니며 그러한 변화 없이도 죄악 범부들의 구원이 가능하다면, 이것은 신란의 구원론에 가장 심각한 문제를 제기하게 된다. 이 문제는 사실 호넨이 전수염불 운동을 주도한 이래 염불 운동을 줄곧 괴롭혀 온 것으로, 신심과 도덕적 책임의 관계에 대한 문제이다. 범부가 정토왕생이라는 구원을 위해 도덕적 변화나 노력을 할 필요가 없다는 것은 아무렇게 살아도 구원에 지장이 없으므로 무방하다는 말인가?

이러한 의문이 염불행자들 사이에서는 단순한 이론적 문제만이 아니었음은, 신란의 가르침으로부터 실제로 이러한 반도덕주의적

---

29 『教行信證』, 『全集』 II, 44.

30 Suzuki, Daisetz Teitaro, *Shin Buddhism*(New York: Harper & Row, 1970), 87. 진종에서 가장 경건하고 신실한 자들인 묘코닌에 대한 스즈키 다이세츠의 말들은 모두 신심을 가진 자들의 역설적 삶을 신란이 이해하고 있는 대로 잘 말해 주고 있다. Suzuki, *Collected Writings on Shin Buddhism*, 78-91도 참조.

결론을 도출한 자들이 있었으며 그것을 대담하게 실천에 옮긴 자들이 있었다는 사실이 말해 주고 있다. 그들은 커다란 사회문제를 야기했고 염불 운동을 탄압하는 구실을 제공했다. 이른바 '조악무애造惡無碍'의 신자들, 즉 신앙을 빙자하여 아무런 거리낌 없이 마음대로 악을 행하는 자들이었다.

이와 같은 반도덕주의 문제는 호넨 시기에 이미 발생했지만, 신란의 제자들 사이에서 가장 첨예하게 대두되었던 것 같다. 아마도 이것은 그의 가르침이 행行보다는 신信을 강조했기 때문이었을 것이다. 호넨은 스스로 계율을 충실히 지켰으며, 원하는 사람들에게 계율을 주기도 했을 뿐만 아니라 신자들에게 부지런히 염불행을 닦을 것을 강조했다. 그러나 신란은 달랐다. 그에게는 출가승과 재가신자의 구별이 근본적으로 의미가 없었으며, 염불의 실천은 신심의 한 표현—물론 중요하고 필수적이지만—이지 필수 불가결한 요건은 아니었다. 신란의 서간을 보면, 제자들 중에는 신심을 강조하는 그의 가르침을 곡해하여 염불이 아예 필요 없는 것으로 생각하고 심지어 염불하는 사람을 멸시하는 자들이 있었음을 알 수 있다.

염불에 관한 여러분의 질문에 대해 말하건대, 염불 왕생을 믿는 사람은 변지邊地[화토化土로서 열등한 정토]에 왕생하도록 되어 있다고 깔보는 것은 완전히 잘못된 것이다. 그 까닭은 염불하는 자를 극락으로 인도하는 것은 아미타불의 본원이기 때문이다. 따라서 깊이 믿고 염불하는 것은 본원에 부합하는 것이다. 비록 신심이 있다 해도 명호를 부르지 않으면 소용없다. 또 열심히 명호를 부른다 해도 신심이 얕으면 왕생하기 어렵다. 그런즉 염불 왕생한다고 깊이 믿고 명호를 부르는 자는 보토[참 정토]에

왕생하는 것이 확실하다.[31]

　"악을 두려워하지 말라. 미타의 본원을 저해할 정도의 악은 없기 때문이다"[32] 또는 "선인도 왕생하는데 하물며 악인이야"[33] 같은 '과격한' 신란의 말은 염불행자들 가운데 반도덕주의적 성향을 부추겼을 가능성이 충분히 있다. 문자 그대로 취하면, 이러한 말들은 아미타불의 덕을 자랑하기 위해 공공연히 악행을 서슴지 않는 이른바 '본원 뽐내기'(本願誇り[혼간보코리])의 위험을 안고 있는 것이다.

　사실 그러한 결론을 이끌어 낸 자들은 신란의 가르침을 악의로 곡해하는 몇몇 사람들만이 아니었다. 『탄이초』의 편찬자는 스승의 가르침이 지닌 반도덕주의적 함축성을 인정하는 데 매우 대담했고 솔직했다. 그에 의하면 애당초 '본원 뽐내기'란 있을 수도 없다. 그런 것을 인정하는 사람은 본원을 의심할 뿐만 아니라 선업이나 악업의 본성을 제대로 이해하지 못하는 사람이다. 우리의 악행은 본원을 무력화하지 못할 뿐만 아니라 우리가 과거에 지은 업의 필연적인 과보이기 때문에 불가피하다는 것이다. 아미타불이 자비로운 본원을 발한 것은 바로 우리를 이러한 피하기 어려운 악업들ㅡ본원 뽐내기까지 포함하여ㅡ로부터 구하기 위해서였다. 그는 말한다.

　원願을 뽐내며 짓는 죄악도 숙업에 의해 재촉된 것이다. 그렇다면 선한 일도 악한 일도 업보에 맡겨 놓고 오로지 본원을 의지하는 것이야말로 타력

---

31 『末燈鈔』, 『全集』 II, 672-673.
32 『歎異抄』, 『全集』 II, 773.
33 『歎異抄』, 『全集』 II, 775.

에 부합하는 일이다. 『유신초唯信抄』에도 "아미타의 힘이 얼마나 되는지 알기에 그대는 죄업의 몸이라서 구제받기 어렵다고 생각하는가"라고 하고 있다. 바로 본원을 뽐내는 마음이 있기 때문에 타력을 의지하는 신심도 결정되는 것이다.[34]

이것을 신란과 그의 추종자들이 이룬 '은총의 승리'였다고 부르는 것은 과장일까? 그러나 이것은 결코 그들이 고의로 악을 행하는 것을 용인했다는 것을 뜻하지는 않는다. 누구 못지않게 은총의 힘을 강조했던 그리스도교의 사도 바울이 "그런즉 우리가 무엇이라고 말할 것인가? 은총이 더하도록 계속해서 죄에 머물 것인가"(로마서 6: 1)라고 말하면서 은총의 사상이 초래할 수 있는 반규범주의적 위험을 의식했듯이, 신란과 그의 제자들 역시 그러했다. 그들은 반규범주의적 해석을 패역적인 사견邪見으로 거부했다. 『탄이초』는 다음과 같은 이야기를 예로 들고 있다.

그 당시 사견에 빠진 사람이 있어 말하기를 "악을 행한 사람을 구하는 것이 [아미타불의] 원이기 때문에 일부러 악을 행해서 왕생의 업으로 삼아야 한다"고 했다. 점차 악행의 [소문이] 알려지자, [신란은 그 사집邪執을 그치게 하기 위해 서신에서 말하기를 "약이 있다 해서 독을 좋아해서는 안 된다"고 하셨다.[35]

확실히 악은 아미타불의 은총의 세계에서는 구원의 장애가 될

---

34 『歎異抄』, 『全集』 II, 784.

35 『歎異抄』, 『全集』 II, 783.

수 없으며 선업 또한 구원의 보장이 될 수 없다. 엄격한 도덕적 인과율은 아미타불의 광대한 은총의 바다에서 효력을 상실하고 업의 힘은 타력 앞에서 전적으로 무력하다. 이것은 실로 해방의 메시지가 아닐 수 없다.

그러나 의문은 남는다. 그렇다면 어떻게 해야 신앙과 윤리의 분리, 종교적 체험과 도덕적 책임의 괴리를 막을 수 있을까? 보다 구체적으로 말해, 만약 악이 구원의 장애가 되지 않는다면 악을 행하지 말아야 할 종교적 이유는 무엇인가 하는 문제이다. 그리고 선한 행위가 구원에 아무런 도움을 주지 못한다면 신자들로 하여금 도덕적 삶을 살도록 하기 위해 어떠한 종교적 동기를 제공할 수 있을 것인가? 신란이 말하듯이 구원이 우리의 윤리적 행위와 전혀 무관하고 전통적인 도덕적 인과율에 대한 믿음이 더 이상 은총의 세계에서 효력을 발휘하지 못한다면, 그의 가르침 속에서 신자들로 하여금 도덕적 삶을 살도록 할 적극적인 종교적 이유를 발견할 수 있을까?

이러한 의문들에 대한 신란의 견해는 다음과 같다. 만약 우리에게 진정한 신심이 있다면, 우리에게 아미타불의 본원에 대해 진정으로 감사하는 마음이 있다면, 도덕적 삶은 자연적으로 따라오기 마련이다. 도덕적 행위는 어떤 의무감이나 외적 강압에 의해 율법적으로 행하는 것이 아니라 염불이 신심에서 자연히 우러나오듯 자발적이고 자연스러운 행위여야 한다는 것이다. 『탄이초』는 다음과 같이 말한다.

신심이 확정되면 왕생은 아미타에 의해 이루어지기 때문에 우리의 타산이 있어서는 안 된다. 우리가 악해도 더욱더 원력을 향하면 자연의 도리로서 유화柔和와 인욕忍辱의 마음이 생길 것이다. 무슨 일을 하던 왕생을 위해서는 우리는 아무런 꾀 없이 단지 아미타의 은혜의 심중深重함만을 홀린 듯 생각해야 한다. 그러면 저절로 염불도 하게 될 것이다. 이것이 자연이다. 타산하지 않는 것을 자연이라고 한다. 이것이 곧 타력이다.[36]

여기서 우리는 신란이 도덕적 삶을 염불과 유사하게 신심으로부터 자연스럽게 나오는 것으로 보고 있다는 것을 알 수 있다. 이러한 의미에서 우리는 신심이 마음의 변화를 초래하며 삶과 세계에 대한 태도 변화를 가져온다고 말할 수 있다. 이러한 변화에 의해 도덕이 의무나 율법이 아니라 자유와 자발성 가운데서 이루어지는 것이다. 신란은 신자들이 현세에서 받는 10종 이익 가운데서 마음에 넘치는 환희, 아미타불의 은총을 알고 그 덕에 보답하는 일, 항시 큰 자비를 베푸는 일 등을 언급하고 있다.[37]

신란에 의하면, 진정한 신심을 가지고 있고 염불을 하고자 하는 열망을 가지고 있는 자는 결코 부도덕한 삶에 탐닉할 수 없다.

[어쨌든] 왕생한다고 생각하여 해서는 안 될 일을 하고, 생각해서는 안 될 일을 생각하고, 말해서는 안 될 일을 말해서는 안 된다. [인간은] 탐욕의 번뇌에 미쳐서 욕심을 내고 진에瞋恚의 번뇌에 휩싸여 미워해서는 안 될 것을 미워하고, [도덕적] 인과의 [법칙]을 어기고 우치愚癡의 번뇌에 이끌려 생각조차 해서는 안 될 일을 행한다. 그러나 범부를 구하려는 부처님

---

36 『歎異抄』, 『全集』 II, 788-789.
37 『教行信證』, 『全集』 II, 72.

의 원이 있기 때문에 괜찮다고 하여 일부러 해서는 안 될 일을 생각하고 행하는 자는 참으로 세상을 싫어하는 자가 아니고 [진정으로] 자기가 악하다고 생각하지도 않는 사람이다. 따라서 그는 염불에 뜻이 없고 부처님의 원에도 뜻이 없는 사람이다. 그러므로 그러한 태도로 아무리 염불을 해도 다음 생에서 왕생하기는 어렵다. 이 점을 사람들에게 잘 알리도록 하시오.[38]

신란은 여기서 추종자들에게 진정한 신앙과 고의적인 부도덕한 삶은 양립할 수 없음을 강조하고 있다. 신란에 의하면 정토왕생을 바라면서 염불을 하는 사람에게는 마음의 변화가 일어나기 마련이다.

자기가 범부라 하여 어떤 짓이나 원하는 대로 할 수 있다면, 도둑질을 하고 살인을 해도 된다는 말인가? 도둑질하려는 생각이 있는 사람이라 할지라도 극락을 생각하면서 염불을 하면 자연히 마음이 변한다. 그러나 그런 징조가 없는 자들에게 사람들은 말하기를 악을 행해도 좋다고 하니, 이런 일은 결코 있어서는 안 된다.[39]

신란은 고의적인 악행과 '번뇌에 미쳐서 하는' 악행, 즉 피할 수 없는 숙업에 의해 행하는 악행을 구별한다.

번뇌에 미쳐서 우리는 해서는 안 될 일을 하고 해서는 안 될 말을 한다. 그러나 만일 어떤 사람이 다른 사람과 거짓되게 관계해도 왕생에 장애가

---

38 『末燈鈔』, 『全集』 II, 686-687.
39 『末燈鈔』, 『全集』 II, 682.

되지 않는다고 생각하여 해서는 안 될 일을 하고 해서는 안 될 말을 하면, 이것은 번뇌에 미친 것이 아니다. 그는 고의로 이런 일들을 하기 때문에 그것은 해서는 안 될 나쁜 짓들인 것이다.[40]

이 말에서 미묘한 도덕철학적 논리가 발견된다. 우리가 의식적으로 악행을 한다면 그것은 더 이상 어쩔 수 없는 번뇌 때문이 아니므로 자기 행위에 대해 책임을 져야 한다(大前提). 의식을 한다는 것은 어쩔 수 없는 것이 아니라 고의적이기 때문이다. 반규범주의적 생각, 즉 아무리 악행을 해도 아미타불의 본원 때문에 왕생에 지장이 없다는 생각은 확실히 의식적 구실이다(小前提). 그런고로 반규범주의적 구실로 행한 악행은 어쩔 수 없이 번뇌에 미쳐서 한 행위가 아니며 따라서 책임을 면할 수 없다(結論).

신란이 다른 어느 곳에서보다도 제자들에게 보낸 서간들에서 반규범주의적 위험에 대해 민감한 반응을 보이고 있다는 사실은 매우 의미 있는 현상으로 주목을 요한다. 신심에 관한 그의 가르침이 어떠했든 간에, 그것으로부터 잘못된 결론을 도출하여 악행을 정당화하는 일에 대해서 그는 결코 침묵을 지킬 수 없었다. 그는 자신의 가르침이 제자들의 삶에 초래할지도 모를 실천적 결과에 막중한 책임감을 느끼지 않을 수 없었던 것이다. 우리는 그의 서간에서 '신학자' 신란 또는 정토 사상가 신란이 아니라 '목회자' 신란의 목소리를 듣는다고 해도 좋을 것이다. 그는 자신이 가르쳤던 불가시적 신앙의 가시적 징표들에 관심을 가질 수밖에 없었으며, 특히 그의 제자들의 삶에 일어나는 점차적인 도덕적 변화에 관심을 쏟

---

40 『末燈鈔』, 『全集』II, 682.

을 수밖에 없었다. 다소 길지만 다음의 인용문은 이와 같은 그의 목회자적 관심을 여실히 보여 주고 있다.

경전을 읽지 못하고 알지도 못하는 그대들과 같은 사람 가운데는 흔히 어떠한 악도 왕생에 장애가 되지 않는다고 듣고는 가르침을 왜곡하는 일이 드물지 않다. 아직도 그러한 모양인데 … 전에는 그대가 무명無明의 술에 취하여 탐貪·진瞋·치痴 삼독三毒만을 사랑했으나, 부처님의 원을 듣기 시작한 이래 무명의 취기에서 서서히 깨어나 점차로 삼독을 버리고 언제나 아미타불이 주시는 약을 선호하게 되었다. … 번뇌구족의 몸이라는 구실로 마음 내키는 대로 해서는 안 될 일을 하고 해서는 안 될 말을 하고 품어서는 안 될 생각을 품으며 무슨 짓이든 마음대로 해도 된다고 말하는 것은 실로 유감스러운 일이다. 이것은 술이 깨기도 전에 술을 더 주는 것과 같으며 독이 가시기도 전에 독약을 더 주는 것과도 같다. "약이 있으니 마음껏 독을 마셔라"는 식의 말은 결코 해서는 안 된다.
부처님의 명호를 오래 듣고 염불을 한 사람들에게는 확실히 이 세상의 악을 버리고 자신 안에 있는 악들을 제거하려는 징표가 있다. 사람들은 처음 부처님의 원을 듣기 시작할 때면 자기 마음속의 악을 생각하여 이러한 몸으로 어떻게 왕생할 수 있을까 의아해한다. 그런 사람들에게 우리는 우리가 번뇌구족의 몸이므로 부처님께서는 우리 마음이 선한지 악한지를 묻지 않고 받아주신다고 가르친다.
이것을 듣고 부처님을 믿으려는 마음이 깊어지면, 그는 바로 [그러한] 자신을 혐오하고 자신의 생사유전生死流轉을 한탄하게 된다. 그는 깊이 아미타불의 원을 믿고 명호를 부른다. 이전에는 자기 마음이 시키는 대로 악을 생각하고 범했지만 이제 마음이 원하는 악행을 그치려 하는 것은 확실히 그가 세상을 싫어한다는 징표이다. 더욱이 왕생의 신심은 석가모니와 아미타불의 활동에 의해 일어나는 고로, 일단 진실한 마음이 우리 안에 일어나면 어찌 우리가 눈먼 번뇌에 사로잡혔던 예전의 우리와 같을 수 있겠는가?[41]

이상으로 미루어 보아 신란에 의하면 신심과 염불은 확실히 우리 삶에 점차적인 도덕적 변화를 일으킨다. 신심은 신자들에게 도덕적 변화의 심리적 동기를 제공한다는 것이다.

그러나 도덕적 삶은 단순히 주관적인 심적 동기나 자발적 마음의 발로에만 의존하기에는 너무나도 중차대한 문제이다. 그리고 이것이 사실이라면 우리는 신란에게서 신앙과 윤리를 이어 주는 다른 방도를, 다시 말해 양자를 더 밀착시키는 보다 강한 연결점을 찾을 수 있는지 묻게 된다. 사실 이 문제는 단지 우리만의 관심은 아니며 단지 윤리 문제에만 국한된 것도 아니다. 눈에 보이지 않는 내적 신앙과 신자들의 삶에서 밖으로 드러나는 외적 징표의 관계는 진종의 역사를 통해 언제나 핵심적 문제로 등장했던 것이다. 도빈스는 다음과 같이 지적하고 있다.

이 둘 [내적 신앙과 삶의 외적 형태들] 사이의 연계는 진종의 출현에서 중심적 문제로서, 진종으로 하여금 의례·교리·윤리를 공식화하고 교파를 조직화하는 결과를 초래했다. 이러한 의미에서 진종의 전 역사는 사상과 행위로서 나타나는 신심의 의미를 해명하고자 하는 시도로 이해될 수 있다.[42]

---

41 『末燈鈔』, 『全集』 II, 691-692.

다시 신란 사상의 도덕적 책임 문제로 돌아가 보자. 아미타불의 은총의 세계는 선적 깨달음의 세계와 마찬가지로 선과 악을 초월한다. 양자 모두 초도덕적 경험의 세계로 인간이 지닌 깊은 영적 욕구에 대한 응답이다. 세상적인 선악의 구별이란 흔히 억압적일 수 있으며 위선과 독선으로 인간에게 해악을 끼치기도 한다. 인간이 빵으로만 살 수 없듯이 도덕·윤리만으로도 살 수 없다. 이러한 의미에서 은총의 체험과 선적 체험은 해방적 힘을 지니고 있다. 그러나 선과는 달리, 아미타불 은총의 발견은 개인의 한없는 도덕적 불완전성에 대한 고통스러운 자각에서 시작된다. 다나베 하지메(田邊元)의 표현을 빌리면, 신란의 신심은 도덕적 절망을 화두로 하여 매개되는 것이라고 할 수 있다.[43] 이것이 사실이라면 타력의 길은 윤리적 함축성에서 선과는 다르다. 선적 깨달음의 체험은 반드시, 아니 대체로 윤리적 곤경에 의해 매개되는 것은 아니다. 화두선에서 보듯, 그것은 오히려 우리의 분별지가 만들어 내는 곤경에 의해서 매개된다.

그러나 신란의 신심은 본질상 절대와 상대, 부처와 중생 사이의 메울 수 없는 간격에서 오는 도덕적 긴장을 내장하고 있다. 이러한 의미에서 신심은 도덕적 의식에 근거해 있다고 할 수 있다. 아니면, 적어도 도덕적 의식에 의해 매개된다고 할 수 있다. 그러나 결정적인 질문은 그 역도 동시에 성립하는가 하는 것이다. 즉, 신란에 있어 도덕적 의식이 신심에 의해 매개되는가 하는 문제이다.

---

42 Dobbins, *Jōdo Shinshū*, 62.

43 Tanabe, *Philosophy as Metanoetics*, 125-128. 다나베는 자기의 '참회도'(懺悔道)는 참회를 공안으로 삼는다고 한다.

자신의 도덕적 한계에 대한 뼈저린 경험은 우리를 타력신앙으로 이끌지 모른다. 그러나 이 신앙이 반드시 우리를 도덕적 의식과 헌신으로 이끄는 것은 아니다. 사실 그 반대인 것 같다. 타력신앙은 오히려 그것을 처음 매개해 주었던 도덕적 긴장을 이완시킬 위험이 있다. 아마도 이것이 왜 다나베 하지메가 '참회'와 자기부정이 타력신앙과 '자연법이' 세계에서 필수불가결적 요소임을 강조하는 이유일 것이다.

그리하여 모든 것이 그저 그대로 있도록 허용되는 '자연'의 입장은 일반적인 의미에서의 '자연'이나 '그대로'는 아니다. 우리에게 그것은 종교적 훈련의 피와 땀을 의미한다. 참으로 '있는 그대로'이기를 시도해 본 자만이 그것이 실로 얼마나 어려운 일인가를 안다. 선을 도모하고 악을 피하려는 노력을 한 번도 해 보지 않을 정도로 파렴치하고 게으른 많은 사람들, 도덕적 괴로움과 한 번도 씨름해 본 일이 없는 많은 사람들은 '절대무차별'이니 '자연법이'를 들먹이면서 있는 그대로의 자신을 변명하고 그러한 상태를 타력의 은총으로 돌린다. 그들은 그러한 말들을 자신의 게으르고 소극적인 삶을 옹호하기 위해 사용하며, '자연'이란 말을 그것이 본래 속하고 있는 장소인 절대무絶對無라는 초윤리적 영역에서 윤리 이하의 새로운 위치로 옮겨 놓는다. 이것이야말로 종교에 입힐 수 있는 가장 무서운 해악이다. '자연'이나 '있는 그대로의' 상태란 단순한 사실의 세계가 아니라 자기부정을 매개로 하여 노력해 가야 하는 목표인 것이다.[44]

이에나가 사부로 역시 이와 같은 이유로 염불보다 '염죄念罪', 즉

---

44 Tanabe, *Philosophy as Metanoetics*, 154.

죄에 대한 끊임없는 자성을 바람직한 수행으로 제시한다. 이것이 신란의 신심 이해에 더 부합하는 것이라고 그는 생각하기 때문이다.[45] 다나베와 이에나가는 공통적으로 타력에 대한 신앙이 윤리적 긴장감을 이완시킴으로써 도덕적 책임을 외면하는 '값싼 은총'으로 변질되지나 않을까 하는 점을 우려한다. 이들의 이와 같은 진지한 관심에도 불구하고 여전히 신란에 있어 과연 신앙 체험이 반드시 도덕적 책임감을 낳는지, 그렇다면 어떤 의미에서 그런지 하는 문제는 여전히 남는다.

자신의 도덕적 불완전성과 무력성에 대한 깊은 자각은 우리가 타력에 의해 거저 주어지는 자유로 도피하게 하는 계기가 될 수 있지만, 이 자유가 반드시 우리에게 부단한 도덕적 성찰과 노력을 하도록 동기를 제공해 주지는 않을 것이다. 타력에 대한 지나친 강조나 흔히 과장되기 쉬운 도덕적 무력감은 오히려 도덕적 싸움을 시작하기도 전에 포기해 버리는 결과를 낳을 가능성이 있는 것은 아닐까? 반규범주의에 대한 신란의 경고에도 불구하고 그의 사상이 우리로 하여금 도덕적 노력에 대해 숙명론적 체념을 갖도록 조장할 우려가 전혀 없다고 할 수 있을까?

사실을 말하자면, 선에서 무아적無我的 진리의 자각이 반드시 도덕적 자기부정이 아닐 수 있듯이, 신란이 말하는 자력의 부정 또는 포기 역시 반드시 사회적 실천이나 개인의 삶에서 자신의 이기적 욕망을 제어하려는 부단한 노력으로 이어지지 않을지도 모른다. 자력의 포기라는 종교적 자기부정이 아무리 도덕적 절망에 의해 매개되었다 해도 결코 그 자체가 도덕적 자기부정을 수반하는 것

---

45 家永三郎, 『中世佛教研究』, 238-246.

은 아니다. 아니, 양자는 오히려 반대 방향으로 진행되는 것일지도 모른다. 즉, 종교적 자기부정이 상당한 의지력과 결단을 요하는 도덕적 자기부정을 저해할 가능성도 충분히 존재하는 것이다. 하나는 자신과의 치열한 투쟁을 포기할 때 시작되는 것임에 반해 다른 하나는 바로 그러한 투쟁을 본질로 하고 있기 때문이다. 잇펜은 그러한 위험을 분명히 의식하고 있었다.

> [『관무량수경』의] 심심深心은 "자기는 아득한 겁(행) 이래 생사에 빠져 도저히 윤회를 빠져나갈 길 없는 악업 범부임을 깊고 확실히 깨닫는 것"으로 해석된다. 대부분의 사람은 이 말의 의미를, 자신을 위해 온갖 귀한 것들을 찾아다니고 처자를 거느리는 것 등과 같은 보통 사람의 일상적인 약함이라는 뜻으로 생각한다. 그런 것들을 버리기 어렵기 때문에 부질없이 '생사에 빠진 악업 범부'라는 것이다. [그러나] 그 구절의 뜻은 그런 것이 아니다. 바로 자신이 악하여 해탈을 얻기에 아무 소용없는 존재이기 때문에 [그런 것들을] 버려야 하는 것이다.[46]

이것은 정토 신앙에서 인간의 피하기 어려운 죄악성을 세간적 삶의 집착을 포기하지 않으려는 구실로 삼은 사람들에 대한 비판의 말이다. 자신의 악업을 자각하면 자각할수록 그러한 자신을 버리려는 노력을 게을리해서는 안 된다는 경고인 것이다.

하지만 다른 한편으로 만약 우리가 잇펜의 권고대로 죄악에 빠진 범부로서의 자기 자신을 버릴 수 있다면 타력에 의지하는 신앙이 무슨 필요가 있겠는가라고 반문하게 된다. 자기를 버린다는 것

---

46 Hirota trans., *No Abode*, 132.

은 곧 자력의 성도문을 따른다는 말이 아니겠는가? 그렇다면 이러한 딜레마를 벗어날 길은 없는가? 하나를 위해 다른 하나를 희생하지 않고 신앙과 윤리를 둘 다 진지하게 대하는 길은 없는가? 아니면 우리는 도덕적 삶을 신심의 자연스러운 표현으로 보는 신란의 견해로써 만족해야 하는 것일까?

이러한 맥락에서 신란 사상의 또 다른 개념이 지니는 윤리적 함축성에 주목해 볼 필요가 있다. 즉, 보살로서의 신자들의 활동과 삶에 대한 신란의 생각이다. 신란에 의하면, 정토왕생은 결코 그 자체가 최종 목표는 아니다. 우리가 사후에 정토왕생을 바라고 이와 더불어 깨달음의 성취를 염원하는 것은 홀로 정토의 안락을 즐기려는 것이 아니라 생사의 바다에 빠져 있는 다른 중생을 구제하기 위해 이 예토로 다시 돌아오기 위함이다. 신자들의 삶에는 정토로 가는 왕상往相뿐만 아니라 보살의 정신으로 이 세상으로 되돌아오는 환상還相도 있다. 신란에 의하면 이 둘 모두 아미타불의 회향으로서 그가 자신의 공덕을 우리에게 돌림으로써 가능한 것이다.

본래 회향이란, 세친世親의 『정토론淨土論』에 의하면 정토왕생을 바라는 사람들이 실천해야 하는 '오념문五念門' 중 하나이다. 오념문이란 아미타불을 예배하는 예배문禮拜門, 아미타불의 이름을 칭송하는 찬탄문讚嘆門, 한마음으로 그의 국토에 태어나기를 원하는 작원문作願門, 지혜로써 그 국토의 공덕을 관찰하는 관찰문觀察門, 자기의 공덕을 일체 중생에게 돌려서 함께 성불하기를 원하는 회향문廻向門을 가리킨다. 이 가운데 처음 넷은 자신의 성불을 위한 것이고, 마지막 회향문은 보살행을 위해 이 세상으로 되돌아오기를 바라는 마음이다. 그러나 신란의 철저한 타력 위주의 해석에 의하면 자리自利

로서 정토에 태어나는 왕상이든 또는 이타利他로서 되돌아오는 환상이든 모두 아미타불이 우리를 위해 베푸는 회향, 다시 말해 그가 성불 이전의 법장보살로서 오념문의 수행을 완전하게 실천함으로써 얻은 엄청난 공덕을 중생을 위해 돌린 결과이다.

신란은 담란의 견해를 좇아 회향의 두 종류, 즉 자신의 왕생을 위한 회향인 왕상회향과 중생을 구하기 위한 회향인 환상회향을 구별한다. 그러나 담란과 달리 신란은 양자 모두 순전히 아미타불이 우리를 위해 베푸는 행위로 본다. 죄악 심중한 우리가 할 수 있는 회향이란 아무것도 없고 오직 아미타불만이 회향의 주체라는 말이다. 신란은 다음과 같이 말한다.

> 진종의 교敎 · 행行 · 신信 · 증證을 살펴보건대, [모두] 여래의 대비大悲가 회향해 주는 이익이다. 그러므로 인因[수행]이든 과果[정토왕생과 깨달음]이든 아미타여래의 청정한 원심願心이 [중생에게] 회향하여 성취되지 않은 것이 없다. 인이 깨끗한 고로 과 역시 깨끗한 것이다. 마땅히 알지어다. 둘째로, 환상회향이라는 것은 남을 이롭게 하고 교화하는 경지로서의 이익이다. 이것은 "[중생이] 반드시 보처補處[다음에 부처가 될 위치]에 이른다는 원"에서 나온 것이며, 또한 '일생보처[한 번만 다시 태어난 후 성불하는 위치]의 원'이라고도 부르며, 또 "[중생의] 환상을 위해 회향하는 원"이라고 부른다.47

따라서 교 · 행 · 신 · 증, 모두 아미타불이 중생의 왕생을 위해 베푼 왕상회향이며, 그 후 환생하여 보살행을 할 수 있는 것도 아미타

---

47 『教行信證』, 『全集』 II, 106-107.

불이 베푼 환상회향이라는 것이다. 여기서 우리의 관심은 바로 이 환상회향의 개념이 윤리적 헌신을 위한 확실한 동기와 근거를 마련할 수 있을까 하는 문제이다.

우리는 이 문제를 제기하자마자 곧 그 개념의 윤리적 한계성에 직면하게 된다. 우선 한 가지 분명한 점은 신란에게 이 '되돌아옴'이란 내세에서, 다시 말해 사후 정토에 왕생하여 깨달음을 얻은 후에야 일어나는 현상이라는 사실이다. 따라서 그것이 신자들의 현세적 삶 속에서 강력한 도덕적 동기로서 작용하기를 기대하기는 어렵다. 신란은 우리 같은 범부는 현세에서 보살의 자비를 실천하기 매우 어렵다고 생각한다. 우리 사랑의 능력은 매우 제한되어 있기 때문에 우리가 현세에서 해야 할 일은 가능하면 빨리 염불을 통해 성불한 후 중생을 구제하는 일이다. 신란은 말한다.

자비에서 성도문과 정토문의 차이가 있다. 성도문의 자비는 중생을 불쌍히 여기고 동정하며 돌보는 것이다. 정토문의 자비는 염불하여 서둘러 부처가 되어 대자대비심을 가지고 마음대로 중생을 이롭게 하는 것을 말한다. 금생에서는 아무리 사랑과 자애를 느껴도 원하는 것만큼 [타인을] 구하는 것이 어려운즉 이러한 자비는 꾸준함이 없다. 그렇다면 염불을 하는 것만이 철저한 대비심의 핵심이다.[48]

여기서 인간성에 대한 신란의 비관적 견해가 인간의 도덕적 능력에 대한 견해에 영향을 주고 있음을 본다. 우리가 해야 할 일은 타인을 위해 보살행을 실천하기 전에 먼저 타력을 통해 자신을 완

---

48 『歎異抄』, 『全集』 II, 775-776.

성하는 일, 즉 먼저 성불하는 일이다. 우리가 정말로 자비를 실천할 수 있는 것은 정토로부터 되돌아온 후라는 것이다. 이것은 물론 신란이 대승적 보살의 길을 저버리고 소승적 길로 되돌아갔다는 것을 뜻하는 것은 아니다. 그에 따르면, 정토에 왕생하기를 원하는 마음은 곧 고통 받는 중생을 건지기 원하는 마음이다.

> 진실신심은 곧 금강심이고, 금강심은 곧 부처가 되기 원하는 마음이고, 부처가 되기 원하는 마음은 곧 중생을 건지려는 마음이며, 중생을 건지려는 마음은 곧 중생을 감싸서 안락정토에 태어나게 하려는 마음이다.[49]

아미타불에 의해 주어진 진실한 신심은 자신이 성불하기 갈망하는 마음이자 동시에 중생을 제도하고자 하는 마음이라는 것이다. 이러한 의미에서 신심은 다른 중생에 대한 자비심을 동반한다. 그러나 신란은 실제로는 신심만 있는 현 상태에서 우리의 자비심은 철저하지 못하기 때문에 '원하는 것만큼 구제하기 어렵다'라고 생각한다. 따라서 신란은 염불만이 우리가 자비심을 발휘하는 거의 유일한 길이라고 결론짓는다.

이것이 신란의 윤리 사상이 지난 근본적인 한계라고 볼 수 있다. 이 한계는 한편으로는 윤리 문제에 대한 그의 심리학적 접근에서 기인하며, 다른 한편으로는 그의 타계주의적 신앙에 기인하는 것으로 보인다. 블룸의 다음과 같은 견해는 경청할 만하다.

---

49 『教行信證』, 『全集』 II, 72.

신란의 이타주의가 지닌 난점은 그것이 자비로운 행위를 이 세상의 일이 아니라 미래의 일로 만드는 경향을 지니고 있다는 점이다. 따라서 신란이 가르치는 이기심으로부터의 자유는 흔히 수동적인 정적주의靜寂主義의 형태를 띠게 되었으며, 렌뇨(蓮如)에 이르러 진리의 두 형태[종교적, 세속적]에 근거한 윤리설과 연결되었을 때는 사회의 지배적인 관습에 묵종하는 것이 되었다.[50]

신란의 윤리 사상에서 결핍된 것은 지속적인 도덕적 의무감이다. 끊임없이 자신을 변화시키려는 도덕적 노력과 이 세상을 변화시키고 세상의 고통을 줄이려는 적극적인 윤리적 실천의지가 보이지 않는다. 비록 신앙적 관점에서 볼 때 도덕적 관심과 헌신이 우리를 절망으로 이끌고 타력 앞에 무릎 꿇게 한다 해도, 세상이 아무리 무상하고 허무하다 해도 현세에 몸담고 사는 우리에게 자신과 세계를 도덕적으로 변화시키려는 끊임없는 노력이 여전히 요청되는 것이라면, 신란의 타력신앙 어디서 이러한 도덕적 헌신과 싸움을 위한 의무감이나 적극적 동기를 찾을 수 있을까 묻지 않을 수 없다.

사상은 그것을 잉태시킨 시대적 제약을 넘어서기 어렵다. 신란의 타계주의적 신앙은 당시 불교의 현세 구복적 성격을 극복하는 힘을 지녔으며 그것이 추구하는 초월적 구원의 이상은 현세적 가치와 질서를 상대화시키는 힘을 지녔던 것이 사실이다. 인간은 스스로를 구원할 힘이 없으며 타력의 은총에 의지할 수밖에 없다는 타력신앙은 인간의 양심을 예리하게 만들었으며 사회의 관행적 도덕주의를 넘어서 인간의 도덕의식을 심화시켰다. 그러나 신란이

---

50 Bloom, *Shinran's Gospel of Pure Grace*, 84.

이해하는 신앙생활에서 현세의 문제들에 적극적으로 대처하려는 윤리적 의지와 비전은 찾아보기 어렵다는 인상을 지우기 어렵다. 이 점에서 우리는 신란 사상에 대한 다음과 같은 가토 슈이치(加藤周一)의 평가에 동의하지 않을 수 없다.

> 13세기 초에 요리토모(賴朝)는 내부로부터 붕괴되어 가고 있던 고대 귀족 사회에 치명적인 타격을 가했다. 같은 시기 같은 간토(關東)의 천지에서 신란의 종교는 고대 불교의 근본에 보존되어 온 현세주의의 벽을 부수는 데 드디어 성공했다. 그것을 위해 사용된 엄청난 정신적 힘은 유례를 찾아보기 어려운 것이었다. … 신란의 부정의 논리는 날카로웠던 반면, 현세의 장에서 그의 긍정의 논리는 약했다기보다는 거의 결여되었던 것으로 보인다. … 아마도 전통적 현세주의를 결정적으로 부수기 위해서는 … 외면적인 선악의 개념을 부정하는 초월적 사상이 필요했을 것이다. 여기까지가 신란이 훌륭하게 해낸 것이다. 그러나 이것만으로는 윤리의 내면화는 일어나지 않는다. 그것이 일어나기 위해서는 초월적 절대자에 더해 [인간의] 자유의지가 있어 양자의 긴장 관계 속에서 가치가 결정되지 않으면 안 된다. 이것은 신란이 하지 못한 것이다. 그의 체계에는 업보가 강조되고 자유의지의 요소는 결여되어 있다. … 종교적인 현세 부정의 논리는 있었으나 인간세계에서 윤리의 내면화가 이루어지지 않았다는 것은 이러한 의미에서 당연할 일이다. … 이것이 13세기 이후 일본 사상사에서 초월적 사상이 다시 나타나지 않았다는 사실의 가장 깊은 이유일 것으로 생각된다.[51]

---

51 家永三郎, 「歷史上の人物としての 親鸞」, 『家永三郎集 第2卷: 佛敎思想史論』(東京: 岩波書店, 1997)에서 재인용. 星野元豊 外, 『親鸞: 日本思想大系 11』(東京: 岩波書店, 1971),

악업에 대한 결정론적인 이해는 그리스도교의 원죄설과 마찬가지로 인간의 죄악이 얼마나 뿌리 깊은 것인가를 설명해 주지만, 타력으로부터 오는 구원에 자신을 완전히 내맡기는 종교적 자기 포기는 자신과 사회에 내재하는 악의 힘과 맞붙어 싸우는 데 필요한 윤리적 의지가 요구하는 자유와 책임감과는 양립하기 어려운 것으로 보인다.

493-494 참조.

제5장

상相과 무상無相

정토 신앙의 궁극적 목표는 깨달음과 열반에 있으며, 이 점에서 정토 불교는 다른 형태의 불교와 조금도 차이가 없다. 다만 정토 신앙은 이 깨달음이 사후 정토에 왕생하여 성취되는 것으로 믿는다는 점에서 여타 불교와 차이가 있다. 미래든 현재든, 정토에서든 현세에서든, 깨달음은 깨달음이다. 그것은 모든 망상과 거짓의 어두움을 제거하는 지혜의 빛에 의해 진리의 세계가 실현되는 것을 의미한다. 전통적인 대승 불교의 개념에 따라 신란은 그것을 진여眞如, 불성佛性, 법성法性, 법신法身, 열반 등으로 부른다.

정토 불교와 다른 불교의 보다 더 결정적인 차이는 우리가 스스로의 노력, 즉 자력에 의해 깨달음을 성취할 수 있느냐 없느냐 하는 문제에 있다. 여기서 타력신앙을 강조하는 정토 불교의 가장 두드러진 특색이 나타난다. 신란은 『교행신증』의 증권證卷에서 다음과 같이 선언하고 있다.

삼가 진실한 깨달음을 드러내건대, 그것은 곧 [아미타불이] 타인을 완전히 이롭게 함으로써 얻어지는 놀라운 경지[묘위妙位]이며 무상열반無上涅槃의 궁극적 열매이다. 그것은 곧 반드시 열반에 이른다는 원(必至滅度之

願)', 다른 이름으로는 대열반을 증득한다는 원(證大涅槃之願)이다.

그런즉 번뇌로 가득 찬 범부들, 생사의 죄에 더럽혀진 무리들이 [아미타불이 그들로 하여금 정토에] 태어나도록 회향해 주는(往相廻向) 마음과 수행을 얻으면 반드시 곧바로 대승의 정정취에 들어간다. 정정취에 거하는 고로 그들은 반드시 열반에 이른다. 반드시 열반에 이름은 곧 상락常樂이다. 상락은 곧 궁극적인 적멸寂滅이다. 적멸은 곧 무상열반이며 무상열반은 곧 무위법신無爲法身이며, 무위법신은 곧 실상實相이며, 실상은 곧 법성法性이며, 법성은 곧 진여眞如이며, 진여는 곧 일여一如이다.[1]

자력에 의하든 타력에 의하든 깨달음은 매한가지이다. 일단 깨달음이 실현되면 우리의 일상 세계를 특징짓고 있는 모든 차별상은 해체되어 의미를 상실하며 갈등과 대립을 산출하는 모든 이원적 사고는 사라지고 만다. 더욱이 정토 경전들에 설해지고 있는 정토의 모든 현란한 형상과 이름들은 말할 것도 없고 정토와 예토, 아미타불과 중생, 타력과 자력, 열반과 생사, 보리와 번뇌의 구별마저도 무의미하게 된다. 타력에 의해 주어지는 신심이라는 것도 불필요할 뿐만 아니라 무의미하게 된다. 왜냐하면 우리 자신이 곧 불佛이 될 것이기 때문이다.

그러나 이러한 깨달음이 이루어지기 전까지는 앞에서 언급한 모든 차별상은 그대로 존속하며 정토 신앙의 기반이 되는 정토의 이야기도 유효하다. 그리고 바로 이러한 상相에 기초한 정토 경전의 이야기야말로 우리를 일체의 상을 초월한 진리의 세계로 인도해 주는 길이 된다고 정토 불교는 믿는 것이다.

---

1 『敎行信證』, 『全書』 II, 103.

정토 신앙은 한 이야기(story)에 기초하고 있다. 그리스도교에서 예수의 언행과 십자가와 부활 이야기가 신앙의 기초를 형성하고 있는 것과 마찬가지로 정토 신앙 역시 법장法藏(Dharmākara)이라는 한 보살의 이야기에 근거하고 있다. 그는 생사의 세계에서 고통당하고 있는 중생을 건지기 위해 48가지 자비의 본원本願(pūrva-pranidhāna)을 발한 후 오랜 수행을 거쳐 그 과보果報로서 아미타불로 성불함과 동시에 서방의 안락정토를 이룩했다고 한다.『대무량수경』에 나타난 그의 이야기는 대략 다음과 같다.

세자재왕불世自在王佛이 세상에 계시던 오랜 옛날 한 왕이 있었는데, 그는 불타의 가르침을 듣고서 깨달음을 얻고자 하는 간절한 원을 품게 되었다. 그리하여 그는 왕위를 버리고 법장이라는 이름을 지닌 비구승이 되었다. 그는 세자재왕불 앞에 나아가 어떻게 하면 깨달음을 얻어 가장 뛰어난 불국토를 이룩할 수 있는지 가르침을 청한다. 세자재왕불은 법장에게 우주에 있는 온갖 불국토들을 보여 주면서 그에게 이 불국토들이 지니고 있는 특징들과 거기에 거하는 존재들의 성격에 대해 설명해 준다. 법장보살은 이것들에 관해 오겁五劫 동안 사유한 후 자신의 소원들을 담은 보살의 서원誓願을 발한다. 이 서원들이 성취되는 경우 그는 여러 불국토들의 뛰어난 점들을 모두 갖춘 불국토를 이룩하게 되는 것이다.

법장은 그가 성불해 성취하고자 하는 사항들을 밝히고자 48원을 발한다. 그중 3개의 원만이 그가 되고자 하는 불타, 즉 아미타불의 성격을 구체적으로 논하며, 2개의 원은 정토의 모습을 논하고 있다. 나머지 모든 원은 그 불국토에 태어날 중생과 우주 안의 모든 중생이 얻게 될 이익에 대해 말하고 있다. 사실 이 불타와 그의 정토는 모든 중생을 일깨워주는 각覺의 기능을 본질로 하고 있으며 불타는 곧 중생을 이롭게 하는 자로서의 불타이다. 각 원마다 법장은 어떠어떠한 중생의 이익이 실현되지 않는 한 무상정등정각無上正等正覺을 성취하지 않겠노라 선언한다. 따라서 이 원들의 형식 자체가 자리自利(깨달음의 성취)와 이타利他가 하나로 연결되는 기본적인 보살의 이상을 나타내고 있다.

법장이 세자재왕불과 수많은 중생 앞에서 이와 같은 원들을 발하자 온 천지가 진동하면서 꽃비가 내리고 그가 최고의 깨달음을 성취하리라는 예언이 하늘로부터 들려온다. 그리하여 그는 한없는 세월에 거친 수행의 길에 오른다. 그는 수많은 생을 거치면서 항시 평정과 평안을 잃지 않았으며 원한이나 탐욕이나 자만이나 그 밖의 어떤 거짓으로부터도 완전히 자유로웠다. 스스로 바라밀다(波羅密多, pramitas)를 닦으며 친절하고 온화한 말로 다른 사람을 수행으로 이끌면서 그는 한없는 공덕을 쌓았다. 그의 수행은 다른 어떤 신이나 인간에 비할 바 없었으며 모든 불타가 그의 성취를 기뻐하면서 그를 숭앙했다. 마침내 그는 지금으로부터 십겁十劫 전에 성불하여 지금은 이 세계로부터 서쪽으로 십만억찰이나 떨어져 있는 안락불국토에 거하고 있다.[2]

우리가 이 이야기를 사실적 이야기로 취하든 또는 하나의 신화로 취하든 한 가지 분명한 사실은 정토 불교는 이야기의 종교이며 이야기 없이는 존립하기 어려운 종교라는 사실이다. 바로 이 점이 정토 신앙을 그러한 이야기에 의존할 필요가 없는 여타 불교로부터 구별해 주는 가장 본질적인 차이점이다.

다른 불교는 일차적으로 불타가 설한 보편적 진리인 법法에 기

---

2 Ueda and Hirota, *Shinran*, 106-108.

초하고 있다. 이 법은 불타가 설했든 안 했든 그리고 우리가 그것을 깨닫든 그렇지 않든 그 자체로 영원히 존재하는 진리로 간주된다. 그것은 사물이 있는 그대로의 모습, 즉 '진여'를 드러내는 것이기 때문이다. 진여는 본질적으로 초시간적이고 초설화적인 것이기 때문에 이야기를 필요로 하지 않으며 이야기에 의존하지도 않는다. 그것은 언제 어디서나 변함없는 진리이고 실재를 드러내 주기 때문에, 우리가 그것을 깨닫기 위해 필요한 것은 단지 '반야'라고 불리는 특별한 형태의 통찰 내지 지혜뿐이며, 이 지혜는 어떤 사건의 서술이나 이야기를 믿는 것과는 무관하다. 지혜는 계戒·정定·혜慧를 닦는 수행으로부터 오는 것이며, 이러한 불교적 수련에는 근본적으로 어떤 이야기가 차지할 자리는 별로 없다. 설사 아주 초보적인 단계에서 수행에 도움을 주기 위해 어떤 불교 설화를 이야기하는 경우가 있다 하더라도, 그것은 어디까지나 수행을 목적으로 하는 교훈적 또는 건덕적 이야기이지 정토 신앙의 이야기와는 성격이 전혀 다르다.

정토 신앙의 이야기는 바로 그러한 자력 수행을 통하지 않고서도 성불하는 길이 있음을 보여 주려는 데 그 목적이 있기 때문이다. 그러므로 정토 신앙의 이야기는 본질적으로 믿음(信)을 필요로 하는 이야기인 것이다. 정토 불교는 그리스도교와 같이 하나의 이야기를 들려주는 것으로 시작하는 종교이며 듣는다는 것(聞)은 본원을 믿어 의심하는 마음이 없는 것이며 신심을 뜻한다고까지 신란은 말한다.[3] 실로 독특한 형태의 불교임이 틀림없다.

우리는 이 같은 사실을 과연 어떻게 받아들여야 할 것인가? 한

---

3 『一念多念文意』, 『全書』 II, 604-605.

특수한 이야기에 모든 것을 건 정토 불교와 보편적 진리를 추구하는 여타의 불교는 과연 조화될 수 있는 것인가 아니면 전혀 다른 종류의 불교인가? 보다 구체적인 문제로서, 이 법장보살의 서원과 수행과 성불 그리고 그가 이룩한 정토의 아름다운 모습들에 관한 이야기는 일단 깨달음을 통해 진리의 세계가 열리면 모두 사라져버리고 마는데, 그렇다면 과연 그러한 이야기가 정토 신앙 자체에서도 어떤 궁극적인 가치와 의미를 지니고 있는 것인가, 아니면 다만 어리석고 무지한 자를 진리로 이끌기 위한 일시적인 교육적 방편에 지나지 않는—따라서 궁극적으로는 없어도 되는— 이야기일 뿐인가?

레싱G. E. Lessing이 그리스도교를 염두에 두고 역사의 우연적 진리와 이성의 필연적 진리에 대하여 제기한 가시 돋친 문제가 비록 사상적 배경은 전혀 다르다 할지라도 불교에서도 유사하게 제기되는 것 같다.[4] 이 문제는 불자들 자신에 의해서도 제기되었다. 철학적인 통찰과 지혜를 강조하는 불교 사상가들에게는 정토 신앙이 의존하고 있는 이야기는 몹시 조잡하고 유치한 것으로 들리며, 그러한 이야기에 집착하는 정토 신앙은 상相에 대한 집착을 떨치지 못한 저급한 형태의 불교로밖에는 간주될 수 없었다. 그런가 하면 이같은 문제를 의식하면서도 정토 신앙을 옹호하고자 했던 정토 사상가들도 있었다. 중국의 정토 사상가 가운데서 이 문제를 처음으로 심각하게 받아들이면서 이야기에 근거한 대중적 정토 신앙과

---

4 레싱(Gotthold Ephraim Lessing)의 관심사가 역사적 사실, 특히 기적 이야기들과 이성의 관계에 대한 문제였음에 비해, 정토 불교에서 문제가 되는 것은 상(相)과 무상(無相)의 관계에 대한 문제이다.

대승 불교의 철학적 진리를 조화시키고자 노력했던 사람은 담란曇鸞이었다. 그는 공空 사상의 관점에서 정토 신앙의 이야기에 존재론적 기반을 마련하고자 노력했다.

공의 세계에서는 실로 모든 형상과 이름이 사라지며 정토 경전에 나오는 것과 같은 이야기가 발붙일 곳이 없다. 우리가 일상적 삶 속에서 행하는 모든 구별과 차별은 궁극적 의미와 타당성을 상실해 버린다. 그러나 담란은 공이란 단순히 아무것도 없는 무無가 아니라 모든 형상과 이름이 그 다양성 가운데서 순수하게 현존하는 세계임을 강조한다. 색은 곧 공이고 공은 곧 색인 것이다(色卽是空 空卽是色). 공은 이름과 개념, 형상과 특성으로 붐비는 역동적인 다양성의 세계이기도 하다. 유有도 아니고 무無도 아닌 이러한 형상들은 곧 가유假有 또는 묘유妙有로서 '형상 아닌 형상'들이다. 담란은 바로 이러한 가유의 세계에서 아미타불과 그의 정토를 장식하는 모든 찬란한 형상의 존재론적 기반이 확보된다고 생각했다. 그러한 형상들은 결코 미혹된 범부의 눈에 보이는 형상들이 아니라 형상 아닌 형상, 묘유라는 것이다.[5]

신란도 정토 신앙이 지닌 이와 같은 문제를 의식하고 있었으며 그것에 관해 담란의 견해를 따르고 있다. 그는 『교행신증』에서 다음과 같이 담란의 말을 인용하고 있다.

실상實相은 상이 없으므로 참 지혜는 앎이 없다. 무위법신無爲法身이란 법성신法性身이다. 법성은 적멸이기 때문에 법신은 상이 없다. 상이 없기

---

5 담란 정토 사상의 철학적 측면은 石田充之, 「曇鸞敎學の背景とその基本的理念」, 龍谷大學眞宗學會 編, 『曇鸞敎學の研究』 1963年 2月 참조

때문에 능히 상을 나타내지 않음이 없다. 그렇기 때문에 [불타의 뛰어난] 모습과 특징은 곧 법신이다.[6]

여기서 신란은 형태 없는 법신(法身空)이 바로 형태가 없기 때문에 아미타불과 그의 정토의 모든 놀라운 상을 나타낸다고 말한다. 마찬가지로 우리가 정토에 태어난다는 것도 상식적인 뜻으로 이해되어서는 안 된다. 그것은 '태어남이 없는 태어남'이다.

질문: 대승 경론들 가운데는 곳곳에서 중생은 허공과 같이 필경 태어남이 없다고 하는데 어찌하여 세친 보살은 [정토에] 태어나기를 원한다고 말하는가?

답: 중생이 허공과 같이 태어남이 없다는 말에는 두 가지 의미가 있다. 첫째는 범부들이 보고 있는 것─즉 그들이 실재한다고 여기는 중생들, 또는 그들이 실재하는 것으로 여기고 있는 나고 죽음─은 거북이의 털이나 허공과 같아 필경 존재하지 않는다는 뜻이고, 둘째는 모든 법들은 인연에 의해 생기는 고로 곧 생기는 것이 아니며 허공과 같아 존재하는 것이 아니라는 뜻이다. 세친 보살이 원하는 태어남이란 인연에 따라 태어난다는 것을 뜻한다. 인연의 뜻에 의한 것이기 때문에 가명假名으로 태어남이라 하는 것이지 범부들이 있다고 말하는 실재적 중생이나 실재적 나고 죽음이 아니다.[7]

---

6 『教行信證』, 『全書』 II, 112. 신란은 담란의 『정토왕생논주』로부터 인용하고 있다.

7 『教行信證』, 『全書』 II, 15.

이 말이 뜻하는 바는, 정토에 태어남이나 정토가 지닌 아름다운 모습들은 모두 본래 허공과 같이 공한 것으로 실유實有가 아니지만 다만 속체俗諦의 차원에서 가명假名 또는 가유假有로서 존재한다는 뜻이다. 아미타불과 법장보살 등 정토에 관계된 존재들과 상들과 개념들은 담란과 신란에 의하면 모두 궁극적 실재는 아니고 공空 위에 나타난 가유적 존재로서 '상 아닌 상'의 세계에 속하는 존재들인 것이다.

상相 중심의 정토 신앙과 상을 부정하는 대승의 존재론을 조화시키려는 담란의 철학적 노력에도 불구하고 담란 이후의 정토 사상가들은 정토 신앙의 이해에서 한층 더 대담하게 실재론적인 경향을 보였으며, 철학적 문제에 대한 관심은 오히려 퇴조했다.

이런 점에서 선도善導(613~618)는 한 획을 긋고 있다.[8] 그는 정토 신앙을 열등한 근기의 사람들을 가르치기 위한 낮은 단계의 방편적 진리에 지나지 않는 것으로 간주하는 견해에 반대하여 두 가지 중요한 점을 주장했다. 다채로운 형상과 특징을 지닌 정토는 그 자체가 목적이 아니라 다만 무지한 중생을 보다 더 높은 진리로 이끌기 위한 방편에 지나지 않는 화토化土라는 견해에 대항하여 그는 정토가 화토가 아니라 법장보살이 원을 세우고 오랜 수행을 통해 닦은 결과로 이루어진 보토報土임을 주장했다. 다른 한편으로는 정토가 정말로 보토라 할 것 같으면 번뇌로 가득 찬 범부는 들어갈 수 없으며 오직 높은 단계의 수행에 있는 보살만이 들어갈 수 있다는 견해에 대하여 그는 아미타불이 원을 발하고 정토를 이룩한 것은 바로 무지한 중생을 구하기 위함이었다고 한다.

---

8 선도(善導)의 정토 교학 사상은 望月信亨, 『中國淨土敎理史』, 180-196 참조.

따라서 선도에게는 정토 신앙은 비록 쉬운 길이기는 하지만 결코 환상이 아니며 무지한 중생을 유인하기 위한 단순한 방편이나 저급한 형태의 불교도 아니다. 선도에게 정토왕생을 위한 가장 중요한 수행은 진실된 마음으로 아미타불의 이름을 부르는 아주 단순한 행위인 칭명염불稱名念佛이었으며, 아미타불과 그의 정토를 관觀하는 관상염불觀想念佛 같은 어려운 수행은 아니었다. 그러나 선도에게는 아직도 전통적인 자력의 길인 성도문적 요소가 완전히 제거되지는 않았다.

선도의 정토 사상은 호넨에 의해 계승되면서 새로운 모습을 띠게 된다. 호넨은 선도의 사상에 남아 있던 성도문적 요소들을 과감히 제거하고 오직 아미타불의 본원에 근거한 염불만이 말법 시대에 사는 중생을 구원할 수 있는 유일한 길이라고 선언하면서 전수염불專修念佛을 주창했다. 이러한 타력신앙은 그의 제자 신란에 이르러 극에 달하지만, 다른 한편으로는 정토 신앙의 대중화 내지 단순화의 경향은 오히려 후퇴하여 우리는 신란에게서 담란이 보였던 철학적 관심이 되살아남을 보게 된다.

이미 언급한 대로 신란은 상相 중심의 정토 신앙과 무상無相의 진리를 말하는 대승의 존재론을 조화시키려는 담란의 철학적 노력에 공감하면서 그의 이론을 따른다. 그뿐 아니라 그는 전통적인 정토 신앙이 지녔던 몇몇 중요한 관념들을 과감히 '탈신화화'했다. 예를 들어 그는 아미타불이 임종 시에 신자들을 맞으러 온다는 내영來迎에 관한 생각이나, 정토왕생의 깨달음을 성취하기 위한 전 단계 정도로 보는 견해를 과감히 재해석하여 신심이 생기는 순간에 정토왕생은 의심의 여지없이 확정되기 때문에 임종의 순간까지 불안한 마음으로 아미타불의 내영을 기다릴 필요가 없으며 정토왕생 그 자체가 곧 깨달음을 이루는 것이며 열반 그 자체임을 말했다. 신란은 또한 아미타불의 본원을 깊이 믿고 정토왕생을 간절히 바라는 신심 자체도 우리 자신의 마음이 아니라 아미타불이 우리에게 주는 진실된 마음이라고 말하면서, 이 신심을 전통적인 대승 불교의 핵심 개념들을 빌려서 설명했다. 즉, 그는 아미타불의 본원력에 의해 우리에게 회향되는 신심 자체를 불성佛性으로 간주했으며, 신심이 일어나는 것을 전통적인 보살의 수행체계에서 깨달음을 얻고자 하는 마음이 발하는 발보리심(發菩提心)과 동일시했던 것이다.[9]

신란의 정토 사상이 전통적인 정토 사상에 비추어 볼 때 가장 획기적인 탈신화화의 모습을 보인 것은 정토 그 자체에 대한 해석에서였다. 그는 정토를 더 이상 사후에 도달하는 어떤 장소나 세계로 간주하지 않았으며 보리와 열반을 얻기 위한 전 단계로 간주하지도 않았다. 정토가 아미타불의 성불과 더불어 성취되었듯이 신란에게 정토란 곧 깨달음을 통해 얻는 진실한 세계 그 자체이다. 따라서 신란에게는 정토에 태어난다는 것은 곧 깨달음 그 자체를 가리키는 것이다. 정토에 태어나는 순간 우리는 모두 아미타불과 똑같은 깨달음을 이루는 것이다. 정토에 태어난 자들 사이에는 아무런 차별도 있을 수 없으며 그들과 아미타불 사이에도 어떠한 차별도 존재하지 않는다.

이것의 의미는 다음과 같다. 신란이 제시하는 신심을 통한 구원의 길은 불타와 중생, 열반과 생사, 정토와 예토, 피안과 차안, 타력과 자력, 믿는 자와 믿음의 대상 사이의 뚜렷한 구별 없이는 성립하

---

9 『教行信證』, 『全書』 II, 62-63, 72.

기 어려우나, 일단 우리가 정토와 깨달음을 실현(證)하고 나면 이 모든 구별은 무의미하게 된다는 것이다. 이러한 면에서 볼 때 신란에게는 신앙의 세계와 깨달음의 세계 사이에는 인식론적으로나 존재론적으로 분명히 질적 차이 내지 괴리가 존재한다. 더욱 심각한 것은 깨달음의 세계인 정토에는 정토 신앙이 기초로 하고 있는 정토에 관한 이야기 자체가 성립되지 않는다는 사실이다. 경전에 언급된 정토를 장식하는 찬란한 형상들과 존재들은 궁극적으로 상과 차별의 세계에 집착하는 무지의 산물에 지나지 않으며, 법장보살이 48원을 발하여 지금으로부터 10겁 전에 정토를 건립했다고 하는 이야기도 설 곳을 잃는다. 분명히 정토 이야기의 세계와 깨달음의 세계 사이에는 존재론적 괴리가 있다. 후자는 전자를 용납하지 않는다. 역설적으로 표현해서 신란에게 정토는 바로 정토의 이야기 자체를 불가능하게 만들어 버리는 셈이 된다.

그렇다면 도대체 이 정토의 상들이 차지하고 있는 존재론적 위상은 과연 어떤 것인가? 궁극적 진리의 세계인 깨달음의 세계에 속하지도 않고, 그렇다고 해서 무지와 탐욕의 세계인 중생의 세계에 속한다고 말할 수도 없다. 왜냐하면 그것은 석가모니불이 친히 설해 주신 진실된 이야기일 뿐만 아니라 바로 그것을 통해 이 예토에 살고 있는 중생이 정토, 즉 진리의 세계로 옮겨 갈 수 있기 때문이다. 궁극적 진리도 아니고 그렇다고 해서 거짓도 아닌 이 정토 이야기, 두 세계 사이에 위치하여 매개적 역할을 하는 이 정토의 상들이 지니고 있는 존재론적 가치를 신란은 과연 어떻게 생각하고 있는지 하는 문제가 제기되는 것이다.

그것은 실재에 도달하기 위한 비실재적 수단인가? 하나의 허구

이되 필요한 허구, 방편적 거짓인가? 하나의 꿈이되 중생으로 하여금 꿈에서 깨어나도록 하는 힘을 지닌 꿈인가? 끝내는 깨어나야 할 꿈이지만 적어도 깨어날 때까지는 바로 이 깨어남을 위해서라도 필요한 어쩔 수 없는 꿈이란 말인가? 탈신화화된 정토의 이해를 견지하면서도 정토의 이야기와 신앙을 진지하게 받아들일 수 있는 길이 과연 있는 것일까?

이미 고찰한 대로 신란은 담란과 같이 이 두 세계 사이의 괴리를 분명히 의식하고 있었으며 양자를 매개할 수 있는 방법을 모색하지 않을 수 없었다. 특히 그의 탈신화적 정토 이해는 그러한 모순의 해결을 더욱 절실하게 만들었다. 이 중대한 문제에 대한 신란의 견해를 고찰하기에 앞서 신란이 실제로 어떻게 정토에 대한 대중적 이해를 탈신화화했는가를 좀 더 구체적으로 살펴볼 필요가 있다.

『대무량수경』에 의하면 법장보살은 그의 수행과 깨달음을 통해 성취하고자 했던 정토의 모습을 제32원에서 다음과 같이 말하고 있다.

제가 부처가 될 때에 지상으로부터 허공에 이르기까지 궁전이나 누각이나 연못이나 냇물이나 꽃이나 나무나 나라 안에 있는 일체 만물이 모두 헤아릴 수 없는 갖가지 보배와 백천 가지 종류의 향으로 이루어져 장엄하고 기묘함이 인간계나 천상계에 있는 것보다 뛰어나며 그 향기가 시방세계에 스며들어 보살들이 이것을 듣고 모두 부처가 되기 위한 행을 닦으리니, 만약 그렇지 않을 것 같으면 저는 정각을 취하지 않겠나이다.

이 원에 나타나 있는 아름다운 상들은 신란이 이해하는 정토, 즉 깨달음의 세계에서는 모두 자취를 감추어 버린다. 아미타불과 정

토에 관해 신란이 인정하는 유일한 상이 있다면 그것은 무한한 광
명(無量光, amitābha) 또는 무한한 수명(無量壽, amitāyus. 광명보다는 덜 중요
하고 덜 강조되는)뿐이다. 그리하여 신란은『교행신증』의 진불토권眞佛
土卷을 다음과 같은 말로 시작하고 있다.

> 삼가 진불토眞佛土라는 것을 살펴보건대, 불佛이란 곧 불가사의 광명여
> 래이며 토土라는 것 역시 무량광명토이다. 커다란 자비의 서원이 성취된
> 까닭에 참된 보상으로서의 불과 토라고 일컫는 것이다. 이와 관련된 원으
> 로서는 광명과 수명의 원이 있다.[10]

여기서 광명의 원이란 제12원으로서 다음과 같다.

> 제가 부처가 될 때 그 빛이 한량이 있어서 백천 억 나유타의 모든 불국토
> 를 비출 수 없다면 저는 정각을 취하지 않겠나이다.

이와 같이 신란에 의하면 아미타불과 그의 정토는 한량없는 빛
의 세계이다. 그러나 빛이라 해도 문자 그대로 이해해서는 안 된다.
빛은 중생계 어디에나 침투하면서 중생의 어두움을 제거해 주는
아미타불의 무한한 지혜와 자비를 나타내는 상징이기 때문이다.
빛은 아미타불의 막힘없는 구제의 활동을 상징한다.

지혜의 광명 한없으며

---

10 『教行信證』, 『全書』 II, 120.

한계를 지닌 모든 상들

동터오는 빛에 감싸여 있나니

진실한 빛에 귀명歸命할지어다.[11]

자비로운 빛 널리 감싸노니

빛이 이르는 곳마다

법法의 즐거움을 일으킨다고 말씀하신다.

대안위大安慰에 귀명할지어다.[12]

무애광여래無碍光如來의 명호와

그 지혜의 모습 광명은

무명의 기나긴 밤의 어두움을 파하고

중생이 뜻하는 원을 이루어 준다.[13]

번뇌에 가리어진 나의 눈은

감싸는 광명을 보지 못해도

대비大悲는 지칠 줄 모르고

항시 내 품을 비추도다.[14]

신란이 왜 아미타불의 지칠 줄 모르는 구제 행위의 상징으로서 빛에 초점을 맞추었는지는 이해하기 어렵지 않다. 아미타불의 이

---

11 『淨土和讚』, 『全書』 II, 486.

12 『淨土和讚』, 『全書』 II, 487.

13 『高僧和讚』, 『全書』 II, 508.

14 『高僧和讚』, 『全書』 II, 512.

름 자체가 무량광無量光을 뜻할 뿐만 아니라, 빛은 존재하는 모든 것 가운데서 가장 덜 형체적이며 모든 상 가운데서 가장 상으로서의 제약과 한계를 초월한 것처럼 보이기 때문일 것이다. 그러나 빛조차도 완벽한 상징은 못 된다. 빛은 물체에 의해 장애를 받을 수 있음에 반해, 아미타불의 참 빛은 그러한 장애를 모른다. 따라서 아미타불의 빛은 무량광이라고 불릴 뿐만 아니라 무애광無碍光이라고도 불린다.

신란은 "태양과 달의 빛은 막는 것이 있을 때 이르지 못한다. 그러나 아미타불의 빛은 사물에 의해 막힘이 없으므로 모든 중생에게 비춘다. 따라서 그는 무애광불이라고 불리는 것이다"라고 말한다.[15] 아미타불의 보이지 않는 빛은 중생의 마음속 가장 어두운 구석까지 비추면서 무지의 암흑을 제거해 주며 번뇌로 굳어진 마음을 따뜻하게 녹이는 힘을 지니고 있다는 말이다. 우리는 신란의 아미타불과 정토관에 대한 다음과 같은 해석에 동의하지 않을 수 없다.

아미타불과 정토의 실상에 대한 신란의 이해를 특징짓는 것은 그가 아미타불과 정토는 인간의 개념화와 지적 이해를 초월한다는 점을 강조하는 데 있음을 알 수 있다. 아미타불은 무한한 빛으로서 인간 의식의 제한된 반경을 초월하며, 나아가서 그는 무한한 수명으로서 시간의 관념을 초월한다. 우리가 아미타불을 어떤 특정한 모습을 지닌 것으로 객체화하거나 정토의 위치를 말하거나 그것에다 어떤 특정한 장소를 부여한다면, 이러한 관념들은 단지 우리가 지닌 생각들을 투영한 것일 뿐, 아미타불의 활동을 우리와는 동떨어진 객체로 격리시킬 뿐이다. 아미타불과 정토는 깨

15 『彌陀如來名號德』, 『全書』 II, 733.

침을 얻은 지혜와 자비의 활동이자 영역으로서 시간과 공간을 초월한다. 바로 그렇기 때문에 아미타불과 정토는 생사의 전 시간과 역사를 통하여 모든 중생에게 현존할 수 있는 힘을 지닌 것이다.[16]

그러나 만약 무한한 빛과 생명 이외의 모든 상이 깨달음의 세계인 정토에서 궁극적으로 무의미한 것이라면 어찌하여 신란은 빛과 생명이라는 상을 고집하며 이름 없는 실재를 아미타불, 즉 무량광불이라 이름 붙여야만 하는가 라는 의문은 여전히 남는다. 이 같은 상들도 결국 정토를 장식하는 다른 상들과 마찬가지로 끝내 사라져야만 할 것이 아닌가? 진리의 세계에서는 모든 신앙적 언어와 일체의 관념과 형상은 사라져야 하는 것이 아닌가? 조잡하고 유치한 정토의 상들을 탈신화화해 버린 신란이 아직도 아미타불의 명호에 집착할 이유는 어디에 있는 것이며, 도대체 아미타불이라는 인격화된 불의 정체는 무엇이기에 그래야만 하는 것일까?

여기서 우리는 또다시 이 장을 열면서 처음부터 제기한 문제, 곧 어떤 특정한 상에 매달릴 수밖에 없는 신앙적 불교인 정토 불교와 일체의 상을 초월하는 세계를 추구하는 대승 사상 일반의 갈등 문제로 되돌아온다. 이 둘은 과연 양립할 수 없는 것이며, 두 세계를 동시에 논하고 있는 신란은 해결할 수 없는 모순을 범하고 있는 것인가?

신란에 의하면 정토의 이야기를 구성하고 있는 상들은 바로 실

---

16 *The True Teaching, Practice and Realization of the Pure Land Way: A Translation of Shinran's Kyōgyōshinshō*(Kyoto: Hongwanji International Center, 1983-1990), III, "Intro- duction," xxviii.

재 그 자체에 근거해 있으며 실재와 불가분리의 관계에 있다. 그러므로 정토의 이야기와 깨달음의 세계 사이에는 근본적인 존재론적 괴리는 존재하지 않는다. 그러한 상들은 바로 이름 없는 실재인 법신法身 또는 진여眞如 그 자체의 활동으로부터 생기는 것이기 때문이다. 정토의 상들은 중생의 세계인 상相의 세계로 접근해 오는 상 없는 법신불의 현현이기 때문이다. 신란에 의하면 정토의 상들은 상도 없고 이름도 없는 불타의 자비로부터 일어나는 것들이다. 따라서 자비야말로 이 두 세계, 즉 상과 무상, 정토의 이야기와 깨달음의 세계를 이어 주는 고리가 되며 매개해 주는 힘이다. 이 문제를 좀 더 자세히 살펴보자.

상과 무상의 문제를 가지고 씨름한 담란을 따라 신란은 법신에 두 종류가 있음을 말한다. 하나는 법성법신法性法身 또는 진여 그 자체이며, 다른 하나는 방편법신方便法身이다. 신란은 다음과 같이 말한다.

그렇다면 불에 이종二種의 법신이 있다. 첫째는 법성법신이라 하고 둘째는 방편법신이라 한다. 법성법신은 색깔도 없고 형체도 없다. 그런즉 마음이 미치지 못하고 언어도 끊어진다. 이러한 일여一如로부터 형상을 나타내니 방편법신이라고 부른다. 이러한 형태를 취하여 [이름 없는] 불은 그의 이름을 법장비구法藏比丘라 했으며 48개의 불가사의한 대서원을 세우신 것이다. 이 서원들 가운데는 광명무량의 본원과 수명무량의 홍서弘誓가 있으며, 이 같은 두 원을 나타내는 형상에 세친 보살은 진시방무애광여래盡十方無碍光如來라는 이름을 붙여 주셨다. 이 여래가 곧 [그의 성불의] 업인業因인 서원에 대한 보상으로서 보신여래報身如來라고 불리는 것이다. 곧 아마타여래인 것이다. '보報'라는 말은 [깨달음을 이루게 한] 원인에

대한 보상이기 때문에 그렇게 부르는 것이다.[17]

이것은 형상도 없고 이름도 없고 이야기도 발붙일 곳이 없는 법
성법신으로부터 무한하고 막힘없는 빛의 형상을 지닌 아미타불이
방편법신으로서 출현했다는 말이다. 이 방편법신은 먼저 법장보살
의 형상으로 나타나서 48가지 자비의 서원을 발한 후 진실된 수행
을 통해 그의 서원들을 성취함으로써 그 보상으로서 무량광불 또
는 무량수불이 된 것이다.

여기서 핵심이 되는 개념은 '방편'이다. 신란은 그것을 다음과
같이 더 명확히 설명하고 있다.

이 일여一如의 보해寶海로부터 형상을 나타내어 법장보살이라는 이름을
취하고 무애의 서원을 세움으로 해서 아미타불이 되었다. 이 때문에 보신
여래라고 부르는 것이다. 그는 진시방무애광불이라 불리기도 하며 이
여래를 나무불가사의광불南無不可思議光佛이라고도 하며 방편법신이라고
도 한다. 방편이라는 말은 [法性法身]이 형상을 나타내고 이름을 보여 주
어 중생에게 자신을 알려주었음을 말하는 것으로서, 즉 아미타불이다. 이
여래는 광명이다. 광명은 지혜이며 지혜는 빛의 형상이다.[18]

요컨대 신란에 의하면, 아미타불은 자비심으로 인해 생사의 세
계에서 방황하는 중생을 건지기 위해 형상 없는 세계로부터 형상
을 취하여 나타난 법성법신이다. 따라서 그는 방편법신이라고 불

---

17 『唯信抄文意』, 『全書』 II, 630-631.
18 『一念多念文意』, 『全書』 II, 616.

린다. 이와 같이 상 없는 세계로부터 상의 세계로 나타난 아미타불은 두 세계를 매개해 주는 매개자가 된다. 신란은 말한다.

이 원은 [우리로 하여금] 무상불無相佛이 되게 하려는 원이다. 무상불은 형상이 없으며, 형상이 없기 때문에 자연自然이라고 불린다. 불이 형상을 가진 것으로 보일 때는 무상열반이라고 부르지 않는다. 우리에게 형상이 없는 것을 알게 하기 위해 비로소 그것을 아미타불이라 부른다고 나는 배웠다. 아미타불은 우리에게 자연을 알게 하기 위한 매개체(料)이다.[19]

아미타불은 상이 없는 불의 세계와 상의 세계인 중생계, 열반과 생사, 깨달음과 번뇌의 세계를 매개해 주는 매개자—또는 그리스도교의 용어를 사용하면 중보자—라는 것이다. 스즈키 다이세츠는 이 같은 법신불 내의 전개, 곧 상이 없는 법성법신이 중생을 구하려는 자비 때문에 상을 취해 법장보살과 아미타불로 나타나는 과정과 석가모니불이 정각을 얻은 후 자기가 깨달은 바를 설하기 위해 깊은 명상으로부터 나오는 과정 사이에 깊은 유사성을 본다. 양자의 경우 모두 불로 하여금 무상의 세계를 버리고 중생이 살고 있는 상의 세계로 오도록 자기부정 또는 자기제한을 하게 만드는 것은 곧 자비이다.[20]

방편법신으로서의 아미타불의 매개적 활동의 핵심은 두말할 필

---

19 『末燈鈔』, 『全書』 II, 664.

20 Suzuki, Daisetz Teitaro, "The Development of the Pure Land Doctrine in Buddhism," *Collected Writings on Shin Buddhism*, 18. 자력 중심의 불교와 타력신앙 불교의 관계에 대한 스즈키 다이세츠의 논의는 자못 심오하다. 같은 글, 15-28도 참조.

요 없이 그가 법장보살로서 발한 자비의 본원과 이 본원의 성취로 인해 얻은 아미타불이라는 명호에 있다. 중생을 구제하려는 아미타불의 의지의 표현인 본원이야말로 부처와 중생을 이어 주는 매개체가 되는 것이다. 스즈키 다이세츠는 다음과 같이 말한다.

> 본원(pūrvapranidhāna)은 모든 중생에 대해 아미타가 품은 의지 또는 자비(karunā)의 표현이다. 자비는 지혜(般若, prajñā)와 더불어 모든 불타의 인격을 이루는 것이다. 초월적 지혜인 반야로써 그는 세상을 관조하며 세상이 진여로부터 오는 것임을 아는 반면, 자비로써 그는 그의 선정으로부터 나와서 우리와 함께 거한다. 바로 이러한 나옴이 본원이라 불리는 그의 원을 발하는 것이 된다. … 그러므로 본원은 아미타의 의지력, 여기서는 무시無始 이래 그와 함께 있는 그의 자비로운 마음인 것이다.
>
> 다른 말로 말해, 본원은 인간적 술어로 표현된 아미타 자신이다. 아미타가 그의 선정에 거하는 한, 그가 반야로써 자기 자신에 머무는 한, 그는 중생과 상대성의 차원에는 접근할 수 없는 존재이다. 그러나 그는 동시에 자기 자신 밖의 타자에 대한 느낌을 지니고 있는 자비의 화신이기도 하며 이 느낌을 본원의 형태로 표현하는 존재이다. 그러므로 아미타는 본원 속에서 업에 종속되어 있는 우리와 같은 존재들과 의사소통을 하며, 우리는 그것을 통해 그와 접촉하게 되는 것이다.[21]

그리스도교와의 비교적 안목에서 스즈키 다이세츠는 이렇게도 말한다.

---

21 Suzuki, "Miscellany on the Shin Teaching of Buddhism," *Collected Writings on Shin Buddhism*, 68-69.

정토진종에서 아미타는 어떤 면에서 하느님과 그리스도의 역할을 동시에 수행하고 있다. 신자들에게 아미타는 빛(ābha)이요 생명(āyus)이요 사랑이며, 그의 사랑과 생명으로부터 그의 원들은 발하며 이 원들을 통해 아미타는 우리와 연결되는 것이다. 원은 중보자이며 아미타의 사랑으로부터 나오는 것이기 때문에 그가 수행하는 중보의 역할은 그리스도와 같은 효력을 지니는 것이다.[22]

본원은 아미타불의 구원의 의지와 힘을 나타내는 것으로서 법성법신, 즉 실재 그 자체에 근거해 있는 우주적 힘이다. 본원은 궁극적 실재가 나타난 하나의 특수한 상에 지나지 않지만, 그럼에도 불구하고 그것은 온 우주의 중생이 응답하도록 되어 있는 보편적 실재이다. 비록 그것이 정토 신앙의 이야기에서 법장보살이라는 특정한 존재가 특정한 순간에 품었던 의지의 표현에 지나지 않지만, 그럼에도 불구하고 그것은 언제나 중생을 떠나지 않고 있는 영원한 진리가 나타난 것이다. 비록 본원이 정토의 이야기에서는 원인(수행)과 결과(성불)의 관계로 나타나고 있지만, 실제로 그것은 인과를 넘어서고 시공을 초월해 있는 영원한 실재이다. 본원은 이야기를 초월한 실재 그 자체이며 '모든 실재의 근저'에 있는 것이다.[23]

그러므로 신란은 아미타불이 곧 법성법신임을 강조한다. 이것은 전통적 교가教家들로서는 인정할 수 없는 견해이며, 대부분의 정토 사상가들조차도 인정하지 않는다. 그러나 신란에 의하면 아미타불은 형상과 이름을 지니고 나타난 존재이긴 하지만 실제로는

---

22 Suzuki, "Miscellany on the Shin Teaching of Buddhism," 58.

23 Suzuki, *Shin Buddhism*, 20.

이름과 형상을 초월한 법성법신이다. 비록 아미타불이 정토의 이야기에서는 법장보살이라는 보살의 수행 결과로 성취된 보신불報身佛로 나타나지만, 그의 본질은 시간과 인과성을 초월한 영원한 불, 곧 법성법신 자체라는 것이다. 신란은 다음과 같이 말한다.

> 티끌과 같이 수많은 세계에 막힘없는 지혜의 빛을 발해 주기 때문에 진시방무애광불이라고 불리는 빛의 형태로 나타나지만, 그는 색깔도 없고 형태도 없다. 그는 곧 법성법신과 마찬가지로서, 무명의 어두움을 제거하며 악업에 장애받지 않는다. 이러한 이유로 그는 무애광이라고 불리는 것이다. 무애란 중생의 악업과 번뇌에 의해 장애받지 않는다는 것을 뜻한다. 그런즉 아미타불은 광명이고 광명은 지혜를 나타내는 형상임을 알아야 한다.[24]

또한 『정토화찬』에서 신란은 아미타불을 다음과 같이 찬미한다.

> 아미타의 성불 이래
> 십겁이 경과했다 말하지만
> 티끌과도 같이 많은 아득한 겁보다도
> 더 오랜 부처로 보인다.[25]

> 무명의 긴 밤을 불쌍히 여겨
> 법신의 광륜光輪 한없이

---

24 『唯信抄文意』, 『全書』 II, 631.
25 『淨土和讚』, 『全書』 II, 492.

무애광불의 모습으로 나타나서

안양계安養界에 나타나신다.[26]

　요컨대 법장보살과 그가 발한 서원 그리고 그 결과로 얻어진 아
미타불과 그의 정토는 비록 상으로 나타난 것이지만 본질적으로는
법성법신 그 자체와 다른 것이 아니다. 그 모든 것은 상의 세계에
머물고있 는 중생에게 다가와서 그들을 상에 대한 가련한 집착으
로부터 해방시키고자 나타난 것이다. 정토의 이야기는 생사의 세
계에서 방황하는 중생을 불쌍히 여겨 중생계 저편으로부터 중생을
향해 모습을 드러낸 '상 아닌 상'들이다.

　그러나 중생의 구원은 이것만으로는 이루어지지 않는다. 저편
으로부터 우리에게 다가온 상 아닌 상의 세계를 우리가 알고 믿기
위해서는 또 하나의 매개 과정이 필요하다. 또 하나의 매개 과정 없
이 어떻게 중생이 저 놀라운 정토의 이야기를 듣고 알 수 있겠는
가? 자비로운 본원의 힘이 쉼 없이 작용하고 있고 아미타불이라는
우주적 이름이 언제나 중생을 부르고 있다 하더라도, 아미타불의
지혜와 자비가 이 세계의 구석구석에서 중생의 가슴속에 빛을 던
져 주고 있다 하더라도, 이러한 진리를 누군가가 일깨워주지 않는
다면 우리가 어떻게 그것을 알 수 있겠는가? 다시 말해서 생사의
세계에 살고 있는 중생이 법신불 내에서 전개되는 '형이상학적' 매
개의 진리를 알 수 있기 위해서는 구체적인 '역사적' 매개를 필요로
한다는 것이다. 그렇지 않으면 이 법신 내에 전개되는 드라마는 무
지한 중생에게는 아무 필요도 없는 것이 되고 말 것이다.

26 『淨土和讚』, 『全書』 II, 496.

신란에게는 이러한 역사적 매개를 시작한 사람은 다름 아닌 정토 경전들을 설한 석가모니불 자신이다. 석가모니불은 정토 삼부경을 통해, 그중에서도 특히 『대무량수경』을 통해 정토에 관한 놀라운 이야기를 중생에게 들려준다. 신란은 석가모니불과 『대무량수경』, 본원과 명호라는 우주적 진리의 관계를 다음과 같이 말하고 있다.

진실한 가르침을 드러내는 것 그것은 곧 『대무량수경』이다. 이 경의 대의는 아미타불이 뛰어난 서원을 발하고 법의 창고를 열어 보잘것없는 범부들을 긍휼히 여기어 공덕의 보물을 선택해 베풀어 주셨다는 것이다. [이 경은 또 가르치기를] 석가모니께서 세상에 출현하셔서 깨달음의 길에 대한 가르침을 밝히시며 무리들을 구하시고자 진실된 이로움으로써 은혜를 베푸셨다고 한다. 그러므로 여래의 본원을 가르치는 것이 이 경의 참된 뜻이며 부처의 명호가 이 경의 체體가 되는 것이다.27

이 말의 뜻을 달리 표현하면, 법신불 내에서 전개된 형이상학적 매개로 인해 생긴 본원과 명호가 석가모니불과 『대무량수경』이라는 역사적 매개를 통해 직접적으로 중생에게 전달되는 진리, 중생의 이익이 되었다는 말이다.

신란에 의하면 이와 같은 역사적 매개는 석가모니불로 끝나지 않는다. 역사적 매개는 석가여래 이후에 출현하여 석가가 설한 정토 경전들의 의미를 밝혀 준 뛰어난 정토 종사들의 '해석학적' 전통

---

27 『教行信證』, 『全集』 II, 1-2.

에 의해 계속되었다. 신란은 말한다.

아미타의 본원이 진실이라면 석존의 교설이 허언일 수 없다. 불타의 교설
이 진실이라면 선도善導의 해석이 허언일 수 없다. 선도의 해석이 진실이
라면 호넨의 말씀이 빈말이 될 수 있겠는가? 호넨의 말씀이 진실이라면
나의 말도 결코 헛될 수 없다.[28]

이것은 결코 신란이 전통의 이름으로 자신의 권위를 높이려고
하는 말이 아니다. 그는 오히려 아미타의 본원이라는 진실의 세계
가 석가모니불과 정토 종사들에 의해 역사적으로 매개되어 오는
가운데 죄악 심중한 자기 자신과 같은 존재에게까지 이르게 되었
다는 사실을 감격과 확신에 찬 어조로 증언하는 것이다. 신란은 이
사실을 결코 자명하거나 당연한 것으로 받아들이지 않았다. 그는
언제나 아미타불의 본원과 명호에 대해 듣게 된 것을 큰 행운으로
여겼으며 어떤 필연적 운명과도 같이 여겼다. 신란은 정토의 진리
를 접하게 된 행운에 대해 깊이 감사하면서 다음과 같이 고백하고
있다.

여래 대비의 은덕은
몸을 가루로 만들어도 갚기 어려우며
사주師主와 스승들의 은덕도
骨를 부순다 할지라도 갚아야 한다.[29]

---

28 『歎異抄』, 『全書』 II, 774-775.
29 『正像末和讚』, 『全書』 II, 523.

또한 그는『교행신증』말미에서 다음과 같이 자신의 심정을 토로하고 있다.

여래의 궁휼과 불쌍히 여김을 깊이 깨달으며 스승의 가르침의 두터운 은덕을 진정으로 우러러본다. 기쁨은 더욱 충만하고 지극한 감사의 마음은 더욱 깊어진다. 이에 진종의 말씀을 발췌하여 정토의 요체를 추려 놓았다. 오직 부처님의 깊은 은혜만 생각할 뿐 사람들의 조소를 부끄러워하지 않노라.[30]

신란의『정토화찬』과『고승화찬』은 자기 자신에게까지 이르게 된 역사적 매개의 전통에 대한 깊은 감사와 감격을 나타내는 글들이며, 그의 유명한 '정신염불게正信念佛偈' 또한 정토 종사들 특히 용수龍樹로부터 호넨에 이르는 일곱 종사들에 대한 감사를 노래한 게송들이다. 그 취지를 신란은 이렇게 말한다.

그런즉 위대한 성인의 참다운 말씀에 귀의하고 위대한 조사들의 해석을 읽어 보면서 부처님 은혜의 깊고 넓음을 믿고 깨달아 올바른 믿음과 염불에 대한 게송을 짓노라.[31]

이렇게 볼 때 신란이 정토 신앙의 진리를 깨닫게 해준 역사적 매개자들을 궁극적 실재 그 자체로부터 온 존재들로 간주한 것은 이상한 일이 아니다. 그들 역시 법장보살이나 그가 발한 원들과 마찬

30『敎行信證』,『全集』II, 203.

31『敎行信證』,『全集』II, 43.

가지로 궁극적 실재의 현현이다. 더 정확하게 말해, 신란은 그들을 아미타불의 화신으로 간주하고 있다. 아미타불은 보신불로서 그의 보신報身으로부터 '무수한 응화신應化身이 나타나서 티끌과 같이 많은 세계에 막힘없는 지혜의 빛을 비추어 준다.' 다시 말해서 방편법신으로서의 아미타불 자신이 법성신의 현현일 뿐만 아니라 아미타불 스스로가 많은 응신과 화신을 현현시킨다는 것이다. 석가모니불은 물론 그러한 화신들 가운데 가장 중요한 존재이다. 신란은 석가모니불이 세상에 출현한 목적은 오로지 중생에게 본원의 진실을 열어 주려는 것이었다고 한다.

진실로 우리가 아나니, 위대한 성인이 세상에 출현하신 큰 인연은 [아미타불의] 자비로운 원의 참된 이익을 드러내어 그것을 여래들의 직접적 가르침으로 삼으려는 것이었으며, 범부가 즉시로 왕생할 수 있음이 대비의 핵심이 됨을 보여 주려는 것이었다. 그리하여 제불諸佛의 가르침의 뜻을 살펴보건대 과거·현재·미래의 모든 여래가 세상에 출현하는 참된 뜻은 오직 아미타불의 불가사의한 원을 설하기 위함이다.[32]

석가모니불은 곧 원을 발하고 성취한 아미타불의 현현이다.

영원한 옛날에 성불한 아미타불
오탁五獨의 미련한 범부들을 불쌍히 여겨
석가모니불로 자기를 나타내시며
가야성에 응현應現하셨도다.[33]

---

32 『淨土文類聚鈔』, 『全書』 II, 454.

석가모니불 자신이 아미타불과 같은 마음을 지녔고 아미타불의 원에 나타난 중생을 향한 자비를 느끼지 않았다면 어떻게 그가 저 놀라운 정토의 이야기를 설할 수 있었을까? 그가 아미타불 자신의 화신이 아니었다면 어떻게 그 심오한 진리를 알 수 있었겠는가? 아마도 이와 같은 생각들이 신란으로 하여금 석가모니불을 아미타불의 현현으로 간주하게 만들었을 것이다. 그리고 마찬가지 이유로 해서 신란은 다른 정토 종사들 역시 아미타불의 현현으로 간주했던 것이다.

그렇다면 아미타불을 통한 진리의 형이상학적 매개와 석가모니를 통한 역사적 매개의 관계는 어떻게 이해하는 것이 좋을까? 존재론적으로 볼 때는 아미타불과 그의 본원이 석가모니불이나 그가 설한 경전들보다 앞선다. 전자는 실재 자체 내의 초시간적 '사건'으로서, 후자보다 시간적으로도 앞설 뿐만 아니라 더 실재성을 지닌다. 본원과 명호를 중생에게 역사적으로 매개해 주는 석가모니와 경전들은 법성법신 내에서 전개되는 더 근원적인 존재론적 매개 위에 근거해 있기 때문이다. 따라서 역사적 매개도 중요하지만, 더 근원적으로는 법성법신 내에서 전개되는 드라마인 형이상학적 매개야말로 중생의 구원을 위한 참된 기초가 되는 것이다. 이름과 상을 초월한 불타로부터 상의 세계로 향하는 움직임이 먼저 없다면 어떠한 역사적 매개도 불가능했을 것이기 때문이다.

정토 신앙이 믿는 '복음'의 객관적 기반이 되는 이 실재 자체의 신비야말로 신란에게는 가장 근원적인 진리이다. 이것이 앞서 언급한 정토 종사들의 전통에 관한 인용문에서 신란이 아미타불의

---

33 『淨土和讚』, 『全書』 II, 496.

본원을, 그것을 중생에게 가르쳐 준 석가모니불이나 자신의 스승 호넨보다도 먼저 언급하고 있는 까닭이다. 우리는 신란이 '석존의 교설이 진실이라면 아미타불의 본원이 허언일 수 없다'고 말하지 않고 "아미타불의 본원이 진실이라면 석존의 교설이 허언일 수 없다"고 말하고 있음에 유의해야 한다. 존재론적 매개가 인식론적·역사적 매개보다 우선한다.

이제 다시 한번 우리는 물어야 한다. 도대체 왜 이와 같은 법성법신의 내적 드라마가 필요하단 말인가? 어찌하여 일체의 상을 초월한 법신불이 법장보살이나 아미타불의 모습을 취해 나타나야 하는 것인가?

신란은 대답한다. 무상無相으로부터 상相들이 전개되지 않으면, 무상의 법신이 정토 세계의 상들을 나타내지 않으면, 상의 세계에 묶여 있는 중생이 무상의 진리에 이르는 길이 도저히 없기 때문이다. 이야기 없는 실재로부터 한 이야기가 전개되어 나오지 않는다면 우리는 결코 이야기와 시간을 초월한 영원한 실재 자체에 이르지 못하기 때문이다. 법성법신으로부터 전개되는 방편법신의 존재론적 매개 없이는 불타와 중생, 열반과 생사, 정토와 예토의 깊은 단절은 극복될 길이 없기 때문이다.

중생은 스스로의 힘으로 건널 수 없는 강을 건너기 위해 다리를 필요로 하며, 이 다리는 자력으로 놓을 수 없고 오직 타력에 의해서만 놓일 수 있다는 것이다. 바로 이 다리, 이 매개체가 법성법신의 자기부정으로서의 방편법신이며, 그러한 다리가 있음을 우리에게 일깨워주는 역사적 매개자가 석가모니불과 정토 종사들인 것이다. 타력신앙으로서의 정토 불교와 자력 위주의 성도문적 불교의 가장 결정적인 차이가 여기에 있다.

신란에 의하면 이 정토 불교의 복음에 응답하는 신심과 염불의 행마저도 우리에게서 나온 것이 아니고 아미타불로부터 온 것이다. 바로 이러한 철저한 타력신앙이야말로 신란의 정토 사상과 그 이전의 정토 사상을 구별해 주는 핵심적 차이점이다. 자비에 의해 일어나는 궁극적 실재 자체의 움직임이 없이는, 그리고 그러한 자비의 몸짓에 응답하는 우리의 신심마저 선물로 주는 아미타불의 회향 없이는, 우리의 모든 노력은 제아무리 치열하고 진실하다 해도 스스로 자신을 구하려는 부질없는 노력이나 타산에 지나지 않는다고 신란은 말한다.

저쪽으로부터 오는 움직임에 의해 부처와 우리를 갈라놓는 심연에 다리가 놓일 때 우리에게는 비로소 흔들림 없는 신심이 생기고 구원의 확실성이 보장된다. 그리고 사후 정토왕생 시에 우리의 눈은 열려 불타와 중생, 깨달음과 번뇌, 열반과 생사, 무상과 상의 세계 사이에 놓여 있던 건널 수 없는 심연이 다만 환상에 지나지 않았음을 깨닫게 될 것이다. 상의 세계에서 중생을 괴롭히는 모든 차별과 분별은 사라질 것이다. 그러나 그날이 오기 전까지는 아직도 우리 중생과 불타 사이에는 극복하기 어려운 간격이 있음을 망각해서는 안 된다고 신란은 말한다. 그때까지 우리는 아직도 두터운 업장業障에 의해 속박되어 있는 존재들로서 오직 신심으로만 구원받은 존재들이기 때문이다. 우리는 우리 스스로가 아미타불의 무한한 광명으로 화하기 전까지는 어둠의 힘을 결코 완전히 벗어나지 못한다. 현재에는 다만 구원의 확신만이 있을 뿐이다.

지금까지 신란이 어떻게 법성법신이라는 무상의 세계와 정토 신앙이 의존하고 있는 상의 세계 사이에 존재하는 존재론적 괴리를 극복하는지를 살펴보았다. 그 핵심은 무상의 법상법신이 자비로 인해 스스로 자신을 제약하여 상을 지닌 방편법신으로 나타난다는 데 있다. 무상의 불과 중생이 거하는 상의 세계를 매개해 주는 구원론적 드라마는 상의 세계에서 전개될 수밖에 없다. 그러나 이것이 정토 이야기에 나타나는 상들이 중생이 거하는 상의 세계와 동일한 차원에 있다는 것을 의미하지는 않는다. 중생이 경험하는 상의 세계는 구원을 매개해 주기는커녕 도리어 한없는 집착과 번뇌만 산출하기 때문이다.

　　아미타불이 거하는 정토의 상과 중생이 거하는 예토의 상은 다른 차원에 속한다. 다시 말해, 상 없는 세계와 상의 세계를 매개하기 위해 전개되는 정토의 구원론적 드라마는 이 두 세계 사이의 중간적 위치를 차지할 수밖에 없다. 그렇지 않으면 양자 사이의 매개는 불가능하기 때문이다. 정토 신앙의 구원론적 드라마는 중생을 구제하는 힘을 지니고 있으나 결코 그 자체가 전적으로 중생계에 속하는 것은 아니다.

　　신란이 이해하는 정토 신앙의 구원론적 드라마는 따라서 세 가지―또는 관점에 따라 네 가지― 존재론적 차원에서 전개된다고 할 수 있다. 무상, 상 그리고 상 아닌 상의 세 차원이다. 그리고 만약 여기에다 석가모니불이나 정토 종사들과 같은 역사적 매개자들을 또 하나의 차원으로 추가한다면 정토의 구원론적 드라마는 네 가지 차원을 지녔다고도 볼 수 있다. 역사적 매개자들은 어디까지나 중생과 같이 상의 세계에 속한 존재들이기 때문에 세 차원만 존재한다고도 볼 수 있으나, 그래도 그들이 여타의 상들과는 달리 아미타불의 화신으로 간주되는 한 또 하나의 독자적 차원을 형성하고 있다고 해야 옳을 것이다.

여기서 우리는 정토 불교의 구원론적 드라마와 그리스도교의 구원론적 드라마 사이의 결정적인 차이점을 본다. 이제 정토 불교와 그리스도교의 구원론적 드라마를 대비해 보면서 정토 신앙이 서구 신학의 전통적 그리스도론에 대해 어떤 의의를 지니는지 살펴보고자 한다.

그리스도교의 구원론적 드라마는 신란이 이해하는 정토 불교의 구원론적 드라마와는 달리 주로 시간과 영원, 역사와 하느님이라는 두 개의 존재론적 차원을 놓고 전개되어 왔다. 두 차원을 매개해 주는 매개자로서의 예수 그리스도는 전적으로 하느님이며 전적으로 인간인 존재로 이해되지만, 신과 인간 사이의 어떤 중간적 존재 또는 신도 아니고 인간도 아닌 제3의 존재론적 위치를 지닌 존재로는 간주되지 않았다. 예수 그리스도는 곧 하느님의 육화(incarnation)로서 우리와 같이 피와 살을 지닌 역사적 존재로 이해된다. 따라서 예수 그리스도의 출현이라는 구원론적 드라마는 역사의 한복판에서 진행된 사건으로서 정토 불교의 드라마가 전개되는 제3의 존재론적 차원인 '상 없는 상'의 세계와는 다르다.

정토 신앙이 그리스도교 신학에 암시하고 있는 가장 의미심장한 진리는 하느님과 세상, 초월자와 인간 사이의 단절과 소외가 극복되기 위해서는 적어도 상을 초월한 절대(법성법신)가 자비로써 스스로를 제한하거나 부정하여 상대적 절대(방편법신, 상 아닌 상)로 나타나는 움직임이 있어야 한다는 점이다. 이것은 물론 그리스도교에서 전통적으로 이해하고 있는 예수 사건의 의미이다. 영원하고 무한한 하느님이 자신을 낮추어 유한한 인간의 몸으로 태어났다는 것이 그리스도교 신앙의 요체로 이해되어 왔기 때문이다. 이것은 언뜻 보기에 정토 불교의 구원론적 드라마와 유사한 구조를 지닌 것 같지만, 자세히 살펴보면 몇 가지 기본적인 차이와 문제점이 드러난다.

첫째, 정토 불교에서 자기부정과 자기비하의 주체는 법성법신 자체인 데 비해, 그리스도교에서 그것은 엄밀히 말해 성부聖父 하느님 자신이라기보다는 성자聖子 하느님, 곧 하느님의 아들이다. 빌립보서 2장에 나오는 '자기 비움'(空化, ekenosen)의 주체는 천상의 하느님 아들인 것이다. 전통적으로 그리스도교에서는 하느님 자신이 변화를 한다거나 자기 자신을 상대적 세계로 비하시킨다는 생각은 좀처럼 하지 않았다. 육화의 주인공은 로고스logos이지 하느님 자신은 아니며, 십자가에 달려 고통을 당하고 돌아가신 분도 어디까지나 하느님의 아들이지 성부 하느님 자신은 아니다.

둘째, 전통적인 그리스도교의 신관은 어째서 유일신 하느님이 영원한 '아들'을 두어야 하는지 그 이유를 사변적으로나마도 설득력 있게 제시하지 않고 있다. 처음부터 성부 · 성자 · 성령이 따로 존재하는 것이라고 말한다면 자칫 삼신론(tritheism)에 빠질 것이고, 성자와 성령을 피조물로 간주한다면 삼위의 존재를 부정하는 것이 된다. 여기서 삼위일체三位一體 교리 자체를 논하지는 않는다. 문제는 내재적 삼위일체(immanent trinity)를 제아무리 교묘하게 해석해도─상호관계, 종속 양태 또는 그 밖의 어떤 이론이든─ 삼위라는 것을 상정하는 한 성부와 성자가 공존하게 된 이유, 또는 성부가 성자를 허용하게 된 이유, 또는 양자가 적어도 구별되어야만 하는 이유를 설명할 길이 없다. 도대체 오직 한 분이신 하느님 안에 애당초 자기분열 내지 자기분화가 생기는 이유는 무엇이며, 이 분화의 성격은 어떻게 이해되어야 하는 것일까?

셋째, 절대의 자기부정으로서 나타난 존재인 아미타불과 예수의 존재론적 위상이 달리 이해된다는 사실이다. 아미타불이 상 아닌 상의 세계에 속한 존재라면, 예수는 역사의 세계에 속한 존재로서 역사의 갈등과 고통에 직접적으로 참여한 존재였다. 정토 불교에서 이에 해당하는 존재를 찾는다면 아미타불보다는 오히려 정토 진리의 역사적 매개자인 석가모니불일 것이다. 양자 모두 어떤 초월적 실재의 화신―비록 이 말의 의미는 달리 해석된다고 하더라도―으로 간주됨에도 불구하고 상의 세계에 몸담았던 역사적 존재들이었던 것이다.

이제 이와 같은 차이점들을 염두에 두면서 정토 불교적 관점에서 전통적 그리스도론을 다시 생각해 보면, 과연 어떠한 그리스도론적 통찰들이 가능할까? 우선, 하느님과 인간의 단절이 극복되기 위해서는 하느님 아들의 육화 사건 이전에 더 근본적으로 사랑의 하느님 자신에 의한 자기부정의 움직임이 있어야 한다는 점이다. 이러한 관점에서 내재적 삼위일체 내의 성부와 성자의 관계를 새롭게 생각해 볼 수 있다. 성자는 곧 성부가 사랑으로 인해 스스로를 부정하고 제한한 모습이며(법성법신이 방편법신으로) 이러한 성자 하느님과 그의 모습을 우리에게 구체적으로 보여 준 지상의 예수는 명확하게 구별되어야 한다(아미타불과 석가모니불이 구별되듯이).

전통적인 그리스도교 신학은 하늘에 있는 하느님의 아들, 또는 신학적 술어로 말해 삼위일체 내적(intra-trinitarian) 하느님의 아들과 2,000년 전에 갈릴리 지방을 다니면서 복음을 선포한 하느님의 아들인 역사적 예수를 전적으로 동일시해 왔다. 그리하여 사실상 역사적 예수는 땅 위에 걸어 다니는 하느님의 아들로 간주되었고 그의 역사성과 인간성은 무시되거나 진지하게 생각되지 않는 결과를 낳았다. 정토 신학적 입장에서 보면, 성자 하느님은 아미타불과 같이 상 아닌 상과 같은 존재이며, 지상에 태어나 활동한 예수는 석가모니불과 같이 어디까지나 중생과 함께 상의 세계에 속한 존재로 이해될 수 있다. 정토 신앙에서도 석가모니불은 단순히 상의 세계에 속하는 역사적 존재만은 아니며 방편법신인 아미타불의 화현으로 간주된다. 그럼에도 정토 신학이 상 아닌 상으로서의 아미타불과 상의 세계에 속한 석가모니불을 존재론적으로 확연히 구별하듯이, 그리스도교 신학에서도 삼위일체 내적 하느님의 아들과 지상의 예수를 확연하게 구분하는 것이 좋지 않을까? 석가모니불이 법성법신의 자비에 근거한 정토의 복음을 전했듯이, 예수는 하느님의 사랑에 근거한 하느님 나라의 복음을 전한 자이다. 석가모니와 예수는 다 같이 구원의 진리를 계시 또는 매개해 준 존재로서 진리의 화신으로 간주된다. 다만 차이가 있다면 석가모니는 아미타불의 이야기, 즉 그의 '형이상학적 드라마'를 이야기해 준 반면, 그리스도인들은 예수 자신이 펼친 '역사적 드라마'에서 성자 하느님의 모습을 본다. 이 차이점이 지닌 의미는 잠시 후 다시 논의될 것이다.

법성법신이 자비로써 자신을 제한하여 아미타불이라는 방편법신으로 나타났다는 것이 정토 신앙의 근본이 되는 사실이라면, 성부 하느님이 사랑 가운데서 자기 자신을 제한하고 부정하여 성자 하느님의 모습으로 자신을 계시했다는 것이야말로 그리스도교 복음의 근본이다. 아미타불과 법성법신이 하나이듯이 성부와 성자는 하나이다. 아미타불이 중생을 향한 자비의 법성법신이듯이 하느님의 아들은 인간을 위하는 하느님 자신이다. '하느님의 아들'은 하늘 어디엔가 자리 잡고 있는 신화적 존재가 아니며, 부활하신 예수는 '하느님의 오른편' 보좌에 좌정하여 인간의 경배를 받는 두 번째 하느님이 아니다.

'하느님의 아들'이란 표현은 이제 과감히 탈신화화되어 세상과 인간을 위해 스스로를 부정하는 사랑의 하느님 자신을 가리키는 말로 이해되어야 할 것이다. 인간을 사랑하고 인간이 사랑으로 사귀고 접근 가능하도록 자신을 낮추는 하느님, 이것이 하느님의 아들이라는 말이 나타내고자 하는 뜻이 아닐까? 만약 하느님이 자신의 정체성을 고수하면서 하느님 자신으로 머물러 있는 한, 하느님이 세계와 인간과는 무관하게 자기충족적 존재로 있는 한, 우리는 하느님에 대해 어떠한 관념도 가질 수 없으며 그를 사랑할 수도 없고 그에게 접근할 수도 없을 것이다. 죄인들과 함께하시는 사랑의 하느님을 전하는 그리스도교의 복음은 성립될 수 없다.

하느님은 사랑이기에 항시 자기제한과 자기부정, 자기비하와 자기 비움 속에서 존재한다. 사랑의 하느님, 우리를 위한 하느님(deus pro nobis), 임마누엘(Immanuel) 하느님, 이것이 하느님의 아들이라는 말이 나타내고자 하는 의미일 것이다. 하느님의 사랑과 육화와 창조를 연결시키면서 신학자 몰트만(Jürgen Moltmann)은 이 점을 다음과 같이 말하고 있다.

하느님은 사심 없는 사랑이다. 비움은 삼위일체 하느님의 비밀이다. 하느님은 사심 없는 사랑으로 인해 모든 피조물 속으로 침투하시며 생명을 부여하신다. 이와 같이 하느님은 창조의 공동체 안에 살고 계시며 모든 피조물의 공동체로 하여금 자기 자신 안에 살도록 하신다. [이와 같은] 상호 침투(perichoresis) 속에서 존재하는 모든 것이 존재하며 살고 있다. 하느님의 사심 없는 감입(empathy)은 모든 피조물의 상호 공감(sympathy)을 일깨운다. 상호 침투는 창조 세계의 비밀이기도 하다.[34]

여기서 몰트만은 하느님의 삼위일체 내적 관계뿐만 아니라 하느님의 창조 · 육화, 하느님과 세계의 관계 그리고 사물과 사물 간의 관계까지도 상호 침투 또는 상호 내재(perichoresis)라는 개념으로 설명하고 있으며, 이 상호 침투가 가능한 것은 하느님이 근본적으로 자신을 제한하고 비우는 사심 없는 사랑이기 때문이라는 것이다.[35] 자기 비움 또는 공화空化는 다만 하느님의 아들 그리스도의 자기 비움의 행위로만 이해될 것이 아니라 하느님 자신의 본질적 성격으로 이해되어야 한다는 것이며, 이 점에서 몰트만은 일본 교토 학파의 종교철학자들과 기본적으로 일치하고 있다.[36] 사실 하느님

---

34 Jürgen Moltmann, "God is Unselfish Love," John B. Cobb Jr., Christopher Ives eds., *The Emptying God: A Buddhist-Jewish- Christian Conversation*(Maryknoll, New York: Orbis Books, 1990), 121.

35 내재적 삼위일체와 '상호 침투' 개념에 대한 몰트만의 견해는 "Die immanente Tri- nität," *Trinität und Reich Gottes: Zur Gotteslehre*(München: Christian Kaiser Verlag, 1980), S.178-194 참조.

36 이 문제에 관한 교토학파 종교철학자들의 견해는 Steve Odin, "Kenosis as a Foun- dation for Buddhist-Christian Dialogue: The Kenotic Buddhology of Nishida and Nishitani of the Kyoto School in Relation to the Kenotic Christology of Thomas J. Altize," *The Eastern Buddhist*, 20/1(Spring, 1987) 참조.

이 자기의 초월적 절대성에만 머물거나 자기 동일성만 고집한다면 그는 참으로 절대적인 존재일 수 없으며 오히려 상대적 세계와 상대되는 상대적 절대로 되어 버린다는 교토학파 철학자들의 통찰은 그리스도교 신학자들에게도 진지하게 받아들여져야 한다.

정토 신앙의 구원론적 드라마가 그리스도교의 구원론적 드라마 및 그리스도론의 이해에 던져 주는 또 다른 문제점은 아미타불과 역사적 예수 사이에 발견되는 존재론적 위상의 차이 문제였다. 그리스도교 신앙은 영원한 하느님의 아들이 자기 자신을 비워 살과 피를 지닌 구체적 존재로 시간과 역사의 세계에 들어와서 하느님 나라(Kingdom of God) 운동을 하다가 십자가에 처형당한 후 부활했다고 말한다. 그리스도교의 구원론적 드라마가 지닌 이러한 이차원적 성격은 그 드라마의 비극적 성격을 잘 설명해 준다. 즉, 하느님의 아들이 역사의 현장에 개입하여 악의 세력에 의해 희생당하고 흉악한 범죄자처럼 십자가에 처형당했다는 비극적 이야기는 이 드라마의 주인공이 바로 역사적 존재였기 때문에 생기는 일이다.

예수 이야기는 분명히 법장보살이나 아미타불의 이야기처럼 초현실적 세계 어디에선가 일어난 듯한 '신화적' 사건과는 성격을 달리하는 것임이 틀림없다. 예수의 정체가 무엇이었든 그는 의심의 여지 없이 역사의 현장 속에서 살다 간 존재였다. 그리고 바로 이 점이 불교 일반은 물론이요 정토 신앙에서조차 그리스도교의 구원론적 드라마를 이해하기 어렵게 만든다. 하느님의 아들이 인간 역사에 직접적으로 개입하여 비극의 주인공이 된다는 것은 덧없는 상相과 분별分別의 세계에 대한 맹목적인 집착처럼 보이기 때문이다. 스즈키 다이세츠가 지적한 대로 불자들의 눈에는 십자가는 어떤 숭고함보다는 오히려 잔인함을 보여 주는 것 같아서 별로 감동을 느끼기 어렵다는 것이다.

그러나 그리스도교적 관점에서 보면 정토 신앙의 구원론적 드라마는 '사실성'을 결여한 어떤 환상적인 놀이와 같은 이야기로 들린다. 법장보살의 숭고한 서원들과 정토의 희한한 '상 아닌 상'들은 상의 세계에 속해 살 수밖에 없는 인간이 겪는 역사적 갈등과는 너무나 동떨어진 먼 이야기처럼 들린다. 번뇌에 괴로워하는 중생을 위한 이야기라지만 그 이야기는 역사적 현실과는 먼 신화적 이야기로 보이는 것이 사실이다. 그리스도인은 물을 것이다. "상 아닌 상이 과연 지극히 현실적인 상의 세계를 구제하기에 충분한 매개적 힘을 지닌 것일까? 진정한 매개를 위해서는 매개자가 역사의 고통에 직접 참여해야만 하는 것이 아닐까?"

그렇다면 역사적 매개와 신화적 매개는 서로 조화시키기 어려운 근본적 차이를 갖는 것이란 말인가? 설화든 역사적 이야기든 모두 상에 사로잡혔다는 점에서는 매한가지이다. 둘 다 특수성의 집착이라는 비난을 면하기 어렵다. 그러나 정토 불교와 그리스도교 신자들은 그들의 이야기가 결코 이야기 자체에 목적이 있다고는 생각하지 않는다. 한 특수한 이야기가 그들에게 중요한 이유는 그것이 궁극적 실재 자체의 성격을 결정적으로 드러내 주는 힘을 지니고 있다고 믿기 때문이다. 이러한 면에서는 결코 이야기에 대한 '집착'이란 있을 수 없다. 이야기는 어디까지나 실재를 드러내 주는 진리의 수단이며 실재와의 관계를 회복시켜 주는 매개체이기 때문이다. 법장보살의 이야기나 예수의 이야기는 신앙인에게 영원한 실재 그 자체의 성격을 계시해 주는 것이다.

역사와 신화의 차이가 절대적인 것으로 간주되어서는 안 된다. 그리스도교에서 말하는 이른바 구원사(Heilsgeschichte)라는 것도 따지고 보면 단순한 '역사'일 수는 없다. 그것은 역사이자 하느님이 개입된 초역사적 사건이기 때문이다. 그리스도교의 구원론적 드라마의 이야기는 우리가 그것을 듣고 의례를 통해 재현할 때마다 영원히 반복되는 하나의 '신화'가 되어 버린다. 단순한 역사적 사건은 아무리 엄청난 사건이라 하더라도 모든 인류의 구원을 가져올 힘은 없다. 인간이 구원을 받는 것은 하느님의 영원한 사랑에 의해서이지 어떤 특수한 역사적 사건에 의해서가 아니다. 영원한 진리가 인간을 구원하지, 역사의 한 특정한 사건이 인간을 구원하는 것은 아닐 것이다. 십자가와 부활 사건 그 자체가 과연 인류 구원의 힘을 지닌 것인가 아니면 그 배후에 있는 영원한 실재 자체의 힘인가?

신화와 역사의 차이에 대해 스즈키 다이세츠는 한 미국 철학자와 가졌던 대화를 상기하면서 불교적 관점에서 다음과 같이 말하고 있다.

우리는 다음과 같은 결론에 이르렀다. 신화와 전설과 전통―전통이란 말은 좋은 말이 못 될는지 모르지만―과 시적 상상은 알고 보면 우리가 사실적 역사라고 부르는 것보다 더 실재적(real)이다. 우리가 사실이라 부르는 것은 정말로 사실이 아니고 그렇게 신뢰할 만하고 객관적인 것이 못 된다. 참된 객관성은 형이상학적 주관성, 말하자면 형이상학적 진리나 시적 전설이나 종교적 신화에 있다. 그리하여 우리는 아미타의 이야기가 단순한 역사적 진리나 사실보다 더 객관적이고 영적 실재성을 지니며, 아미타가 객관적인 역사적 사실보다 더 형이상학적 기반을 지닌다는 데 동의

했던 것이다.[37]

어느 것이 더 실재적이든, 또 어느 것이 더 사실적이든, 정토 신앙의 이야기와 그리스도교의 이야기는 둘 다 이러한 보이는 세계와는 다른 어떤 차원의 더 근본적인 '사실'을 증언하고 있다. 정토 신앙에 의하면 법성법신은 대비大悲로 인해 방편법신으로서 법장보살과 아미타불의 형체를 가지고 나타나 구원의 드라마를 펼친다.

'방편'이라 말하지만 법장보살의 본원과 아미타불의 자비에 관한 이야기는 의심의 여지없이 궁극적 실재 그 자체가 자비의 성격을 지님을 증언하고 있다. 만약 법성법신 그 자체에 자비가 없다면 어떻게 법성법신이 중생을 위해 스스로를 부정하고 제한하여 방편법신으로서 구원의 드라마를 펼칠 수 있겠는가? 법장보살의 원이 자비의 성격을 띤 실재 그 자체의 깊이로부터 오는 것이 아니라면 어디서부터 온다는 말인가?

신란에 의하면 법성법신은 방편법신인 아미타불을 떠나서는 생각할 수 없으며 후자 또한 전자 없이는 생각할 수 없다. 법성법신은 결코 중생의 고통에 초연한 어떤 비인격체적 실재가 아니라 중생의 아픔을 함께 느끼고 고통의 소리에 귀를 기울이는 자비의 성품을 지녔기에 스스로 상相의 제약을 감수하면서 법장보살로 나타나는 것이다.

정토 불교 신자들과 그리스도인들은 궁극적 실재의 성격을 사랑과 자비로 이해한다는 점에서 일치한다. 물론 그들의 역사를 통해 이 사랑과 자비를 체험하고 표현하는 양식이 반드시 같지 않았

---

37 Suzuki, *Shin Buddhism*, 36.

던 것도 사실이다. 하느님이 자신을 부정하여 아들의 모습으로 우리에게 나타나든 법성법신이 법장보살과 아미타불이라는 상 아닌 상을 취해 스스로를 나타내든 사랑과 자비야말로 궁극적 실재로 하여금 그 자체에 머물러 있지 않게 하고 죄악 세상에 거하는 인간으로 향하게 하는 힘인 것이다. 인간에게 구원이 있다면 그것은 결국 궁극적 실재 자체가 사랑과 자비이기 때문이 아닐까? 그리고 정토 불교와 그리스도교의 '복음' 이야기는 바로 이 같은 근본 사실을 증언해 주는 것이 아니고 무엇이겠는가?

역사적 이야기든 신화이든 예수의 이야기와 법장보살의 이야기는 신자들에게 실재의 가장 깊은 면을 드러내 준다. 신학자 코브(John Cobb)는 다음과 같이 말한다.

실재가 은총의 성격을 지녔다는 믿음은 사건들의 실제 진행 과정에 대한 관념과 연결되어 있으며, 사건들의 실제 과정에 대한 관념은 실재에 대한 관념과 연결되어 있다. 정토 불교의 전통에서는 실재에 대한 관념이 일차적 역할을 하는 반면에, 그리스도교에서는 실제 사건들의 경과에 대한 관념들이 일차적일지 모른다. 그러나 양자의 경우 모두 우리는 두 측면이 다 요구되고 있는 일종의 순환적인 것을 다루고 있다. 양자 모두에서 이 순환의 중심은 궁극적 실재의 성격을 규정하고 있는 은혜로움이며, 양자 모두 그 설득력은 참이라고 믿고 있는 이야기들을 말하는 것에 의존하고 있다.[38]

---

38 John B. Cobb, *Beyond Dialogue: Toward a Mutual Transformation of Christianity and Buddhism*(Philadelphia: Fortress Press, 1982), 138-139.

법장보살의 '신화적' 이야기나 예수 자신의 '역사적' 이야기나 모두 궁극적 실재는 사랑과 자비임을 증언해 주고 있다. 우리는 코브의 다음과 같은 결론에 동의하지 않을 수 없다.

이상으로부터 우리는 아미타는 그리스도라고 결론짓는다. 즉, 정토 불교 신자들이 아미타라는 말로 가리키는 실재 전체의 모습은 그리스도인들이 그리스도라는 말을 사용할 때 가리키는 그것과 동일하다는 것이다. 이것은 불교인들이 말하는 실재에 대한 이야기가 전적으로 옳다는 것을 뜻하지도 않으며 그리스도인들이 전적으로 옳다는 것을 뜻하지도 않는다. 이것은 불교인들이 아미타에 관해서 아는 바를 공부함으로써 그리스도인들이 그리스도에 대한 지식을 증진시킬 수 있다는 것을 뜻하며, 그리스도인들이 그리스도에 대해 알고 있는 바를 공부함으로써 불교인들이 아미타에 대한 지식을 넓힐 수 있다는 것을 뜻한다. 실로 우리는 불교인들과 그리스도인들에게 모두 관심이 되고 있는 많은 문제에 대해 함께 숙고할 수 있을 것이다. 그러나 참된 공동 작업은 아직도 미래를 기다려야 한다. 현재로서는 우리는 얼마간 서로 떨어져서 각기 서로 배울 수 있는 바를 고찰하고 있을 뿐이다.[39]

나는 다만 코브가 '그리스도'라고 부르는 것이 지상의 예수보다는 천상의 그리스도, 곧 하느님의 아들 또는 인간을 향한 하느님을 지칭해야 한다는 점을 다시 한번 더 강조하고 싶다. 적어도 정토 불교의 시각에서 보면, 지상의 예수와 천상의 그리스도는 지금까지의 서구 신학에서보다는 더 명확히 구별되어야 한다. 지상의 예수와

---

39 Cobb, *Beyond Dialogue*, 128.

천상의 그리스도는 인식 상으로는 불가분적이지만, 존재론적으로는 구별되어야 한다는 말이다. 그리고 우리는 이 천상의 그리스도, 하느님의 아들이라는 표현이 가리키고 있는 것은 다름 아닌 사랑과 구원의 하느님 자신임을 말했다.

그리스도교 신앙은 예수가 하느님 아들의 육화라고 말한다. 그러나 이것은 반드시 예수가 로고스의 유일한 육화라는 것을 뜻하지는 않는다. 정토 불교에서는 진리의 역사적 매개자인 석가모니불 그리고 나아가서 그를 이은 정토 종사들까지 아미타불의 화신이라 믿는다. 우리가 만약 아미타불이 곧 그리스도임을 믿는다면, 이보다 한 걸음 더 나아가 예수는 무량광인 아미타불의 화신이며 석가모니불은 하느님의 아들, 즉 로고스의 또 하나의 육화라고 말할 수 있지 않을까? 성서는 분명히 예수 그리스도를 빛이요 생명이라고 증언하고 있다. 그리스도인들에게는 예수는 아미타불이 된 법장보살의 모습을 가장 확실하게 보여 준 존재로서 그의 육화라 해도 좋다. 정토 불교 신자들에게는 물론 아미타불의 은총의 신비를 계시해 준 석가모니불이야말로 그의 화신이다.

약 500여 년의 거리를 두고서 문화적·종교적 풍토가 전혀 다른 곳에 출현한 두 성자가 각기 다른 방식으로 진리를 증언하며 살다 간 것은 너무나도 당연한 일이며, 그들에 의해 진리의 눈을 뜬 사람들이 그들 인격의 비밀을 이해하고 규정하고자 했던 방식 또한 상이할 수밖에 없었다. 그리하여 하나는 아미타불의 화신, 다른 하나는 하느님 아들의 육화로 이해된 것이다. 이렇게 두 신앙 형태를 보는 견해를 혹자는 역사적 상대주의라고 비난할지 모른다. 하지만 땅 위에 살다간 사람치고 문화적·역사적 제약을 벗어나서 생각하고 말을 했던 사람이 일찍이 한 사람이라도 있었는지 우리는 물어보아야 한다. 석가와 예수도 물론 예외는 아니었다.

그러나 그들이 사용한 제한되고 상대성을 면키 어려운 언어를 통해 그들은 궁극적 실재가 사랑임을, 그리하여 사랑이 궁극적인 것임을 한 가지로 증언했다. 예수도 석가도 상대적이다. 그들의 언어와 사고방식도 상대적이고 그들의 정체를 밝혀보고자 했던 모든 사변적 노력도 상대적이다. 그러나 그들이 증언하고자 했던 실재 그 자체만은 상대적인 것이 아니리라 생각해 본다.

정토 불교와 그리스도교는 둘 다 이야기의 종교로서 특정한 상에 매달리는 종교들이다. 그리스도교는 예수라는 한 역사적 존재의 이야기를 진리의 결정적 계시로 삼는 반면, 정토 불교는 석가모니불이 들려주는 한 이야기를 진리와 구원의 길로 삼고 있다. 그러나 둘 다 자기의 이야기를 소중하게 생각하기는 하되 이야기 자체를 궁극적 진리로 여기거나 목적으로 삼지는 않는다. 둘 다 자기들의 이야기가 어디로부터 오는 것임을 알고 있기 때문이며, 그 속에 숨어 있는 참된 이야기─빛과 생명, 사랑과 자비의 이야기─를 들을 줄 알기 때문이다.

이 참된 이야기를 듣지 못하고, 그러한 이야기들이 어디로부터 오는 것이며 무엇을 가리키고 있는지를 모르는 사람들에게는 법장보살의 이야기나 예수 이야기는 저급하고 유치한 그리고 황당하게 들릴지도 모를 한낱 이야기에 지나지 않을 것이며, 진리를 향해 가는 길에 오히려 커다란 걸림돌이 될 것이다. 그러나 이야기를 통해 '사실 이상의 사실'을 깨닫는 사람에게는 그것은 정녕 기쁜 소식이 될 것이다.

부록

『일본의 정토 사상』에
대하여

얀 반 브라그트

『일본의 정토 사상』에 대하여

얀 반 브라그트(Jan Van Bragt)

일본 난잔대학교 종교학과 명예교수

이 책의 주제인 신란親鸞(1173~1262)은 일본 종교사에서 가장 뛰어난 인물 가운데 하나이며, 그의 가르침은 의심의 여지 없이 정토 사상의 최고봉에 속한다.

정토 불교는 불교에서 전개된 교리와 실천의 한 형태로서, 인도에 뿌리를 두고 있으며 특히 정토 삼부경(『무량수경』, 『관무량수경』, 『아미타경』) 및 초기 주석서들에 근거하고 있다. 정토교는 중국의 담란曇鸞, 도작道綽, 선도善導 등과 같은 정토 사상가들의 논서들을 통해 교리적으로 더욱 발전하면서 불교 전체에 널리 퍼지게 되었다. 그러다가 일본에 와서는 급기야 호넨ㆍ신란의 사상과 더불어 하나의 독립적이고 배타적인 종파로 성립되게 되었다.

불교의 여러 주요 전통들 가운데서 정토 불교는 아마도 일본 이외의 지역에서는 거의 알려지지 않은 전통이며, 특히 서양에서는 불교학자들이 별로 중시하지 않는 경향이 있어 더욱 그러하다. 따라서 정토 신앙이라는 종교성의 한 형태에 관한 연구의 중요성을 옹호하기 위해 한마디 하는 것은 결코 시간 낭비가 아닐 것이다. 나는 정토교의 연구가 살아 있는 역사적 실재로서의 불교 연구에 대단히 중요하며 그리스도교 신학에 대해서도 특별한 의미를 지닌다는 점을 말하고자 한다.

우리가 불교를 진정 그 역사적 실재로서 연구하는 길은 무엇인가? 불교에 대한 대부분의 학문적 입문서들은 마치 불교라는 한 종교적 철학의 사상사처럼 보이지만, 살아 있는 불교는 분명히 철학이상이다. 불교는 여러 가지 실존적 필요를 느끼며 선하고 아름다운 것을 갈망하고 있는 보통 사람들이 삶의 일부로서 소중히 여기고 있는 풍요로운 종교이다. 내가 말하고자 하는 것은 정토 불교를 연구하는 일이야말로 철학이 아닌 삶으로서의 불교의 현실을 발견하는 가장 좋은 방법 가운데 하나라는 점이다.

정토 불교는 대승 불교의 철학적 표층 밑에서 작용하고 있는 종교적 충동들을 극단적 형태로 몰고 감으로써 부각시킨다. 이와 같이 일반 대중의 삶에 뿌리를 둔 불교를 한마디로 묘사하기는 불가능하지만 몇 가지 특징을 들자면, 일반적으로 부처님의 가르침인 법法보다는 그의 인격성에 초점을 맞추며(따라서 법승[法乘]에 대비하여 불승[佛乘]이라는 표현을 사용해도 무방할 것이다), 어떤 '붙잡을 수 있는' 종교적 형상들에 대한 실존적 요구가 강하다.

여하튼 우리는 다음과 같은 살아 있는 불교의 특징들을 들 수 있으며, 이것은 분명히 정토 불교에 대해서도 타당하다: 불교 어디에서나 보편적으로 사용되고 있는 불佛·법法·승僧 삼보三寶에 대한 귀의를 나타내는 의례에서 보이듯 부처님에 대한 의지, 초기 문헌들에 보이는 것처럼 부처님의 명호들을 부르는 행위, 모든 중생을 구제하겠다는 영웅적 서원을 세움으로써 중생에게 구원에 대한 기대를 불러일으키는 보살의 모습, 불탑과 불상 숭배가 차지하는 중요한 역할, 마지막으로 출가승 중심의 종교에서 재가자들이 지닌 갈망 등이 그러한 특징이다.

그리스도교 신학과 관련해 정토 불교가 지니는 중요성에 대해서 나는 다음과 같은 일반적 견해를 가지고 있다. 그리스도교와 다른 종교의 만남 가운데서 유대교와의 만남은 그리스도교의 뿌리를 밝히는 일에 가장 중요하고, 이슬람교와의 만남은 사회적으로 가장 중요한 의미를 지니고 있으며, 불교와의 '대면'은 향후 그리스도교 신학의 전개에서 가장 큰 도전과 유망성을 지니고 있다는 생각이다. 지면이 허락하지 않으므로 이에 대한 자세한 논의는 피하고 곧바로 정토 사상이 그리스도교 신학에 대해 지닐 수 있는 공헌을 언급하고자 한다.

이 책의 차례만 훑어보아도 독자들은 적어도 다음 두 가지 점을 분명히 의식할 것이다. 첫째, 정토 불교의 중심이 되는 많은 종교적 주제와 교리적 문제가 그리스도교와 매우 유사하다는 점이다. 둘째, 정토 교리는 대승의 지배적 논리인 공空(śūnyatā) 사상과의 변증법적인, 그리고 문제시될 수도 있는 관계 속에서 전개되었다는 점이다. 공空과 무상無相의 사상이야말로 그리스도교 신학에 대한 가장 강력한 도전 가운데 하나이므로 정토 사상은 그리스도교와 공유하고 있는 종교적 주제들을 대승 불교의 기본적 사상의 테두리 내에서 이미 신학적으로 다루어 왔다는 점에서 그리스도교 신학에 대해 커다란 유용성을 지닐 수 있는 것이다. 따라서 『일본의 정토 사상』의 출간은 환영할 만한 일로서 정토 불교를 소개하는 얼마 안 되는 책들에 큰 보탬이 될 것이다.

그러나 여기서 몇 가지 주의해야 할 점들을 언급해야 하겠다.

우선, 저자는 정토 불교 전체를 다루고자 하지 않으며, 곧바로 한 단면, 신란이라는 인물만을 다루고 있다. 그러나 이 단면은 정토 불교의 전개에서 매우 중요한 순간을 포착한 것이다. 이 순간이란 곧 정토 불교가 오랜 기간 감추어지다시피 하고 공생적인 방식으로 존재해 오다가 독립성을 선언하고 그 자체의 조직과 의례들, 그 자체의 '길'과 '신학'을 갖춤으로써 적어도 일본에서 사회적으로 뚜렷하게 구별되는 형태의 불교가 된 순간이었다.

둘째로, 저자의 목적은 신란에 대한 일반적인 입문서를 쓰려는 것이 아니고, 책의 제목이 말해 주듯이 신란을 그리스도교적 관점에서 이해하며 그와 대화를 하려는 것이다. 사실, 저자는 신란에 대한 문외한이 신란을 읽으면서 가질 수 있는 모든 문제에 답을 제시하려고 하기보다는 신란의 사상과 그리스도교를 가르는 듯한 주요 차이점들에 초점을 맞추고 있다. 그럼에도 불구하고 내가 이 중요한 종교 운동을 '탈그리스도교적' 서구에 소개하는 데 이 책이 매우 적합하다고 여기는 것은 일종의 해석학적 역설의 결과이다.

한 종교에 대한 해설서가 '중립적인' 학자적 관찰자에 의해 쓰여야 하는가 아니면 내부자에 의해 쓰여야 하는가? 중립적 관찰자는 제쳐놓고―이런 사람은 존재하지 않을지도 모르며 '외연이 없는' 개념일지 모르지만― 내부자에 대해서 말해 보자. 이론적으로 보면 두말할 필요 없이 내부자가 해야 한다는 주장이 더 설득력이 있는 것처럼 보인다. 왜냐하면 내부자야말로 전하고자 하는 메시지에 대해 가장 친밀한 지식을 갖고 있는 사람이기 때문이다. 그러나 우리의 경험은 이를 입증해 주지 않는다. 왜냐하면 메시지의 전달에서 일반적으로 더 중요한 쪽은 그 메시지를 듣는 청중이기 때문이다.

하나의 사상을 소개한다는 것은 한 텍스트와 그것에 친숙하지 않은 청자 사이를 매개해 주는 교량 역할을 하는 일이다. 따라서 이 소개는 독자가 지니고 있는 마음의 태도와 전제들 그리고 의문점들을 고려해야 하는 것이다. 다시 말해, 그것은 하나의 '번역' 작업이다. 내가 알기로는 번역이란 일반적으로 번역해야 할 언어보다는 그것을 모국어로 말하는 사람에 의해 가장 잘 수행된다. 사실, 내가 알고 있기로는 정토 신앙의 내부자에 의해 쓰인 신란 사상에 관한 서구어로 된 몇 개 안 되는 입문서들은 모두 그룹 내부의 관심사들에만 집착하다 보니 진정으로 서양 독자들의 눈을 열어주지는 못하고 있다.

어쨌든 저자의 참 의도라는 시각에서 볼 때『일본의 정토 사상』은 참으로 '강한' 저서이다. 이 책은 '이해를 위한 참여적이고 끈질긴 해석학적 노력'의 결과로서 불필요한 세부적 지식에 길을 잃거나 하는 일이 없다. 저자는 신란의 사상과 그리스도교를 가르는 듯한 주요 쟁점들을 깊이 파고 들어가며 다른 쪽에서 비쳐 오는 빛이 근거만 있다면 상대의 입장에 정직하게 도전한다. 타력에 대한 신란의 사상을 이해하려는 노력에서 저자는 (개신교적 입장에서 본) 은총에 관한 그리스도교적 문제의식에 대한 그의 친밀한 지식을 충분히 활용하고 있다. 그는 또한 현재 경험하는 신앙의 순간과 정토왕생을 통해 얻을 미래의 깨달음에 관한 신란의 미묘한 입장을 균형 있게 이해하기 위해 '이미' 그러나 '아직 아니'라는 그리스도교적 종말론의 변증법을 도입하고 있다. 그러면서도 중요하게 언급되어야 할 점은 이러한 그리스도교의 교리들이 어떤 직접적인 비교를 목적으로 하거나 신란 사상을 평가하기 위한 척도로서 도입되는 것이 아니라 순전히 이해의 도구로써 사용되고 있다는 사실이다.

그러나 어떤 사상 체계에 대해 외부자가 깊이 파고든다는 것은 불가피하게 전통적인 주장들과 전제들을 문제시하게 만든다. 여기서 우리는 대화의 두 번째 단계―가장 미묘하고 고통스러우면서도 또한 가장 소득이 많은―로 들어간다. 사실 종교 간의 대화란 상호 문제 제기와 변화를 수반하지 않는다면, 즉 양쪽 모두가 스스로에 대해 더 올바른 자기 이해에 도달할 수 있는 거울을 보여 주지 못한다면 별로 노력할 가치조차 없는 일이다. 이 점에서 저자는 실로 대담하다. 그 자신이 가지고 있는 깊은 신념들은 그로 하여금 정토 문헌들에 대해, 더욱이 오늘날 정토진종 이론가들 사이에서 발견되는 모종의 경향들과 주장들에 대해 몇몇 매우 비판적인 잣대들을 적용하게 만든다.

이 책의 강점들 가운데 하나는 그것이 후대의 해석들로부터 간혹 암시를 받기는 하지만 (신란의 저술들을 포함한) 정토 경전들 자체에 거의 전적으로 의존하고 있다는 사실이다. 그럼으로써 저자는 원천으로부터 마시는 소득을 얻을 뿐만 아니라 정토 이론가들이 만들어놓은 구축물들에 의해 구속되지 않음으로써 정토교 학자들이 누리기 힘든 자유를 누리고 있다. 그가 적용하는 '잣대들'은 물론 그의 그리스도교 신앙에 뿌리를 두고 있다. 그러나 이것들이 신앙적 관점에서 논해지는 것이 아니라 종교학에 근거하여 보다 일반적인 척도로서 제시되고 있다. 그 가운데서 가장 두드러진 역할을 하는 두 가지 잣대를 든다면, 하나는 종교가 초월적 · 세계부정적 성격을 상실해서는 안 된다는 점이며, 둘째는 종교가 개인윤리든 사회윤리든 윤리와 내재적 연결성을 지녀야 한다는 당위성이다.

나는 오늘날 진종에서 발견되는 몇몇 '신학적' 주장들에 대한 저자의 도전적 문제 제기에 대해 진종 학자들의 반응을 기대한다. 하지만 과연 그들이 이 도전을 받아들여 '대화의 춤'을 위한 초대에 응할 것인가? 나는 대화를 위해 진심으로 그러기를 바라지만, 과거의 경험은 나를 약간 회의적이게 만든다. 여하튼 이를 위해 거의 필수적인 전제는 길희성 교수의 책을 일본어로 번역하는 일일 것이다. 누군가 자발적으로 나설 자가 없을까!

이 책의 첫 장 모두에서부터 저자는 근본적인 물음을 제기한다.

호넨의 [그리고 신란의] 이와 같은 메시지를 … 불교라고 부를 수 있을 것인가? … 계戒(sila)·정定(samādhi)·혜慧(prajñā)의 닦음 없이도 과연 불교가 가능하다는 말인가?

저자는 이에 대해 직접적인 대답을 제시하지 않지만, 분명히 그는 정토 불교를 불교의 한 형태로 취급하고 있다. 제5장 첫머리에서 그는 정토 불교와 대승 불교의 여타 형태들과의 차이점을 분명히 표현하고 있다. 깨달음이 현세에서 이루어질 수 없으며 오직 내세 정토에서만 가능하다는 믿음, 자신의 노력이 아니라 타력에 의해서만 가능하다는 믿음 그리고 보편적 진리보다는 한 이야기에 근거한 종교라는 점이다. 저자는 이러한 차이점들이 정토 불교를 불교가 아니게끔 하지는 않으나 정토 불교의 종교성이 전통적인 대승 불교의 세계관에 부합하지 않으며, 정토 신앙을 공空의 지혜로써 일관성 있게 해석하려는 진종 학자들은 "신란이 주장하는 신심에 의한 구원의 역설성을 해체시킨다"고 역설한다. 이에 대해 나는 전적으로 동감을 표시한다. 남은 문제는 공의 논리가 과연 대승 불교의 실재와 역동성을 전부 담고 있는지의 문제일 것이다. 정토 불교가 존재한다는 사실 자체가 그렇지 않다는 가장 명확한 증거일는지 모른다.

우리는 길 교수의 책이 대승 불교의 이러한 측면을 보여 주었으며 불교와 그리스도교의 대화를 한 단계 더 진전시켰음에 감사한다.

참고문헌

● 1차 자료

신란의 저작

「皇太子聖德奉讚」, 眞宗聖教全書編纂所 編, 『眞宗聖教全書』一(京都: 興教書院, 1940).

「御消息集」, 眞宗聖教全書編纂所 編, 『眞宗聖教全書』二(京都: 興教書院, 1940).

「愚禿鈔」, 眞宗聖教全書編纂所 編, 『眞宗聖教全書』二(京都: 興教書院, 1940).

「一念多念文意」, 眞宗聖教全書編纂所 編, 『眞宗聖教全書』二(京都: 興教書院, 1940).

「淨土文類聚鈔」, 眞宗聖教全書編纂所 編, 『眞宗聖教全書』二(京都: 興教書院, 1940).

「淨土三經往生文類」, 眞宗聖教全書編纂所 編, 『眞宗聖教全書』二(京都: 興教書院, 1940).

「淨土和讚」, 眞宗聖教全書編纂所 編, 『眞宗聖教全書』二(京都: 興教書院, 1940).

「教行信證」, 眞宗聖教全書編纂所 編, 『眞宗聖教全書』二(京都: 興教書院, 1940).

「高僧和讚」, 眞宗聖教全書編纂所 編, 『眞宗聖教全書』二(京都: 興教書院, 1940).

「末燈鈔」, 眞宗聖教全書編纂所 編, 『眞宗聖教全書』二(京都: 興教書院, 1940).

「彌陀如來名號德」, 眞宗聖教全書編纂所 編, 『眞宗聖教全書』二(京都: 興教書院, 1940).

「如來二種回向文」, 眞宗聖教全書編纂所 編, 『眞宗聖教全書』二(京都: 興教書院, 1940).

「入出二文偈頌文」, 眞宗聖教全書編纂所 編, 『眞宗聖教全書』二(京都: 興教書院, 1940).

「西方指南抄」, 眞宗聖教全書編纂所 編, 『眞宗聖教全書』二(京都: 興教書院, 1940).

「正像末和讚」, 眞宗聖教全書編纂所 編, 『眞宗聖教全書』二(京都: 興教書院, 1940).

「尊號眞像銘文」, 眞宗聖教全書編纂所 編, 『眞宗聖教全書』二(京都: 興教書院, 1940).

「歎異抄」, 眞宗聖教全書編纂所 編, 『眞宗聖教全書』二(京都: 興教書院, 1940).

「唯信抄文意」, 眞宗聖教全書編纂所 編, 『眞宗聖教全書』二(京都: 興教書院, 1940).

「大日本國粟散王聖德太子奉讚」, 眞宗聖教全書編纂所 編, 『眞宗聖教全書』四(京都: 興教書院, 1942).

영역본 신란 저작

Essential of Passages on the Pure Land Way: A Translation of Shinran's Jōdo monrui jushō.
　　　Shin Buddhism Translation Series. Kyoto: Hongwanji International Center, 1982.

Hymns of the Pure Land Masters: A Translation of Shinran's Kōsō wasan. Shin Buddhism
　　　Translation Series. Kyoto: Hongwanji International Center, 1992.

Hymns of the Pure Land: A Translation of Shinran's Jōdo wasan. Shin Bud- dhism Translation
　　　Series. Kyoto: Hongwanji International Center, 1991.

The Jōdo Wasan: Hymns of the Pure Land. Ryukoku Translation Series IV. Kyoto: Ryukoku
　　　University Translation Center, 1965.

Kōsō Wasan: Hymns on the Patriarchs. Ryukoku Translation Series VI. Kyoto: Ryukoku
　　　University Translation Center, 1974.

The Kyō Gyō Shin Shō (Ken Jōdo Shinjitsu Kyōgyōshō Monrui): The Teaching, Practice,
　　　Faith, and Enlightenment (A Collection of Passages Revealing the True Teaching,
　　　Practice, and Enlightenment of Pure Land Buddhism). Ryukoku Trans- lation Series V.
　　　Kyoto: Ryukoku University Translation Center, 1966.

Letters of Shinran: A Translation of Mattōshō. Shin Buddhism Translation Series. Kyoto:
　　　Hongwanji International Center, 1978.

Notes on 'Essentials of Faith Alone': A Translation of Shinran's Yuishinshō- mon'i. Shin
　　　Buddhism Translation Series. Kyoto: Hongwanji Inter- national Center, 1979.

Notes on Once-calling and Many-calling: A Translation of Shinran's Ichinentanen mon'i.
　　　Shin Buddhism Translation Series. Kyoto: Hongwanji Inter- national Center, 1980.

Notes on the Inscriptions on Sacred Scrolls: A Translation of Shinran's Songō shinzō
　　　meimon. Shin Buddhism Translation Series. Kyoto: Hongwanji International Center, 1981.

The Shōshin Ge: The Gatha of True Faith in the Nembutsu. Ryukoku Trans- lation Series I. Kyoto:
　　　Ryukoku University Translation Center, 1962.

Shōzōmatsu Wasan: Shinran's Hymns on the Last Age. Ryukoku Translation Series VII. Kyoto:
　　　Ryukoku University Translation Center, 1980.

Tannisho: A Shin Buddhist Classic. trans. by Taitetsu Unno. Honolulu: Bud- dhist Study Center

Press, 1984.

Tannishō: A Primer. trans. by Dennis Hirota. Kyoto: Ryukoku University Translation Center, 1982.

The Tanni Shō: Notes Lamenting Differences. Ryukoku Translation Series II. Kyoto: Ryukoku University Translation Center, 1962.

The True Teaching, Practice and Realization of the Pure Land Way: A Trans- lation of Shinran's Kyōgyōshinshō. 4 vols. Shin Buddhism Translation Series. Kyoto: Hongwanji International Center, 1983~1990.

기타 고전

『阿彌陀經』

『安心決定鈔』

『安樂集』

『大無量壽經』

『惠信尼消息』

『改邪鈔』

『御傳鈔』

『般若三昧經』

『觀經四帖疏』

『觀無量壽經』

『往生禮讚偈』

『往生論註』

『往生要集』

『大要鈔』

『選擇本願念佛集』

『親鸞夢記』

『定本親鸞聖人全集』

『和語燈錄』

● 2차 자료

Barth, Karl. *The Epistle to the Romans*. trans. by Edwyn C. Hoskyns. London: Oxford University
   Press, 1933.

Bellah, Robert N. "Ienaga Saburō and the Search for Meaning in Modern Japan." Marius Jansen. ed.
   Changing Japanese Attitudes Toward Modernization. Princeton: Princeton University
   Press, 1965.

Bloom, Alfred. "The Life of Shinran Shonin: The Journey to Self- Acceptance." *Numen*, 15(1968).

_____. *Shinran's Gospel of Pure Grace*. Tucson, Arizona: The University of Arizona Press, 1965.

Coates, Harper Havelock and Ryugaku Ishizuka. *Hōnen: The Buddhist Saint*. Kyoto: 1925; repr.
   New York, London: Garland Publishing, 1981.

Cobb, John B. *Beyond Dialogue: Toward a Mutual Transformation of Chris- tianity and
   Buddhism*. Philadelphia: Fortress Press, 1982.

Dobbins, James C. *Jōdo Shinshū: Shin Buddhism in Medieval Japan*. Bloo- mington and
   Indianapolis: Indiana University Press, 1989.

Gira, Dennis. *Le Sens de la conversion dans l'enseignement de Shinran*. Paris: Editions
   Maisonneuve et Larose, 1985.

Hajime, Tanabe. *Philosophy as Metanoetics*. trans. by Yoshinori Takeuchi,   Valdo Viglielmo and
   James W. Heisig. Berkeley: University of California Press, 1986.

Hirota, Dennis. trans. by *No Abode: The Record of Ippen*. Kyoto: Ryukoku University Translation
   Center, 1986.

Ishihara, John. "Luther and Shinran: Simul Justus et Peccator and Nishu Jinshin." *Japanese
   Religions*, 14/4(1987).

Moltmann, Jürgen. *The Emptying God: A Buddhist-Jewish-Christian Convert- sation*. eds.
   John B. Cobb Jr., Christopher Ives. Maryknoll, New York: Orbis Books, 1990.

_____. "God is Unselfish Love." *The Emptying God: A Buddhist-Jewish- Christian
   Conversation*. Wipf and Stock, 2005.

_____. *Trinität und Reich Gottes: Zur Gotteslehre*. München: Christian Kaiser Verlag, 1980.

_____. "Die immanente Trinität." *Trinität und Reich Gottes: Zur Gotteslehre*. C. Kaiser, 1980.

Morrell, Robert E. *Early Kamakura Buddhism: A Minority Report*. Berkeley, California: Asian

Humanities Press, 1987.

_____. *Sand and Pebbles*. State University of New York Press, 1985.

Nattier, Jan. *Once upon a Future Time: Studies in a Buddhist Prophecy of Decline*. Berkeley,
California: Asian Humanities Press, 1991.

Sansom, George. *A History of Japan to 1334*. Stanford: Stanford University Press, 1958.

Steve Odin. "Kenosis as a Foundation for Buddhist-Christian Dialogue: The Kenotic Buddhology of
Nishida and Nishitani of the Kyoto School in Relation to the Kenotic Christology of Thomas
J. Altize." *The Eastern Buddhist*, 20/1(Spring, 1987).

Suzuki, Daisetz Teitaro. *Collected Writings on Shin Buddhism*. Kyoto: Shinshu Otaniha, 1973.

_____. "Miscellany on the Shin Teaching of Buddhism." *Collected Writings on Shin Buddhism*.
Shinshū Ōtaniha, 1973.

_____. "The Development of the Pure Land Doctrine in Buddhism." *Collected Writings on Shin
Buddhism*. Shinshū Ōtaniha, 1973.

_____. *Shin Buddhism*. New York: Harper & Row, 1970.

Ueda, Yoshumi and Hirota Dennis. *Shinran: An Introduction to His Thought*. Kyoto: Hongwanji
International Center, 1989.

Weinstein, Stanley. "Rennyo and the Shinshu Revival." John W. Hall and Toyoda Takeshi. eds. *Japan
in the Muromachi Age*. Berkeley: University of California Press, 1977.

_____. "The Concept of Reformation in Japanese Buddhism." Saburo Ota. ed. *Studies in Japanese
Culture*. Tokyo: Japan Pen Club, 1973.

『親鸞聖人著作用語索引: 和漢撰述の部』. 京都: 龍谷大學眞宗學研究室, 1971.

家永三郎.「歷史上の人物としての 親鸞」.『家永三郎集 第2卷: 佛敎敎思想史論』. 東京:
岩波書店, 1997.

_____.『田邊元の思想史的研究: 戰爭と哲學者』. 東京: 法政大學出版局, 1973.

_____.『中世佛敎硏究』. 京都: 法藏館, 1955.

_____.『日本思想史に於ける否定の論理の發達』. 東京: 弘文館, 1940.

宮崎圓遵.「親鸞聖人傳硏究」.『親鸞の硏究』. 宮崎圓遵著作集 I. 京都: 思文閣出版, 1986.

桐溪順忍.『講座眞宗の安心論題』. 東京: 敎育新潮社, 1983.

_____.「信願交際」.『講座眞宗の安心論題』.

_____.「歡喜初後」.『講座眞宗の安心論題』.

_____.「二種信心」.『講座眞宗の安心論題』.

望月信亨.『略述淨土教理史』(東京: 日本圖書, 1977).

_____.『中國淨土教理史』(京都: 法藏館, 1942).

武內義範.『教行信證の哲學』(東京: 隆文館, 1987).

石田充之.「曇鸞教學の背景とその基本的理念」. 龍谷大學眞宗學會 編.『曇鸞教學の研究』. 1963年 2月.

星野元豊.「不斷煩惱得涅槃の論理」.『親鸞と淨土』(東京: 三一書房, 1984).

_____.『淨土の哲學—續‘淨土’』(京都: 法藏館, 1975).

_____ 外.『親鸞: 日本思想大系 11』(東京: 岩波書店, 1971).

松野純孝.『親鸞—その行動と思想』(東京: 評論社, 1971).

笠原一男.『眞宗における異端の系譜』(東京: 東京大學出版會, 1962).

赤松俊秀.『親鸞』(東京: 吉川弘文館, 1961).

_____ · 笠原一男 篇.『眞宗史概說』(京都: 平樂寺書店, 1963).

田邊元.『懺悔道としての哲學』(東京: 岩波書店, 1946).

田村圓澄.『日本佛教思想史研究』(平樂寺書店, 1959).

_____.「惡人正機說の成立」,『日本佛教思想史研究』.

_____.「專修念佛の受用と彈壓」,『日本佛教思想史研究』.

_____.『法然』(東京: 吉川弘文館, 1959).

井上光貞.「藤原時代の淨土教の特質」.『新訂日本淨土教成立史の研究』(東京: 山川出版社, 1975).

千葉乘隆 · 北西弘 · 高木豊,『佛教史概說: 日本篇』(京都: 平樂寺書店, 1969).

坪井俊映.『淨土三部經概說』. 李太元 譯(서울: 운주사, 1988).

저자의 저서 · 역서

길희성.『아직도 교회 다니십니까』. 도서출판 동연, 2021.

_____외 공저.『일본의 종교문화와 비판불교』. 도서출판 동연, 2020.

_____『신앙과 이성 사이에서』. 세창출판사, 2015.

_____『길은 달라도 같은 산을 오른다』. 휴, 2013.

길희성 편역. 『범한대역 바가바드기타』. 서울대학교출판문화원, 2013.

루돌프 웃토/길희성 옮김. 『성스러움의 의미』. 분도출판사, 2009.

길희성. 『보살예수』. 현암사, 2004.

_____. 『마이스터 엑카르트의 영성 사상』. 분도출판사, 2003.

_____. 『인도철학사』. 민음사, 2001.

_____. 『지눌의 선 사상』. 소나무, 2001.

윌프레드 캔트웰 스미스/길희성 옮김. 『종교의 의미와 목적』. 분도출판사, 1991.

찾아보기